精益
水到渠成
城市供水企业精益之道

杨福东 荆树伟 牛占文◎编著

中国商业出版社

图书在版编目（CIP）数据

精益水到渠成：城市供水企业精益之道／杨福东，荆树伟，牛占文编著．—北京：中国商业出版社，2020.7
　ISBN 978-7-5208-1180-4

　Ⅰ.①精… Ⅱ.①杨… ②荆… ③牛… Ⅲ.①城市供水-工业企业管理-研究 Ⅳ.①F407.9

中国版本图书馆 CIP 数据核字（2020）第 107312 号

责任编辑：林　海

中国商业出版社出版发行
010-63180647　www.c-cbook.com
（100053　北京广安门内报国寺 1 号）
新 华 书 店 经 销
北京市京东印刷厂印刷
＊　＊　＊
710 毫米×1000 毫米　16 开　18.25 印张　292 千字
2020 年 7 月第 1 版　2020 年 7 月第 1 次印刷
定价：68.00 元
＊　＊　＊　＊
（如有印装质量问题可更换）

序

今天我非常高兴地推荐由杨福东博士、荆树伟副教授、牛占文教授合著的《精益水到渠成：城市供水企业精益之道》一书，他们把七年多在供水企业的精益实践与二十多年精益理论研究结合，以简单易懂、全面深入的方式分十四章进行了阐述，是企业界、咨询界、学术界三方有效互动，助推精益管理在中国企业成功落地的重要成果。

精益管理作为企业转型升级的有效途径和方法，对国有企业发展也起到了越来越重要的作用。但是很多国有企业由于历史原因，管理粗放、人员老化、经营机制僵化，再加上历史包袱沉重导致在传统老国有企业中成功推行精益管理非常困难。天津大学牛占文教授率领四十余名硕士博士研究生连续七年投入城市供水企业精益管理推行中，帮助该城市供水企业实现了由粗放型管理向精益化管理的成功转型，实现了精益管理在老国有供水企业的成功落地。

本书是在牛占文教授2019年出版的《精益管理的理论方法体系及实践研究》的基础上，将近七年的供水企业精益管理实践进行了总结、提炼与升华，用真实案例的形式再现了精益管理在企业逐步落地生根的全过程，再现了精益管理推进过程中运用的具体方法，展现了精益管理推进的逻辑和推行精益管理取得的重要成效。能够为城市供水企业转型升级、老国有企业转型升级以及其他流程型企业的转型升级实践提供理论和方法参考，能够为这些企业在精益管理推进遇到阻力时，提供具体的解决办法和措施。

期待本书早日面世，帮助中国企业实现精益管理创新、推动转型升级。

天津大学管理创新研究院院长、教授、博士生导师
国务院学位委员会管理科学与工程学科评议组专家
科技部创新方法研究会管理技术分会理事长

前　言

改革开放四十多年来，中国经济早已经融入世界经济之中，各行业企业都处在与世界范围内的同行持续竞争的舞台之上，积极地寻求转型升级并突破自身瓶颈成了企业领导者的重要职责。而当前最受企业关注的管理变革方法莫过于精益管理，这个脱胎于丰田汽车的管理模式经过数十年的不断演化、通过无数企业的实践并已经证明其有效性和先进性，成为企业追求卓越、持续发展的不二选择。

但是，践行精益管理并非易事，过程坎坷。无数企业充满热情和期待导入精益管理，往往以失败而告终。探究和总结这些企业的失败原因，我们发现根本原因在于企业没有掌握精益管理实施的系统方法，缺少一个确保全员参与、持续改善的长效机制！而其背后最为关键的是大多数企业对于精益管理的认知还是片面的，容易陷入追求"形"而忽视"神"的误区中。

为此，我们把七年多在供水企业的精益实践与二十多年精益理论研究结合、助推精益管理在中国企业成功落地的重要成果——《精益水到渠成：城市供水企业精益之道》一书呈现给业界和广大读者。

本书是在已出版的《精益管理的理论方法体系及实践研究》基础上，对成功实施精益管理企业的推进过程进行全面而又系统的总结。既对某城市供水企业长达七年的精益实施过程进行回顾，又梳理了企业成功实施的经验。包括推进的活动有哪些，渐进实施的逻辑是怎样的，进入深水区会碰到哪些问题，将会取得哪些成果等，目的是整理出企业深度推动精益管理的方法和路径，供理论研究的专家、精益咨询辅导的老师或者相似企业的管理者参考和借鉴。

　　本书一个突出特点是围绕着传统老国企推进精益管理进行了分析和说明。我国由于历史原因，传统国有企业管理粗放、历史包袱重、缺少灵活的经营机制、人员老化严重等，成功推行精益管理的难度很大，也是很多国企面临的难题。在本书中，我们介绍了一些成功推行的经验，以及在推行精益管理过程中需要关注的一些关键要素。同时，供水企业属于典型的流程型企业，产品生产的流程全部在密闭过程中完成，工艺是成熟而固定的，完全不同于离散型制造过程，许多精益管理的工具方法无法直接复制套用，需要我们结合实际因地制宜地探索精益管理的工具和方法。这些工具和方法虽然源自供水企业的实践和探索，同样也适用于类似企业的精益管理实践。

　　全书共十四章，前十一章是对供水企业的精益推进过程进行总结；第十二章收录了供水企业领导和骨干在精益工作推行一年半时组织盘点的心得体会，由于是背对背的评价，所以更显真实，企业对精益的认知发生的改变对于精益推进是至关重要的，希望读者们也能注意到这一点；第十三章是2018—2019年围绕供水集团定岗定编工作的总结，也是供水企业精益管理工作的延续；第十四章是全书的总结，并附上了一些重要的精益管理制度作为附录。

　　连续七年的推进，天津大学精益管理团队一共有四十多名硕士生、博士生参与其中，大家工作扎实认真，许多场景依然历历在目，那些人和事令人记忆犹新！本来在本书写作过程中，曾经让各位同学分别整理自己的经历和感受并书写案例，但受本书主题和篇幅的限制，最终无法添加到书中，那些感人至深的文字无法面世，读者无法详细了解精益成果背后的故事，颇有遗憾！

　　在这七年中，我们一直非常感恩在项目中遇到的优秀的水务人，正是因为有大家的认真敬业和充满智慧的工作才能有如此令人赞叹的项目成果。我们要感谢供水集团各位领导一直以来的信任，感谢集团精益团队成员的大力支持，更要感谢试点水务公司的全体员工的辛勤工作，大家相互信任、协同配合、相互包容，勇于探索和尝试，探索出了一套城市供水企业精益管理之道。

在本书出版过程中，出版社的编辑付出了大量的心血和精力，没有他们辛勤和细致的工作，本书不可能这么快地就与读者见面。

由于水平和时间的限制，书中难免存在错误和不足之处，敬请各位读者批评指正。

目　录

第一章　精益管理的发展演化 ... 1
第一节　精益管理的演化 ... 1
第二节　精益管理的内涵 ... 3
第三节　精益管理对于当前中国企业的意义 ... 6
第四节　精益管理对于企业的作用 ... 9
第五节　精益管理在中国企业的应用 ... 11
第六节　精益管理是社会发展的必然 ... 13
第七节　流程型企业应用精益管理分析 ... 17
本章小结 ... 19

第二章　城市供水企业的特点 ... 20
第一节　供水企业的特点 ... 20
第二节　供水行业问题分析 ... 22
第三节　某市供水集团的现状分析 ... 24
第四节　供水集团导入精益管理的背景 ... 25
第五节　供水企业应用精益管理的意义 ... 28
本章小结 ... 29

第三章　供水企业精益管理体系说明 ... 31
第一节　精益管理体系的重要性 ... 31

第二节	精益管理体系框架图	32
第三节	供水企业精益管理体系实施步骤	40
第四节	供水企业精益管理取得的成绩	45
	本章小结	53

第四章　5S 现场管理 ···································· 54

第一节	5S 现场管理的由来	55
第二节	5S 样板区试点	55
第三节	第二年 5S 无死角覆盖	63
第四节	以安全为核心的 6S 管理	68
	本章小结	69

第五章　合理化建议 ···································· 71

第一节	合理化建议的启动	71
第二节	合理化建议的核心——激励	77
第三节	合理化建议成果汇编	81

第六章　一点经验 ···································· 82

第一节	"一点经验"的由来	82
第二节	"一点经验"的实施及相关制度	83
第三节	"一点经验"的案例	88
第四节	"一点经验"的成果总结	91

第七章　精益班组建设 ···································· 93

第一节	班组日常管理	93
第二节	班组长管理规范化	106
	本章小结	107

第八章　二级应急预案 ·· 109
第一节　二级应急预案与作业标准化 ···················· 109
第二节　二级应急预案整体思路 ·························· 110
第三节　二级应急预案输出成果 ·························· 122

第九章　精益管理文化及价值观体系 ···················· 124
第一节　精益文化形成的路径 ····························· 125
第二节　供水企业精益管理文化体系的三个核心思想 ········ 127
第三节　供水企业精益文化的具体内容 ·················· 128

第十章　课题管理 ·· 141
第一节　课题管理简介 ······································· 141
第二节　供水企业课题管理活动介绍 ····················· 144
第三节　第一批课题活动介绍 ····························· 146
第四节　第二批课题活动介绍 ····························· 155
第五节　第三批课题活动介绍 ····························· 172
第六节　第四批课题活动介绍 ····························· 184
本章小结 ··· 193

第十一章　目标绩效管理 ····································· 194
第一节　目标绩效管理的规划 ····························· 194
第二节　年度战略地图规划 ································· 197
第三节　战略地图的分解实现 ····························· 200
第四节　部门目标绩效管理 ································· 206
本章小结 ··· 211

第十二章　试点供水企业精益管理实施后心得体会 ········ 212

第十三章　供水企业定岗定编

第一节　供水集团定岗定编项目总体说明 …………………………… 227

第二节　集团子公司定岗定编总体思路 ………………………………… 229

第三节　供水集团子公司组织架构总体设计 …………………………… 232

第四节　供水集团子公司定岗整体思路 ………………………………… 237

第五节　供水集团子公司定编整体思路 ………………………………… 240

第六节　供水集团子公司定岗定编案例 ………………………………… 248

第十四章　结束语及附录

结束语 …………………………………………………………………… 252

附录： …………………………………………………………………… 254

附录1　供水企业主题季活动方案 ……………………………………… 254

附录2　"防大汛、防污染、保水质"季度主题活动方案 …………… 257

附录3　供水企业指标词典范例 ………………………………………… 261

附录4　供水企业精益管理培训制度指标 ……………………………… 268

附录5　课题管理制度 …………………………………………………… 271

附录6　职能管理部门工作满意度调查表 ……………………………… 276

后　记 …………………………………………………………………… 278

第一章 精益管理的发展演化

第一节 精益管理的演化

精益管理源自于精益生产,是衍生自丰田生产方式的一种管理哲学。它由最初的在生产系统的管理实践成功,逐步延伸到企业的各项管理业务,也由最初的具体业务管理方法,上升为被广泛认可和运用的战略管理理念。

20世纪初,日本的发明家丰田佐吉通过发明新式织布机创办了纺织机制造企业,而佐吉的儿子丰田喜一郎在考察了欧美工业发展之后,立志创办汽车制造企业,在经历技术匮乏、战火毁灭、缺少资金等种种逆境后,提出了"自働化"和"准时化"的思想,并通过大野耐一和新乡重夫在企业内深入研究和应用工业工程方法,总结提炼出一套具有日本特色的管理思想和模式,即丰田生产方式(Toyota Production System,简称TPS)。TPS强调物流的快速流动,进而拉动信息流、资金流,使得整个供应链上成本最低,确保了丰田和它的供应商们几十年保持高额盈利。

在20世纪70年代的石油危机中,丰田汽车因其经济节能等特点在市场上大获成功,市场份额超越了美国人引以为傲的通用、福特汽车,让美国社会深感以丰田汽车为代表的日本制造的竞争压力。丰田生产方式也因其独特、高效的理念而受到了整个世界的关注,开启了对丰田管理模式研究的热潮。最具代表性的就是1985年在美国政府的支持下,麻省理工学院筹资成立了

精益水到渠成

>>>——城市供水企业精益之道

"国际汽车计划"（IMVP）研究项目，这个花费了500万美元的项目历时五年调研了丰田汽车的各个工厂和众多的供应商与经销商，研究成果最终形成了一部著作，叫作《改变世界的机器：精益生产之道》。书中指出，丰田之所以如此优秀，就是因为它采用了一种独到管理模式——TPS。为了直观地表达出其含义，该著作将其命名为 Lean Production，即精益生产方式。该书的出版在全球范围内引起极大反响，各国争相引入精益生产的理念，纷纷在本国的机械加工制造行业进行应用尝试，并取得了丰硕的成果。

丰田汽车公司特有的变革基因促使企业持续进行管理模式的创新，并不断创造经营领域的奇迹。比如丰田对产品规划和设计不断优化，使其总体成本不断下降，从2000年的CCC21计划（面向21世纪的成本竞争力建设）到2006年的VI计划（价值革新），据估计总成本降低达到100亿美元，而从2003年开始，丰田公布财报中利润率开始大幅攀升，到了2007年已经成为行业内利润率最高的企业，利润额与前十名中其他9家汽车企业的总利润相当；同时丰田不懈追求设计研发过程的优化，新车型的开发周期不断缩短，目前行业平均开发周期为24个月，而丰田的开发周期仅为15个月左右，这就意味着丰田汽车的更新换代速度更快，对市场的响应更为敏捷。2016年丰田提出了TNGA概念，进一步将型号和平台进行整合，提高零部件通用率，降低开发周期和制造成本，精益管理模式再次升级！

随着对丰田研究的深入，我们发现精益思想帮助丰田不断自我变革，从顶层的全局设计到基层的细节改善，从企业本身的改进到相关供方企业的拓展，从制造过程延伸到产品开发设计、销售服务等各个不同的环节。因此，用丰田生产方式或"精益生产"已经不能准确地表达这种管理模式了，越来越多的学者提出应该升华精益生产的内涵，上升到企业经营管理范畴，将其称为精益管理。精益管理泛指应用精益思想在各个不同领域的组织管理模式，同时将更多丰田的优秀变革经验和管理方法提炼成为模板，变成其他企业可以学习和模仿的工具。20多年来，众多的企业以精益管理为指导进行企业体质改善和管理模式的变革，从最初的装配式制造逐步拓展到流程型制造、工程建设、医疗及服务、公共事业等领域，精益管理的工具方法不断被总结和演化，新的应用方法不断涌现，精益管理概念深入人心。至此，精益管理真正地变成了一种帮助企业获取核心竞争力的较为成熟的系统方法。

精益管理经过全世界近30年的实践验证，作为公认有效的企业管理变革模式越来越多地引起世人关注。也就是说，精益管理站在企业管理者的视角，以改造现有企业机制、构建新的管理模式为目标，通过优化机制和流程，激发员工主动参与改善和自我挑战，在员工实现自我价值的同时助力企业管理转型升级，也使企业提高了核心竞争力。

第二节　精益管理的内涵

精益管理是先有实践再有理论，不同的企业实践会有不同的结果和体验。结合作者多年的企业实践，我们认为：精益管理是企业持续发展永续经营的哲学，以盈利能力提升和与社会的和谐共存为追求目的，以管理体制的自我变革为手段，通过精益思想的引导，实现全员的学习和改进，最终实现更优的管理结果。因此，精益管理本身也是一套完整的方法论。

一、精益管理是企业变革的抓手

1. 精益管理形成企业的进化紧迫感

纵观企业发展的历史，相当多的企业成长到一定程度，会集体在成绩中迷醉，放松了对危机的警觉，忽视了市场和竞争对手的变化，不知不觉中已经陷入了危机，并丧失了竞争的能力，等到恍然醒悟为时已晚，用一句话概括——"生于忧患，死于安乐"。回顾世界百年企业的发展历史，危机面前，优胜劣汰，适者生存，优秀企业无一不是多次经历生死存亡的危机，或者未雨绸缪成功应对，或者艰难斡旋转危为安。中国企业多数成立时间较短，10年、20年或者30年，年轻的企业尚未经历危机，因此对危机的认识不深刻，准备不充分。实施精益管理就要求企业开始审视自己、反省自己，审视外部、评价对手，这是具备危机意识的第一步。这种对危机的嗅觉促使企业不断思考未来行业的发展，可能出现的技术革命和客户需求变化，同时关注环境的细微变化，及时进行自我调整，确保自己始终领先危机一步，在危险到来前做好准备。有了危机的意识就有了整体危机氛围的营造,形成集体紧迫感,企业内部会自然而然地消化矛盾,淡化壁垒,形成更强的凝聚力、更快的行动力。

2. 精益管理让企业始终处于"即将改变"状态

企业为了适应环境而进行自身改变,是实现生存和发展的必要行为,就如同动物为了适应炎热夏季而脱落毛发,植物为了适应寒冬而脱落树叶一样。这种调整适应的周期越短,企业潜在风险越小,获益越大;这种调整周期越长,企业潜在风险越大,获益越小。很多曾经辉煌的企业走向没落,比如诺基亚手机业务、夏普电视机业务,都是因为不能及时在环境变化下进行自身调整,贻误了最好的战略转型期,只能自吞苦果。精益管理的本质是让企业体制适应快速改变,通过精益的洗礼,整个企业始终求变;通过每一个人的长期参与,把变化当作工作的永恒主题。高层管理者改变的通常是经营体制,这种改变辐射范围较大,影响的利益群体众多,通常称之为改革;基层管理者和员工改变的通常是岗位工作,这种改变影响范围小,称之为改善。精益管理在实施过程中,会打破常规,让每一个人克服习惯的惰性,视改变为理所当然,将改变作为日常工作,形成自我挖掘并解决问题的习惯。企业始终处于全体共识一致、变革可以一触即发的状态,不需要进行复杂琐碎的预热工作,为企业快速改革及捕捉战机奠定基础。

3. 精益管理让企业管理"自动自发"

企业管理过程中最大的成本是沟通成本。所谓沟通成本是企业中上下级之间、平级部门之间在工作价值观、思想方法、目的目标等方面为了达成一致和通畅,进行交流磋商并传递和反馈信息过程中付出的时间成本和机会成本。沟通成本存在于各个企业中,企业管理者往往花费大量的精力统一思想、统一行动,通过频繁地落实检查具体事务,甚至越级安排工作确保落实,否则就达不到预期目标。如何减少沟通成本是企业最为头疼的问题!当企业管理团队都能够彼此默契地做事情的时候,这个企业的管理效率该有多高,管理成本该有多低!精益管理为企业提供了清晰明确的企业价值观,表里如一地公开表达提倡什么反对什么,鼓励什么拒绝什么,这是一种明确的行动准绳。让员工碰到问题无须思考、判断、请示、调整,执行过程中也碰不到反对、交锋、辩论、裁判，节省了大量的沟通成本，也鼓励了自下而上、自动自发的员工行为。一个外部环境变化的信号输入，企业的各个组织就开始了以企业精益价值观引导的各自自觉的调整，就像是组织的一种本能反应，不经过大脑进行分析和决策，类似于人类遭受病毒入侵立即发烧，食物摄入少了会产生饥饿感。这样的企业自然能够更快地适应环境变化。

二、精益管理是企业自我进化的最优途径

企业的进化是从粗放式经过规范式、精细式、精良式最终到达精益式的，这些阶段是企业的必经之路，能够指导企业不断跨越阶段的就是精益管理。企业进化过程分为被动进化和自我进化，前者是在危机到来之际，迫不得已之下的断臂求生，往往带来惨重沉痛的结果和社会成本；后者是来自危机到来之前，是主动适应环境的结果，这种进化常常是和风细雨、多方共赢的。从这个角度来看，被动进化是我们不希望看到的，企业应该主动自我进化，实现进化的最低成本和长久生存。

精益管理推动企业管理的自我进化，本质是对理想主义的一种肯定和坚持，是对组织活动中最优点的寻找，是耐心地持久地保持临战状态。把攻山头炸碉堡当作常态，企业内部要持续挑战不可能，面对现实要不妥协不屈服。通过不断鼓励改善，建立全体员工的改变意识，实现目标。同时，精益管理为组织构建了自动自发地追求"最优解"的机制，帮助企业形成改变的基因，而当改变成为本能，成为了习惯，就会变得迅速而高效地实现自我进化。

精益管理来自于企业的最佳实践，是经过实际验证的方法和思想的集合，因此更具有可操作性。由于中日文化的相似性，对于中国企业来说，它更具有可复制性。精益管理的理论非常朴素，无论对于企业经营者还是企业员工都容易理解，易于统一思想；精益价值观是一种中庸理论，以一种诚实勤恳、悲天悯人的态度，在股东利益、客户利益、员工利益中进行了平衡，实现三方共赢。精益体制建设更加务实，首先认同员工是不完美者，表里如一地鼓励员工暴露问题，鼓励班组解决问题；其次认定员工的成长会给企业带来回报，真心真意地训练员工、培养员工，激励员工提升自己，并为企业承担更大责任。这些既非人性本善论，也非人性本恶论，而是建立在深刻理解人性

的基础之上。精益的实践方法简单易懂，呈现一种模板式的特点。精益专家常说"只要能够计算简单加减法，就能够学会精益方法"。对于中国制造业员工普遍素质不高的现状来说，这种简单方法是最合适不过的。由此可见，精益管理指导企业进化，将会所用时间最短，投入成本最低，并且能够持续帮助企业管理提升实现进化。

三、精益管理帮助企业可持续发展

企业的长期存在有赖于企业的健康经营，这是可持续发展的前提。所谓健康经营就是企业始终收入大于支出，任何时候都能够实现盈利，这就要求企业确保自己的成本低于售价，且保持正的现金流，这是一个高难度任务！精益管理强调对动态成本的持续核算，通过全员持续改进，不断地降低成本，压缩费用，最终通过对财务效果的核算来计算改善效果，这就形成了持续的成本降低体质。同时，精益管理关注企业物流、信息流的改善，通过对"流"的改善让企业产品能够快速灵活地生产并满足客户的需求，因此，缩短了从现金购买材料到产品售出变成现金的周期，企业能够以超越同行的现金流周转进行商业活动，这样就确保了企业现金流的健康性。这两者的叠加形成了企业利润，且利润能够持续变成现金，成为企业持续发展的积累。

企业长期健康发展还需要大量的具备精益思想、掌握精益工具的人才。持续产出这样的人才，是企业永续经营的前提。精益管理注重人才的培养，形成了独特的"体悟"模式，通过实操训练，让员工体会精益思想和精益方法，这些系统的训练方法和培养过程在日本企业数百年生生不息的发展中扮演了重要角色，同时也是精益管理体系中的重要内容。

第三节　精益管理对于当前中国企业的意义

精益管理经过长达30年的消化理解，今天我们可以用一句话来描述和总结它：企业持续盈利且健康发展的哲学和艺术。为了实现这一目的，企业需要调动从董事长到基层每一个员工长期持续的参与改进。

精益管理使企业具有柔性，即适应环境的能力。在侏罗纪时代，同时存在两种生物，分别是蟑螂与恐龙。两者体形相差巨大，看似统治地球的是恐龙，但是当环境发生剧变时，恐龙灭绝了，而蟑螂得以生存，直到今天还在繁衍。原因就在于蟑螂能够快速地适应环境，它能够在不断变化的地球气候和环境中改变自己。它们开发了游泳技能，适应了滔天洪水；开发了飞行技能，适应了地壳变迁；开发了高效繁殖系统，适应了越来越多的天敌。而恐龙虽然曾是地球存在的最强壮的生物，但是当外界环境变化时，由于适应性差而被淘汰。据考证其庞大的身体导致神经信号传导较慢，如果我们砍掉恐龙的一条腿，它在五分钟之后才能感觉到疼痛。因此，中国企业要学习蟑螂的精神，运用精益管理，不断自我改造，提高自己适应环境的柔性。

精益管理是一场上下同时联动的变革。中国历史上变革成功者寥寥，因此，企业管理者常常对变革心怀恐惧，应用精益管理停留在基层，做一些小小的改进，美其名曰"自下而上"。其实，精益管理要求企业进行整体变革；企业在宏观层面上要快速卸掉重负，重塑竞争力；在市场环境下，要求企业具备快速改革的能力，变革常常伴随激烈的举措，营造新的危机感，改变员工的认识。

高层变革也是在统一和营造一个清晰的价值观，价值观是企业对如何做事、如何对待工作的一个指导原则。价值观决定了员工的自觉行为，价值观清晰，员工能够自动自发地进行改善，否则，员工会犹豫彷徨，而无法进行主动改善。有些优秀的企业树立了清晰的价值观：凡是为满足客户需求而做的工作都是对的；凡是对于企业经营结果有利的改变都是企业鼓励的，凡是为企业创造价值的人都将从中获益。在这种观点下，员工认真服务客户，围绕工作进行改善就成为了自然而然的行为。遗憾的是，许多企业的价值观是模糊与矛盾的，企业负责人常常公开宣称要与创造价值的员工来分享改善成果，实际上却常常舍不得将财富按照规则进行分配，这种心口不一是无法让价值观深入人心的，自觉改善更加是不可能的。

中国改革开放 40 多年，社会经济的高速增长使其成为了全球第二大经济体。如今中国明确地提出了发展新常态，对今后将会长期持续的中低速增长进行了定义，对照其他发达国家的发展经验，我们确信中低速增长是经济发展的必然阶段。也就是说，未来十几年乃至几十年中国企业可能都将在低速增长环境中度过。在这个时代背景下，精益管理在中国企业中的应用显得更加有意义。

一、精益管理是确保企业成本领先的重要工具

低速增长意味着市场这个蛋糕不会快速变大，各种机遇变少，各行各业都将步入红海，竞争将更加激烈和血腥，竞争力落后的企业成为这场战争的牺牲品，这一点在中国啤酒行业发展过程中早已为我们做了示范。中国啤酒市场从20世纪90年代开始到2008年一直以10%~12%的速度增长，在这段市场的黄金期，据不完全统计，当时中国各地啤酒品牌约有200多个，外资品牌约100多个。可是到了2008年，随着人均消费水平达到了国际平均水平，中国啤酒市场进入缓慢增长阶段，市场增速一下子掉到了3%以下。在总体产能大于需求的情况下，啤酒市场重新洗牌，厂商兼并重组。到了2017年，市场上前五大啤酒企业（华润雪花、青岛啤酒、百威英博、燕京啤酒和嘉士伯）的市场份额高达80%。所以，对于各行各业来说，除非企业在行业内排名领先，否则，每天都要思考如何生存下去。企业生存的核心就是盈利能力，企业应该以利润为关注点，在售价未发生变化的前提之下，通过不断改进实现成本领先，保证自己处于不败之地，保证自己在任何形势之下能够生存下去。像许多日本企业一样，尽管产品毛利润仅为3%，但是企业能够持续生存。为了实现成本领先，企业就要以精益管理的思想和方法为指导，否定过去粗放经营方式，排查浪费，修正管理漏洞，改造流程，强化基础的内部管理，动员全体员工，以提供优秀产品为方向，提高质量和服务，降低成本，在实现良好的口碑品牌同时，实现最大限度的盈利。

二、精益管理是帮助企业成为百年老店的管理手段

精益管理是对日本企业管理精髓的提炼，是对日本优秀企业走向成功的路线的总结。企业的存在不应是昙花一现，应该具有与时俱进的柔性，经得起竞争和时间检验，中国企业在这一方面应该向日本企业学习。当前，日本是世界上百年企业最多的国家，据2014年官方统计共有27000家。一个国家

有这么多的百年企业，必然有其奥秘。学术界对这些百年企业进行研究，发现这些企业具备以下几个重要特征：一是企业专注于某个特定领域进行研究和制造，无论其他机会多么诱人，很少企业抛弃主业，改行发展，这种心无旁骛发展主业的精神非常令人敬佩；二是企业推崇醉心专研技术的工匠文化，而员工具有强烈的工匠精神，并以此为荣，在家庭内传承下去；三是企业具有改善的文化，从技术角度或者从制造角度进行持续不断的改进创新，这种追求最终会让产品打败世界无对手，建立了企业自身的核心竞争力。比如日本有个电视节目专门对各个行业的产品质量进行检测，为了增加趣味性，每集都要进行 PK 赛。其中一集是一个企业生产的破碎机与另一个企业生产的皮箱较量，看一看到底是破碎能力强还是皮箱更坚固。每次 PK 后，双方根据表现再进行产品改进，改进之后再次 PK，如此往复几次。在节目中，皮箱企业的技术人员持续改进的镜头令人记忆深刻，他们挖空心思想尽各种办法，在不增加重量的前提下，实现箱体更加牢固，为此全世界奔波，常常开会到深夜，最终实现了自己产品的胜出。这种专注和精益求精的精神恰恰是精益管理所培养和要强调的，而企业有了这样的精神，何以不能做到百年老店！

第四节　精益管理对于企业的作用

精益管理到底能够帮助企业什么？能实现哪些效果呢？客观地讲，不同的企业运用精益管理取得的效果是不一样的，因此不能一概而论。

对于一个粗放式的企业而言，精益管理的实施会增加企业的成本。粗放式企业常常不具备规范经营的条件，企业的最大矛盾是企业当前现状与各项相关法律要求之间的矛盾，企业经营存在多方面缺陷，比如安全生产的条件、环保设施、质量检测手段、各项管理制度等等。这些缺陷是企业的致命风险，是精益管理优先要解决的问题。考虑到问题的复杂性，解决周期往往很长。在这个阶段精益管理的首要目标就是帮助企业走向规范化，建立基本的制造条件，需要进行更多的生产投入。可以预见，这个阶段常常是成本节约和质量提升的效果没有显现，而企业却进行了一部分再投资，消除的仅是企业的

精益水到渠成
>>>——城市供水企业精益之道

风险。风险是一种可能性，在确定的资金损失和不可见的可能风险之间，企业常常会对精益管理质疑。作者曾经经历过帮助一家粗放式管理的民营企业进行管理提升的咨询工作，为了降低产品的不良率，加快产品的流动，为企业设计了成品仓库，建立了标准货架，并购买了运输叉车，整体花费了35万元，而在改善效果还没有显现时，公司内部领导对于精益管理产生了怀疑，甚至提出终止精益项目。可见，这个阶段精益管理的效果难以衡量，但是企业要付出更多费用。可以说，粗放式企业的精益管理不是以成本、效率、质量的提升为目标，而是要建立企业规范化的基本条件。

对于规范式企业来说，精益管理的实施会带来超乎想象的效果。规范式企业常常以规范化为荣，由于对于组织机制、管理制度会长期坚持，导致了管理过程的僵化，部分国有企业就是这个样子。这种企业看似按部就班，实际资源利用率较差，管理冗余过多，反应速度太慢，急需的是"减肥"和"提速"，减肥就是要消除管理过程中的资源浪费，提速就是要提高组织的价值创造能力。企业从规范化向精细化迈进，借助精益管理对标准进行优化，要对组织的激励方式进行优化，激发员工的积极性，通常成果显著，很容易带来较大的改善收益。一般来说，企业在人员设备不变化的前提下，可以提高产能和效率30%~50%，质量缺陷通常会降低一半以上，成本降低30%左右，促使企业的利润水平提升一倍。

对于精细式企业来说，精益管理的实施短期效果不大，但是长期坚持能为企业带来核心竞争能力。精细式企业运用精益管理就是要实现更高的质量水平和供应链上的整体最优，通常我们称之为零缺陷和零库存，这两个目标都不是一蹴而就的，需要长期的全体人员参与，持续优化机制，如果企业坚持10年、20年，用供应链的准时化和制造过程的"自働化"解决问题，那么即便零缺陷和零库存没有实现，也可能距离这个目标越来越近。这方面日本企业是最值得我们学习的，丰田公司经过几十年持续不断的改进，形成了供应链伙伴式关系，产品过程质量达到世界顶级水平，培养了忠实的客户群，资金周转和产品收益都形成了良性循环，这就是它的核心竞争力所在。可见，在精细式企业中推行精益管理，不会出现立竿见影的效果，但是长期坚持会给企业带来本质的提升。

可见，精益管理作为企业管理的基石，以及企业经营提升的手段，对企业的帮助是毋庸置疑的。但是实际显现的对企业经营业绩的帮助，在不同的企业中差异巨大，如果是一个作坊式的粗放式管理的企业可能不会带来较大的财务收益，反倒需要进行资金再投入；如果是一个类似老国企的规范式企业，很可能带来较大的改善收益，取得突出的成绩；如果是一家已经是精细化管理的企业，短期内也不会带来较大的收益，但是长期来看会带来核心竞争力的提升。至于理论界通行的说法，如应用精益管理的企业产品或者服务品质每年可以提升30%以上、准时交付提高到95%以上、库存周转金额降低75%以上、成本每年降低10%等，其实是一种乐观估计，是企业应努力达成的目标。

第五节　精益管理在中国企业的应用

精益管理模式虽然得到了全世界企业管理者的认同，但是在实际应用中成功实施者寥寥无几，据统计仅有10%左右的项目取得了持续的成功。更多的企业投入资金无数，引入专家辅导，由于动机不对，或者机制所限，或者支援不够，或者遇人不淑（咨询方）最终是项目失败。

如何才能真正地让精益管理落地？

一、企业必须明白精益项目不是一种购买的服务或者软件

如果把咨询当作服务来购买，结果一定是企业仅仅品尝了精益的味道而已，咨询老师在，精益就持续，咨询老师离开，精益就停止。因为没有达到培养人才的目的，这种思想非常致命，完全要不得！大家要明确精益管理实质就是企业对自己的革命，聘请咨询公司就是给自己找个老师，老师要指导改革的步骤和路线，指明方向；要讲解实施应用的方法，规避风险，让我们少走弯路；老师传授知识，企业学习应用，老师提出高要求，企业试着进行挑战，老师的严格要求就是为了帮助企业培养精益人才，这样是对企业最大的帮助！如果企业不能摆好自己的学生位置，就无法学习到精益的精髓，这

样的项目必然走向失败。

二、企业在导入精益管理时，最高管理者要下定最大的决心

企业高层管理者对精益管理持怀疑态度，是失败的开始。精益管理是对现有管理模式和思维模式的挑战，需要企业全体共同努力克服惯性和惰性，而企业高层管理者的犹豫将会影响下属的判断和行动，导致精益活动进入冷却期，最终导致失败。"从善如登，从恶如崩"，让全员去模仿更好的对象，需要从外在不断进行调整和施加努力，持续点燃改善的热情，需要更多的智慧；而让大家懈怠消极，重复过去，则非常简单，只要停止施加影响，就可以实现。有人说，精益导入如烹小鲜，火候掌握不好，方法施加不当，很容易偏离成功的航道。企业最高管理者掌握着各级员工的分配和晋升，随时可以利用权利调动下级工作热情，让精益重回预定的轨道中来。精益从来都是在艰苦努力中走过不适应期，最大的考验是高级管理者。华为公司的管理咨询项目无一不取得极大的成功，关键是任正非在每次项目实施前都做了充分的准备，并施加了巨大的影响力。向华为学习，企业最高管理者在引入精益管理前，应该尽可能了解精益的内涵，充分思考企业应用精益管理所要取得的目标。同时，要在高层形成共识，最忌讳的是领导班子意见不统一，造成下属不知所措，有些企业会在精益项目启动前，让所有高层管理者到日本丰田进行学习，在目睹了精益标杆企业的管理水平之后，全体达成一致后再引入。总之，怀疑是精益失败的开始，而这一切取决于管理者要坚定信心，毫不动摇。

三、企业绝不能把精益管理的引入当作一个项目

精益的引入常常以项目为载体，但是如果把精益当作项目就出问题了，所谓项目就是有开始有结束，结束之后相关工作可以恢复原样，如果精益项目也是这样搞，那就是彻底的"水过地皮湿"。实施精益项目的目的是精益管理系统在企业的应用，是对企业体制的深入改造，注意不是把企业现有制度流程改造得更优，而是构建一个企业内自我改进的习惯。换句话说，企业要植入一个能够持续寻优的基因，形成一个动态机制。这就要求精益在企业内

建立改善的习惯，要持续地对人的能力和习惯进行培养，让企业内形成共识，进而变成企业的价值观和文化。这些都是非好多年的坚持不能实现的，因此，企业要树立长期实施的观念，要几十年如一日地坚持不懈，短期的项目思维万万要不得。

四、不能把精益仅界定在工厂生产的范畴内

精益管理虽然脱胎自精益生产和TPS，但它并不是局限于生产制造过程的管理工具。它的本质是一个寻求总体最优的方法论，达成的手段是识别和消除企业内所有的浪费。这里的浪费是指广义的浪费，也就是我们常说的"浪费冰山"，即浮出水面的一小部分是显性的浪费，在现场看得见，而沉在水面下是更多更大的隐形浪费，往往是造成现场浪费的根源，这些隐性浪费的产生，与职能管理或者总部管理有很大的关系。一个糟糕的管理流程每一次循环都是一次制造浪费的过程，因此需要对生产制造领域之外的部分进行改进，这就要求精益的定位必须准确，比如定位到总经理下属，确保有权力解决职能管理的问题。如果仅仅把精益定位到了现场，就意味着精益本身出现了浪费。

第六节　精益管理是社会发展的必然

精益管理不仅是以日本企业为代表的优秀制造业的先进经验集合，更是日本社会文化以及科学管理思想的结晶，由于日本文化与中国文化同根同源，因此中国企业学习精益管理具备天然良好的文化基础。这就清楚地解释了，为何精益管理成为了中国企业界的共识。

中日两国隔海相望，从古至今一直进行着频繁的文化交流。本质上来讲，两国具有相同的社会文化根源，即中国的儒家思想。日本大规模学习中国儒家文化，是从盛唐开始，日本大规模派遣遣唐使来中国学习，将中国儒家文化思想及政治体制带回日本，并进行消化吸收。不得不讲日本民族是非常谦虚和善于学习的，这种能力让他们常常会超越师傅。在随后的一百五十年时

间里，在随后两代天皇的大力倡导下，儒家思想的传播日益深入，极大地影响了日本国民的理念和生活，社会上形成好儒习汉的风气。这种文化不仅影响了日本社会的发展路径，还影响到了日本人的行为和价值选择。就像《菊与刀》中所说："刀与菊，两者都是一幅绘画的组成部分。日本人生性极其好斗而又非常温和；黩武而又爱美；倨傲自尊而又彬彬有礼；顽梗不化而又柔弱善变；驯服而又不愿受人摆布；忠贞而又易于叛变；勇敢而又怯懦；保守而又十分欢迎新的生活方式。"① 这种矛盾的民族性格恰好是中国儒家文化和日本传统文化融合的体现，也许日本传统文化本身就有好斗、倨傲、顽梗不化、屈服强者的成分。

中国的儒家思想深深地影响了日本的社会文化，进而也成为了日本企业文化演化的基础。

比如，日本企业的员工常常具有非常优秀的品质，诸如忠诚、敬业、严谨等等，这是儒家思想中内在以"以仁为业，博施济众"作为人生目标和行为准则，外在以"居之不倦，行之以忠"作为具体要求的表现。日本企业常常拥有团结奋进且高度统一的团队，这是因为在日本文化中有着非常重要的"和"文化。"和"是指互助、团结、合作、忍让，员工在日常工作和生活中要注重与他人合作，追求与他人的和谐相处，并用这一观念来约束自己②。这种来源于儒家思想的"和"文化在日本企业界得到进一步升华，他们认为和谐高于一切，企业利益相关方之间应保持和谐的关系。为此，企业所有者与雇员之间、企业与客户之间、企业与供应商之间、企业与社会之间不应是单纯的利益关系，应该互相扶持、互相帮助、共同成长。日本企业中令人称道的自我挑战、追求最高水平、不屈不挠持续努力的精神，也与儒家文化中"士不可以不弘毅，任重而道远"息息相关（《论语·泰伯章》）。以上种种，都是儒家文化在日本企业中发挥的作用。这些思想最终演化出了很多日本企业的特殊做法，比如终身雇佣制。当今的日本，许多企业仍然采取终身雇佣制，这是儒家文化中"尽己为人谓之忠"的体现。日本企业的员工并没有因

---

① [美]本尼迪克特.菊花与刀——日本文化的诸模式[M].孙志民，等译.杭州：浙江人民出版社，1987.

② 李赞英.日本企业文化内涵与借鉴[J].商场现代化，2007（10）.

为终身雇佣制而变得懒惰，反而激发了更加努力工作的作风和对企业的高度忠诚。比如年功序列制，这与儒家文化强调"长幼尊卑"思想是一致的，企业内自觉遵守按照人的地位、年龄等来划分等级的制度，决定员工薪酬和晋升的是年龄或者司龄的大小，而非能力或者贡献①。年功序列制和终身雇佣制形成了员工与企业间长期稳固的关系，将两者的命运紧紧联系在一起，激发了员工努力奋斗的动机，这也成为了精益管理的基础。一些日本企业界人士都认为，日本现代企业管理是在中国传统文化的基础上发展起来的。

日本企业管理文化源自于日本社会文化，而日本社会文化以儒家思想为核心；相似的文化必然会衍生出相似的共识。中国是儒家思想的发源地，在这片土壤上的人民自然而然地传承了儒家文化，那些谦虚努力、奋发有为、不屈不挠、仁爱众生的品质总是受到社会的推崇，这些事迹总是在流传和影响着一代代的人。在市场经济时代，民族的价值观虽然受到了物质崇拜的影响，但是本质上我们的价值选择并没有发生变化。在国家和社会不断发展进步的要求下，我们面临着怎么做能让国家变得更好、经济进一步发展、企业持续进步的问题。在儒家思想的影响下，我们必然会做出与日本社会和日本企业相同的选择，即以精益管理的思想来指导发展，这不仅是中国精英阶层学习先进理念与管理方式的需求，也是儒家思想面对发展问题的必然选择，更是中国社会持续发展走向文明的必由之路。

精益管理在中国的传播也在印证这一观念点，从20世纪80年代开始，中国有少数汽车企业开始模仿和学习丰田生产方式，拉开了精益传播的序幕；20世纪90年代，精益生产方式导入基本成为了制造型企业的必修课，制造型企业公认精益生产是提升制造能力的最有效办法；而进入了21世纪，精益管理思想开始迅速传播，正在成为政府、企事业单位进行管理改革和创新发展的重要抓手，成为社会经济发展的重要推动手段。

如今，国际经济形势瞬息万变，大国之间的博弈不断，区域贸易保护主义抬头，国内经济下行压力不断增大，国家经济低速增长已经成为现实。以前中国制造的优势诸如劳动力丰富、劳动力成本低、原材料价格低等如今都

---

① 梁冒春，陈文. 日本企业管理与儒家文化［J］. 沿海企业与科技，1996（3）.

| 精益水到渠成 |

>>>——城市供水企业精益之道

已不再。资源优势丧失，或外资撤离，仅仅依靠外在资金技术发展的时代正式结束了。此刻，旧的动力刚刚失去，新的动力尚未出现，中国经济如何才能获得新的持续发展呢？那就必须想办法让中国企业在当前的外部环境下，实行自我改良，进入持续增长的良性循环。我们再从微观层面来看，当前相当部分的中国企业正在夹缝中苦苦挣扎，一方面企业要面对产品价格逐年降低，而原料成本和人工成本逐年上升之间的矛盾；另一方面要面对企业整体效率较低，盈利下降，而员工对工资报酬需求持续上升之间的矛盾。这里不得不说一下，高房价对中国经济持续增长的抑制作用太大了！两者矛盾叠加，造成相当多的企业都处于困难里，企业家面对未来充满了困惑和迷茫。于是，企业不再聚焦主业，而是开始投机，寻找更多的赚钱领域，寻找国家和地方的补贴政策。这种浮躁的短视行为怎么能经营出百年企业呢？这些企业当务之急就是要找到解决矛盾的方法。我们的建议是企业要花最大的力气、以最开始创业的决心来导入精益管理，改造企业的体质。通过精益管理实现成本的降低，用以抵消原料价格和人工成本的上升；通过精益管理提高企业总体效率，用以兑现给员工更高的收入。只有如此，企业才能走上可持续发展之路。

新旧动能交替之际，中国政府也意识到精益管理对于经济发展的重要性。2016年6月，国务院国资委举办的中央企业精益管理文化现场交流会，提出中央企业要大力推进精益管理的要求，要求各级国资企业全面推进精益管理创新，培育精益管理文化。精益管理成为了经济新常态下中国企业转型升级、提升核心竞争力的有效途径。

在时代进步发展的过程中，经过30年反复筛选和优胜劣汰，精益管理最终被证明：它适用于中国古老传统且新潮演变的人文文化，适用于资本纵横又要求人人平等的社会背景，适用于从计划体制到市场调控的经济方式，适用于日新月异、复杂多变的社会进程，适用于除弊革新呼声高涨的各行各业。精益管理适逢大发展的机会！

第七节　流程型企业应用精益管理分析

制造型企业按照制造过程分类，可以分为离散型生产企业和流程型生产企业，这两种生产类型各占半壁江山。

离散型生产是指零部件按照各自的工艺通过各个生产环节，呈离散状态分布，产品由离散型的零部件装配而成。由于是先加工出零部件，再将零部件装配成产品，因此又称装配式生产，如汽车、发动机、家电等。这类生产过程适用精益生产，完全可以照单抓药，或者模仿丰田生产方式进行变革，如一个流水线生产和均衡生产；或者进行生产管理方式的变革，如看板拉动、安全系统等。因此，这类企业是国内第一批学习和引入丰田生产方式的实践者。

流程型企业是指通过一系列的加工装置使原材料进行规定的物理变化、生物变化或化学反应，然后形成最终产品，比如化工炼油、液态食品（奶制品、饮料等）、水泥、发电等。由于其产品加工过程24小时不间断，生产流程是预先固定的，因此，常常称之为流程型企业。流程型企业的生产过程与离散型生产完全不一样，常常是产品加工方式固定，整个产品的流动过程是封闭状态，生产加工过程基本实现了远程操作，即使是现场作业也是与产品隔离开的。可见，流程型企业的生产方式和生产流程都是固定不变的，难以进行生产方式的变革，无法参照丰田生产方式，没有标的物进行学习。这个时候需要变通地按照精益管理方式改造企业，可从以下几个方面着手。

第一，流程型企业要进行生产设备和装置的购买，常常伴随着较大的硬件投资，这就决定了企业的核心管理工作就是设备和装置的正常运转。设备装置的正常运转就会源源不断地带来产品和效益，确保能够最快收回投资。因此我们要重点围绕硬件的利用率做工作，要对设备效率重点关注，要统计和计算关键设备的产能发挥情况，并以此为基准点，推动其他工序节拍的看齐，以关键设备的产能来匹配其他工序能力，这样就实现了资产效率的最大化。

> **精益水到渠成**
> >>>——城市供水企业精益之道

第二,流程型企业的投入巨大,将会带来巨大的成本压力,因此要对产品生产成本格外关注。企业购买的设备装置将会转化为产品固定成本。为了能够确保产品的价格竞争力,需要降低其他成本,包括材料成本、人工成本、能耗成本、维护成本等等。通过不断"拧干毛巾中的最后一滴水",实现各种变动成本最低化,这样能够保证企业的产品竞争力,形成更高资本回报率。

第三,流程型企业是由一系列设备装置完成的生产,生产过程风险管控十分必要。流程型生产的过程异常损失常常较为严重,比如设备出现了故障,将会造成整体生产全部停止,造成很大的损失和浪费,或者一旦设备精度出现偏差,常常会出现大批量不良品。为此,要围绕设备、动力、材料、技术等方面提高保障能力和纠错能力,要围绕故障和异常的预防以及批量事故的避免进行流程自动化和防呆防错设计,把问题控制在源头,降低问题发生的风险,这是最大的成本节约。

第四,流程型企业对于材料、产品的适应性较差,需要进行新产品的适应性设计。生产流程的固化,意味着该过程仅能兼容相似产品,一旦出现新的不一样的工艺,会造成流程难以匹配,需要用更高的生产投入进行弥补。这种情况下,需要对产品进行规划,要将产品型号分别按照生产过程进行分类,并与不同的生产过程结合,最终是一类产品投放到一个生产过程,确保资源需求最低,生产效率最高;与此同时,企业要建立开发产品的相关规范,要对产品开发进行标准化、模块化,让新产品不再杂乱无章,而是具有系列的特点,以便与生产流程相容,这样的产品柔性将能实现最低成本。产品的精益化设计对于流程型企业来说意义非凡。要尽可能缩减品种,按照品类设计,这样将会减少采购的难度,减少制造和交付的难度。

第五,流程型企业的生产管理活动常常是规范式的,更有利于通过精益改善取得效果。流程型企业往往脱胎自大企业或者由国家投资设立,由于资本金充足,因此往往从设立之初就是按部就班地进行运作。一方面,这类企业是典型的规范式,企业管理正规,法令健全,所有人员理解企业的规则,做事循规蹈矩,这些都是精益改善的良好基础;另一方面,企业也常常会程序繁多,机制僵化,人浮于事,效率低下,员工对此是不满意的。企业犹如一个隐藏的宝藏,又犹如一个火药库,只需要引入精益改善的星星之火,就可以如火如荼地推进改善了。因此，我们说这类企业的改善潜力是巨大的。

第六，流程型企业的产品和生产过程往往具有危险要素，因此安全预防和管控是重点。流程型企业加工产品往往具有易燃易爆易泄漏的特点，由于产品存放集中，一旦出现事故，将会出现连锁反应，因此安全的管理是重中之重。同时由于企业生产装置自动化程度较高，往往在人机配合上会出现失误，造成人身事故。这两类安全问题都是流程型企业特别关注的，需要借助精益管理的手段减少和消灭安全事件的发生。因此，精益安全管理将围绕预防性和保险性来做文章，从源头预防安全事件的发生，同时做好关键环节的双保险管理，实现企业的零事故。

综上所述，流程型企业的精益管理需要从管理机制入手，通过激励机制的调整，调动全体员工参与到改善中去，围绕着工厂安全提升、设备综合效率、生产成本、生产异常、精益产品设计等方面进行改进，将会促进企业业绩提升、风险降低而带来最大价值。

>>> 本章小结

在精益生产提出的30多年里，精益理论整合了信息技术、流程管理和企业文化，精益系统变得庞大和完善，精益思想上升为企业经营的哲学理念，精益原则上升为企业发展的战略指导原则。它通过帮助企业识别顾客价值和价值流，消除浪费和非增值环节，可以帮助企业赢得竞争优势。精益管理成了一门通过管理机制的重建，帮助企业盈利及可持续发展的科学方法论。对于流程型企业，在市场环境压力下，如何进行突围和升级是一个大的命题，企业应该围绕精益管理提高内部管理能力，形成创新发展的动力，为实现百年企业奠定基础。

第二章　城市供水企业的特点

第一节　供水企业的特点

水是国家社会发展的基础,没有水就没有了生命。中国的淡水资源总量为 2.8 万亿立方米,其中地表水 2.7 万亿立方米,地下水 0.83 万亿立方米,水资源总量占全球的 6%,居世界第六位。但人均占有量较低,仅为 2240 立方米,约为世界人均的 1/4,在世界银行连续统计的 153 个国家中居第 88 位[①]。再加上水资源地区分布和年内年际分配的不均衡,我国的水资源缺乏情况较为普遍。与此同时,中国是世界上用水量最多的国家,用水量的不断增长导致供求危机,日趋严重的水污染不仅降低了水体的使用功能,也进一步加剧了水资源短缺的矛盾。

我国城市供水企业包括原水开发、自来水生产、自来水输送、污水回收及处理等环节,为一座城市提供清洁的饮用水,为生产生活提供必要条件和基础要素。水的供应出了问题,城市生活就会大受影响,经济发展就会大打折扣。因此,城市供水行业非常重要,是城市管理中的重点。2010 年全国水务系统共有自来水厂 3584 座,供水管道总长 36.8 万公里,自来水供水能力 18327 万立方米/日。全国总供水量 5998 亿立方米,其中地表水源占 81.2%,

---

① 孙奇. 精益管理体系在天津自来水集团的应用与研究[D]. 天津大学,2014.

地下水源占 18.3%，其他水源占 0.5%。伴随着我国工业经济和城市化快速发展，城市用水量需求呈现出逐年稳定增长的趋势。2011 年，我国城市供水行业的销售收入达到 1165.89 亿元，同比增长 16.24%。

一直以来，供水行业是资本高度密集的行业，自来水管网等固定资产生命周期很长，给水处理设施的使用年限至少为 25 年，输配水管线管网的年限一般都是 50 年甚至更长。通常认为进行重复建设是不符合经济效率原则的，因而常常在一定的区域内只有一家企业进行垄断性经营。在供水行业发展过程中，曾一度被政府当作公益事业，采取由地方政府主导投资，产品价格受政府统一控制，用政府财政补贴来实现正常运转。在这段时期，水不被真正地视为商品，水价没有建立根据市场供求和成本变化及时调整的机制，供水价格普遍低于供水成本。同时，在城市水价构成中，主要只考虑了净水成本补偿，而对供排水管网建设和污水处理成本补偿不足，造成供水管理单位长期亏损。

为了缓解水资源危机，建立节约型社会，缓解行业发展矛盾，从 20 世纪 90 年代开始，中国自来水行业开始了市场化改革，实行政企分开。自来水公司作为市场主体，独立经营，自负盈亏，为了实现管理专业化，按照业务分工进行公司分拆；为了实现管理现代化，引入外国资本和先进技术，由此拉开了中国供水企业变革创新的序幕。在那个改革为主旋律的时代，自来水行业大刀阔斧的改革取得了明显成效。自来水行业所需政府拨款减少，服务效率明显提升，外国资本大量涌入自来水行业，缓解了资金压力，整个行业呈现了欣欣向荣的景象。

据国家统计局公布的数据，到 2015 年，我国规模以上自来水的生产和供应行业企业数量为 1047 家，亏损企业数量仅为 335 家，亏损比例为 32%，较 2000 年行业的普遍亏损，取得较大提升。同时自来水行业开始进入良性增长的轨道中，2015 年总资产 6104 亿元，较上年增长了 13%；销售总收入合计 1222 亿元，比上年增加 132 亿元，增长了 12.6%；而销售费用、管理费用及财务费用较上年均出现较大幅度的下降，完成利润总额 104 亿元，比上年增加 41.5 亿元，增长了 84.5%。由此可见，自来水的生产和供应整体增长势头良好，为我国经济快速发展和城镇化做出了突出贡献①。

目前，国内大型自来水企业的技术水平相差不大，各企业采用的技术水平处于同一层次，不同的企业会根据自身的技术实力对通用技术进行改良，以适应项目的要求。由于我国的水处理设备的生产制造水平整体上要比国外落后10年以上，与世界先进技术相比，仍存在一定的差距。其具体体现为：（1）产品品种少，更新换代慢，研发新产品也多为简单模仿，消化吸收能力和技术创新能力差，技术储备能力低；（2）产品技术性能低，效率低，自动化程度低；（3）产品加工质量水平低，质量标准低，设备运行的稳定性差，可靠性低；（4）产品的结构设计水平低，外观差。可见，目前我国城市供水行业普遍基础管理薄弱，精细化管理不足，这些差距也为未来自来水行业提升管理能力指明了方向。

第二节 供水行业问题分析

城市供水企业通常具有悠久的历史，由于长期在体制内保护，因而企业管理问题很多。

一、企业成本管理落后

政府体制的保护让企业脱离了市场，尽管供水行业进行十几年的市场化改革，但是由于资源的唯一性和行业的重要性，企业不可能摆脱政府的监管，其本质仍然是垄断行业，并且带有社会福利性质，属于政府补贴产业。在这种情况下，企业成为了政府职能的延伸，成为了典型的国有企业。国有企业的行为选择取决于企业的管理者，企业管理者是由政府进行委派的，因此，满足政府和社会需要是第一选择，而是否实现盈利在优先顺序上排在后面。这种经营理念下，企业自然对于效益和成本关注不足，企业对于亏损见怪不怪，对于降低内部成本的积极性不够，企业不能持续地激励员工进行成本改

---

① 《中国自来水行业现状调查分析及发展趋势预测报告（2018年版）》。

善，因此企业成本浪费较大，存在很大的改进空间。

二、标准化程度较低

城市供水行业是细分市场中较小的行业，每个城市仅存在一个公司，管理模式类似。因此，该行业构成单一，缺少竞争，可参考的对象较少。长此以往，企业的进步速度自然较慢，因此始终处于比较初级的经验管理阶段。这种管理状态既是在相对封闭的环境中，造成的视野狭窄，缺少对外交流，对于世界范围内管理演化的认知不足，固守传统的经验管理模式；也是供水企业管理偏重于供水成果的达成，而对过程管理松懈，造成过程随意性较大。经验管理是与科学管理相对的，对以往实践的总结，是制造技术不清晰且处于碎片化状态的一种体现。这些知识的不系统造成的严重后果就是无法传承，终将会给企业带来不可弥补的损失。

三、企业基础管理薄弱

城市供水行业与城市发展息息相关，因此企业历史悠久，更兼之国有背景，承担了更多的社会责任。企业往往包袱较多，企业管理过程中兼顾的内容广泛。这就造成了企业管理者不能专心于管理提升，还要兼顾更多的历史遗留问题、社会责任问题。在这种戴着手铐跳舞的环境下，企业基础管理薄弱就不难理解。

四、员工积极性不足

从上述分析可见，供水行业是资源性行业，先天就决定了它的市场垄断地位，因此企业员工永远不需要担心失去市场。由于供水行业的政府管理特性，导致企业无法决定价格要素，因此企业员工永远不用考虑是亏损还是盈利。企业缺少竞争，企业就会松懈，员工缺少竞争，员工就会松懈，这种松懈体现在职工缺少对于工作的紧迫感和激情，也表现在员工对于工作缺乏积极性。

供水企业的问题，其根源不在于企业本身，外在的因素起了决定性作用。一方面是行业特点决定了企业选择的管理方式，另一方面是在长期的计划经济体制下企业管理打上了僵化的烙印。

党的十八大以来,世界经济形势发生了很大的变化,供水企业作为公用事业单位必须适应外界经济环境的变化。随着国有企业改革的深化,公用事业市场也在逐步放开,行业垄断局面被打破,多元化投融资及运营体系正在逐步形成。此种形势下,要求城市市政公用企业进一步提高运营效率,提升管理创新水平,实现新的发展。

第三节 某市供水集团的现状分析

某市供水集团公司,创立于1898年,至今已有120多年历史。1996年公司改制,2000年实施重组,注册资本10亿元。集团公司三大主业为:水的生产和供应、市政工程和管道工程设计与施工、给排水设备和管道等生产与技术服务。集团公司有20多个职能部室、40余个分子公司、参股合作公司10个,从业员工6000多人。在水务方面,包括内部原水的输送、自来水生产、输配和销售、淡化海水的输配和销售、污水处理及再生水生产和销售。供水服务覆盖12个行政区域、5个功能区和部分特定区域。围绕水务相关的施工、设计、监理等方面,具有甲级的设计、监理资质和两个市政一级总承包资质,市场覆盖全国26个省市,初步构建了由原水、污水、海水经过工业加工生产的自来水、再生水、淡化海水的"三水合一"多水多业集团化经营模式。连续多年进入中国服务业企业500强,跻身该市企业100强行列。

在第十二个五年规划中,该供水集团提出自己的战略目标,即把"安全供水、达标服务"作为首要任务,把"提质增效、增加职工收入"作为中心工作,把"高、精、细、实"作为总的工作方针,进一步解放思想,深化企业改革,加快战略性结构调整,实施"三水合一"战略,实施产业"精+优"战略,实施"走出去"战略,打造二、三主业,加大资产盘活力度,增强创新驱动能力,完善管理体制机制,增收节支,减员增效。在履行好社会责任的同时实现创新、转型、调整、发展,不断增强企业核心竞争力,不断做大做强做优企业,争创全国一流水务企业。

而当时的真实情况是，虽然集团公司正在加快区域市场的拓展和产业链的延伸发展，但各项指标与国内外优秀企业相比仍存在差距。在盈利指标方面，净资产收益率不足1%，与行业2%的平均值存在较大差距，而且成本与收入倒挂现象严重，每吨水亏损达到1.5元，供水结构中居民用水比重明显偏高，居民与非居民的供水结构不合理。受供水经营亏损所致主营业务利润为负值，集团公司水务板块处于长期亏损的状态。企业盈利能力不足导致权益性资产增长缓慢。由于企业缺少相应的财政补贴政策，偿债能力仍面临继续降低的风险。

总体来看，受社会公益性事业的影响，集团公司必须履行好安全供水的社会使命，同时要实现企业的盈利指标与市场型企业看齐。这种外部压力下，企业开始思考如何激活内部组织的活力，实现提质增效、降本开源。精益管理正是在这种背景下与供水集团结下了不解之缘。

第四节 供水集团导入精益管理的背景

近年来，集团公司在转变经济发展方式的同时，不断在管理提升方面进行各种尝试。应该说，该企业还是在管理上下了功夫的，比如企业跟国际国内同行业先进企业进行了对标活动，通过对照，明确发展方向与奋斗目标，查找分析差距，制定改进措施，以持续改进管理过程促进、实现供水集团全面健康可持续发展。比如在集团公司内开展了班组建设活动，开展所谓"三项管理、两个建设"，三项管理就是指班组基础管理、岗位管理和现场管理；两个建设就是指班组工作、生活环境建设和班组思想、文化环境建设。通过开展上述活动，强化班组管理效能，提升岗位工作效率，用全员参与的形式，使班组管理和岗位操作更加规范化。

比如，为了提高管理有效性，提高基层的执行力，集团公司开展了跟班调研活动，即通过管理人员到一线亲身参与生产作业，体验生产过程，听取员工心声，发现问题，针对性地改进不足，提高员工满意度。这种自下而上的调研反馈，帮助企业制定符合实际的决策，提高对下属工作指导的有效性，

精益水到渠成
>>>——城市供水企业精益之道

保证了上情下达、下情上晓。例如为了推进供水服务过程的规范化，企业全面推动服务标准化工作，即围绕产水、供水、收费、维护等环节建立详细的工作标准，为市民带来更细致的服务，助力现有供水服务保障的再次提升。上述工作一定程度上提高了企业的基础管理水平，帮助企业解决了一部分基层实际问题，但是系统性和连续性不好，对于一线的改变不够明显，难以满足集团公司战略的需求。

2013年，供水集团明确提出要"开展精益管理活动，提升子公司运营体质"，并广泛地考察精益管理辅导咨询团队。经过半年的考察挑选，最终决定与天津大学精益团队合作，拉开了连续七年推进精益管理的序幕。

该供水集团领导班子对于精益的认知是到位的，在引入项目之前通过各级会议统一思想，形成了共识，精益管理导入是个长远的战略任务，必须坚持三年的辅导期。第一年要进行试点导入，通过精益管理培训和试点单位的精益项目实施，实现思想破冰，以试点单位项目经验评估集团精益管理效用；第二年是辐射扩散的阶段，通过一期试点单位的实践和示范，集团公司其他单位可参照试点单位成功经验进一步推广精益管理，让精益思想被更多的单位和部门接受并参与其中；第三年是深入固化阶段，在精益理念与文化植入的基础上，将消除浪费和持续改进的思想逐渐转化为每一名员工的自觉行动，并通过各种规章制度进行梳理固化，注重培训体制建设，注重绩效考核机制建设，最终实现全集团各级干部员工都能参与到精益管理的持续改善中去。实在地讲，三年的规划对于一个老国企集团来说，还是不够的。

精益管理项目启动之初，集团公司专门成立推进委员会，制订了精益管理推进的32字方针，即"领导挂帅，试点突破；造血为主，训导结合；里程引导，激励跟进；全员参与，改善变革"。这几句话概括了精益推进的要点，很有水平！

领导挂帅——即推行课题前，组建课题团队。精益推进办公室，由公司领导担任总体负责人，选调精英，组建了推动团队，督导各部门行动和协调相关资源。

试点突破——即选择一些有代表性的单位进行试点推行，以点带面。通过天津大学团队和课题团队的现场检查指导，实现试点单位的面貌和绩效大幅度地提升，使集团全体人员认识到精益生产的重要作用，增加大家的成功信心，进而达到了以点带面的作用。

造血为主——即在课题推动的过程中，课题团队的工作方法不但要注重管理带来的实效，还要注重为公司培养精益管理人才，提高公司的造血能力。在课题中造就的一批精益管理的专家，他们将成为传播精益管理的种子，保证集团公司下一步的自主推行。

训导结合——即在推进过程中，天津大学团队围绕推进阶段和内容，适时将精益管理工具予以应用。同时采取"培训+指导"的方式，手把手帮助公司推进团队掌握工具方法，并且深入一线，手把手帮助公司推进团队解决实际问题。

里程引导——即设定精益生产的推进目标和周期。在推进的过程中，召开阶段会议，用会议和汇报拉动各级干部推动进度，用阶段目标和里程碑来带动课题团队的工作，保证推进的进度和效果。

激励跟进——即对参与改善的成员要正向奖励。精益生产是一种改善文化，需要很多一线员工、基层干部、各级领导额外付出劳动，参与到改善中去。为此，凡是积极参与并为公司取得更多收益的员工都应该在改善收益中获取一部分物质激励。这是保证全员积极参与、持续不断改善的动力源泉，同时正向激励这样一种引导，会造就基层团队的自我管理和自我改善。

全员参与——即在推动过程中时时不忘基层职工的参与，推广单位的各级领导和基层干部员工都要熟悉掌握改善的工具方法，并将其应用到自己负责工作的改善中去，要积极思考如何让工作效率提升、工作质量改进、工作成本减少。

改善变革——即上述工作实现过程中形成人人都在寻找不足、进行改善，追求卓越、自我变革的局面。

32字方针意味着集团公司以比较成熟的心态，用严谨细致的手段开始对精益进行尝试，为后续工作的开展奠定了良好基础。

第五节　供水企业应用精益管理的意义

供水集团的精益变革整整持续了七年，在不同的供水企业、热线中心、营销公司等产供水和服务单位进行了深层次应用，有的单位推进顺利，有的推进不力。回过头来看，整体还是带来了较大的改变，取得了非常好的效果，可以总结为如下几个方面。

一、精益管理帮助供水企业快速实现标准化管理，进而提高了安全供水能力

安全供水能力是供水企业必须具备的最基本能力。在经营过程中具体体现为：持续稳定地输送优良水质、充足水压的自来水。近年来，自来水水源受到不同程度的污染，水质变化幅度大，市民对水质口感的要求日益提升，这些新情况的出现对自来水安全供水能力提出了新的要求。为此，我们将精益管理的目标之一定为"提升水质、保障水压"。

运用精益工具中的5S现场管理等方法，实现现场层面的精益改善，进而为安全供水提供标准化生产环境；在此基础上，运用精益工具中的潜在失效模式分析等工具，形成标准作业指导书，为安全供水提供规范化的操作指导；而运用流程分析等工具，梳理和消除生产过程中的非增值环节，实现流程层面的精益改善，进而为安全供水提供精简高效的生产系统；运用精益工具中的提案改善制度、课题管理制度以及奖励激励办法，实现制度层面的精益改善，进而为安全供水搭建长效的制度平台。通过以上现场、作业、流程、制度的精益改善，促进了安全供水能力的提升。

二、精益管理有效增强企业应对突发事件的能力

供水企业面对突发事件常常需要应急处理，它是企业应对外部环境变化的快速反应，以及针对内部变动的快速应变。随着国家饮用水标准的不断提高和标准化工作的大力推行，要求供水企业应对突发事件要编制应急预案，

并且围绕企业日常工作进一步深化,需要产供水单位把应急预案进行细化,服务单位要建立突发事件的应急处置预案。借助精益管理活动,供水集团组建团队形成跨职能小组,运用工具方法科学全面地排查风险,寻找有效保障手段,从而提高了供水服务中突发事件处理能力,最大程度地满足了用户需求。

三、精益管理能有效增强企业管理创新的能力

管理创新能力是企业的核心竞争能力,是围绕组织、市场、商业模式、流程、制度等方面重塑模式进而赢得客户的一种方式,重视管理创新能力已成为现代企业制胜的法宝。通过应用精益管理,使用价值流图分析方法,推动实现管理流程再造;应用实验设计的方法,开展新型净水药剂的研发;通过改善活动和课题管理等机制,提升企业持续追求精益求精、尽善尽美的能力。这些创新活动的实践,有力地促进了管理创新能力的提升。

四、精益管理可以有效增强企业内部凝聚力,进而转化为企业绩效的提升

员工是企业之本,员工对企业的忠诚度决定了企业的发展,而凝聚力是衡量企业与员工之间相互吸引力的重要指标,是企业生命活力的基础。尤其在现代管理中,企业凝聚力显得尤为重要。精益管理提倡自下而上的改善,提倡全员参与,重视班组管理和一线员工的培养,注重团队建设和跨部门合作。职工与企业共同分享获得的经济效益、环境优化,增加相互信任,从而促进了企业凝聚力的提升。

>>> 本章小结

如今的城市供水企业在经历了市场化改革之后,已经成为了独立经营的市场的主体,对于生存发展的需要更加迫切,这就要求企业在满足社会需要的前提下,要关注内部运行的经济性,各项经营

活动要符合市场规律。通过实施精益管理，供水企业则可以快速进入市场竞争的状态，关注内部收益和支出，改变低效缓慢的不经济做法，提升企业内部管理的效率，从而激活企业职工，提高企业的活力，增强创新能力，创造出更好的社会效益和经济效益。

第三章　供水企业精益管理体系说明

第一节　精益管理体系的重要性

精益管理体系是指企业在实施精益管理过程中,通过管理机制的设计,实现对工作改善的正向激励,进而实现全体员工持续参与改善的系列方式方法的总称。

精益管理体系已经成为我国许多优秀企业的标准配置。源于十几年甚至二十几年对日本丰田模式的研究,经历对精益学习、模仿、吸收、创造的过程,并结合中国国情和企业实际情况,建立了一套具有适合自身特征的管理方式方法,最终形成企业的精益文化。比如中集集团的精益管理 ONE（Optimization Never Ending）模式,一汽集团的精益生产模式 HPS（HongQi Production System）,中车的精益生产体系,等等。有的企业应用精益管理的时间较晚,但从一开始就以精益体系为着眼点,经过引入第三方的精益体系知识,进行学习、融合变成自己的管理体系,两者殊途同归。但是这样的方式会少走一些弯路,少耗费一些时间,比如工程装备领域的领头羊——潍柴动力,从 2010 年开始学习、吸收外部智力机构的精益知识,并参考丰田的精益管理系统,构建自己的 WOS（WeiChai Operation System）体系;比如乳品行业的新贵——君乐宝乳业,从 2013 年开始引入精益管理体系,以构建世界级工厂为目标,结合精益管理的理念方法,形成了君乐宝 WCM（World Class Manufacturing）体系,确保了自己未来每一个工厂都能实现高质量低成本运营。

很多企业管理者曾有这样的困惑，在企业引入精益之后，随着精益的辅导老师离开了企业，企业内的改善就会中断，各项工作又会回到原点。很显然，就是因为企业并没有掌握到精益的精髓。如何才能实现精益的落地？这是很多企业关心的问题。我们认为，精益的落地有赖于企业精益管理体系的完善与实施。

精益管理体系可以帮助企业自主地推动精益在各个领域中的应用，并且可以长期持续地为企业创造各种价值，不断在现场、制造、经营中取得进步，自我实现精益化变革，进入良性发展的快车道，这种持续循环就是精益落地。

部分企业对精益管理浅尝辄止，没有掌握精益的精髓，也没有深入构建精益体系，更没有形成精益造血功能，或仅仅应用了一点精益的工具方法就终止了学习，仅有的少数精益骨干孤掌难鸣，企业就会慢慢退回到变革的原点。曾经在精益方面投入的所有时间成本和资金成本统统打了水漂，这确实是非常令人遗憾的事情！

城市供水企业的精益管理体系是供水企业长期持续推进并实现精益落地的重要成果。对于体系而言，我们反对理论家式的凭空臆造，因为这种书生论道常常带有纸上谈兵的味道；我们也反对通过短期实践就构建了企业精益管理体系，这种体系常常是空中楼阁，经不住时间的考验。本书中的精益管理体系来自于长达7年对一个企业精益历程的跟踪，经过了反复实践证明了可以帮助企业持续取得成功。它基于供水企业的特征而量身打造，既考虑了供水企业的国有背景，也兼顾了企业必须满足社会服务需求的特点，是多年辅导企业的精益实践的提炼，也是对供水企业精益管理优秀经验的总结。

第二节　精益管理体系框架图

城市供水企业精益管理体系的核心目的是让每一个层面的员工都参与到改善中去，并实现相互之间的联动。对于企业的高层管理者，通过企业的目标绩效系统，以及日常绩效检查活动实现参与；对于企业的中层职能管理者，通过制定主题季活动，实现职能部门轮流牵头，以季度为单位推进主题改善活动；对于企业的管理骨干和技术员工，通过课题活动，实现了基层骨干参与到专门的问题解决和研究中去；对于基层员工，通过一点经验、一点课程、5S、合理化建议等活动，实现大家的参与。供水企业精益管理系统如图3-1所示。

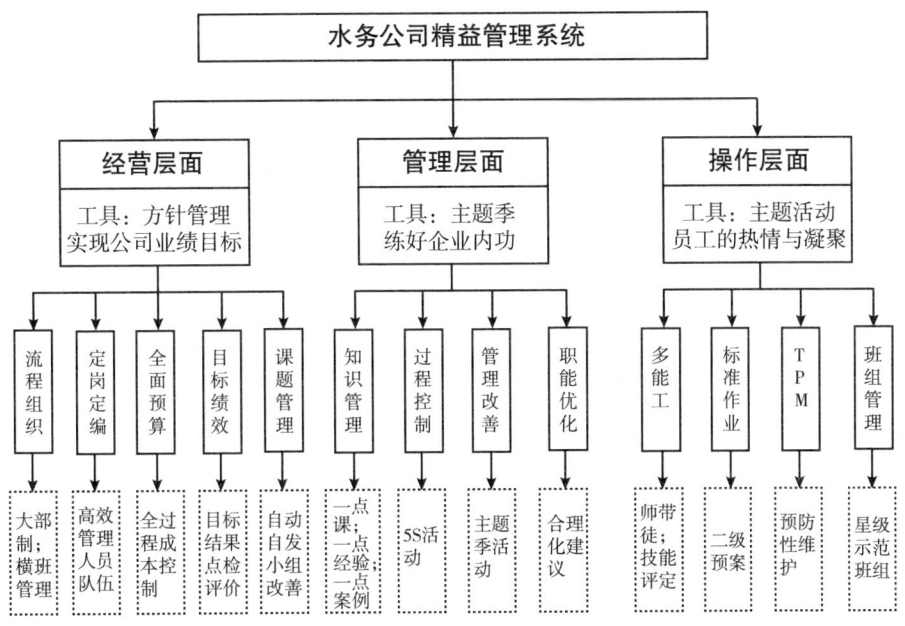

图3-1 供水企业精益管理系统

一、经营层面

在经营层面上，领导班子要主导整体变革工作。首先围绕着组织架构进行改变，由以往的职能型组织变为流程型组织。所谓职能型组织是尽量地细分业务，把采购、质量、运行、工艺、维修等尽量细分。这种组织设计的优点是能够使各个职能对一线的支持较为细致，专业指导能够落实到位；缺点是由于职能部门太多，导致组织臃肿，部门之间存在壁垒，对于成熟的制水过程而言，显然是冗余的。而流程型组织就是通过组建更大的部门，将组织职能进行合并，把对制水流程的服务分成几个模块，如运行服务部、技术服务部等，通过合并确保信息流动更加通畅，反应速度更加快捷，处理问题更加迅速。这种大部门制突破了职能壁垒，有利于制水单位提高效率和降低成本。另外，对于制水过程也是需要通过流程型组织的思路进行变革。以前制水过程由多个班组共同协作完成，包括进水班组、制药班组、投加班组、净水班组、送水班组、变电班组等等。从流程型组织的角度，可以通过班组合并，把各作业岗位、支持岗位都组合在一起，兼容了投加药剂、净水、变电、泵站等多个职能，形成一个大的横向班组，也就是所谓的横班制。流程型组织是企业管理的更高级形式，推动了定岗定编的开展，推动了员工的一岗多能。

其次，经营层面要推动定岗定编，实现更高的管理效率。国有企业中常常人员冗余，定岗定编是企业重要的"减肥"活动，也是对所有管理活动重新进行价值识别和价值测量的工作，以更加精简的岗位和编制数作为输出。定岗定编的核心思想是确定所有的管理活动，并依据制衡和效率的原则进行岗位分配，然后围绕这些工作的内容、频次、处理的时间（按照日、周、月、年）进行整体核算，按照每个管理人员70%的负荷度，确定需要的人数，进而确定编制。

第三，经营上供水企业要推进全面预算管理，实现财务管控的精细化。全面预算是企业预算管理的深化，全面预算是指全方位、全过程、全员参与编制与实施的预算管理模式。全方位是指企业的全部经济活动均纳入预算体系，全过程是指各项经济活动的事前、事中、事后均要纳入预算管理过程，全员参与是指各部门、各单位、各岗位、各级人员共同参与预算编制和实施。全面预算管理的目的是通过实现预定期内的经营目标，制定在一个固定预算期内经营活动的资金的总体安排。它是一个企业的年度全面计划，通过制定发展目标并层层分解下达于企业内部各个基层单位，从财务角度进行的管理控制，为后续的绩效考核奠定了基础。

第四，供水企业以目标绩效为手段，构建全公司的业绩系统。目标绩效是指企业依据在全面预算管理活动中制定的各个单位目标，根据实际完成情况，结合各个指标的权重进行综合评价，根据评价结果进行激励的精益管理活动。国有企业中，由于平均主义思维，常常对激励的应用较少，通过目标绩效管理，可以实现部门、班组或者个人的优劣排名，实现内部公平的奖金和晋升分配，激发员工工作热情，形成良性的内部竞争机制，构建积极向上的企业文化。

第五，供水企业以课题管理为抓手，通过攻关顽疾，实现效益提升。课题来自于对绩效目标分析所找到的需要解决的顽疾问题，问题解决需要形成跨职能团队，通过立项建立解决的承诺，课题团队通过反复调查、研究、分析，实现难题的攻克，进而带来技术或管理的提升，实现局部降本增效的目的。课题管理是跨部门的重点攻关活动，由公司领导班子确定和发起，通过职能骨干员工参与，核心目的是解决企业的顽疾问题、重点问题，通过点上的突破实现整体绩效的提升。课题是员工的主动自觉行为，是工作之外的改进活动，没有强制性，因此为了激励课题的完成，公司在确定课题后还要建立相关的管理机制和流程确保员工能够突破难关并受到奖励，这是课题活动周而复始运行的基本要求。

通过推行课题管理，企业找到了实现目标的手段和途径，通过实现目标完成全年预算，推动企业整体目标效益的实现，这是一个闭环。

二、管理层面

在管理层面上，精益管理体系要求企业各部门管理者推进并实施以下工作。

首先，职能部门要牵头推进知识管理，以提高企业制造能力。所谓知识管理是企业有组织地把员工经验变成企业知识，并进行内部分享，实现能力的快速复制的过程。在供水企业精益管理体系中，企业知识管理主要是围绕隐形知识显性化来进行的，通常包括以下三种类型：第一种称为"一点案例"，即企业中发生了异常事故，为了能够将异常经验进行总结，采用案例分析的方式，将问题发生、解决过程、反省措施汇总成标准，在企业内部扩展；第二种称为"一点经验"，即企业员工掌握了一些关键操作的诀窍，需要运用经验解读的方式，将这些诀窍变成企业的知识，形成作业标准，对相关人员进行培训；第三种称为"一点课程"，即企业老员工熟练地掌握了一些操作规范，需要通过每日一点技艺分享的方式给其他员工或者新员工进行培训。一般来说，知识管理遵循以下几个步骤：识别企业需要的知识，按照不同的知识类型制定收集知识的方法，收集创建最佳指导实践的信息库；建立知识相关方的信息沟通网络；建立正式的流程对知识进行传播。

其次，职能部门围绕过程控制推进5S管理。5S是基础班组管理，企业班组对于5S通常是抵触的，关键在于5S活动并没有给班组带来便利，也从未在本质上改变班组的管理水平。供水企业的5S管理需要首先改变班组的面貌。但是，要兼顾员工工作效率和生活的必要条件，比如现场的工具行迹管理能够带来员工使用工具的方便快捷，现场取消了生活用品的放置，就必须将员工值班时的吃饭洗澡问题解决。按照这个思路，员工尽管经历了不习惯不理解，但是最终都会拥护5S管理，而5S的提升将会极大促进供水企业的内在管理和外在形象。

第三，职能部门根据季节变化，有重点地开展改善活动，即主题季活动。制水单位的日常管理随着季节发生变化，比如夏季城市用水较多，要保证高峰时段的供水；冬季北方城市会结冰，必须防寒防冻。因此，在季节变化时，围绕着管理要求的变化推动改善活动，使精益管理活动有的放矢，融入企业日常管理活动中，这就是"主题季"活动。主题季活动要求培训、点检、课题改善、合理化建议、5S活动等都要围绕季节产水的主题开展，结合精益全员参与的要求，由各个部门轮流主导（为了更好的参与感），在3个月的时间里，展开与主题相关的各项任务，所有相关部门共同配合完成。如以防寒冻为主题的主题季中，防寒冻将被细化为闸井、管道等防冻，在此基础上，再细分为采购防寒冻物料、制定防寒冻方案、实施防寒冻作业等。围绕这些内容防寒冻工作将会展开到运行、维护、采购、后勤等部门，有的部门负责调查绘制闸井管道的图示，有的部门负责对防寒冻的保护方法进行设计，有的部门负责相关材料的采购和准备等等，所有这些改进工作就构成了主题季工作。

最后，职能管理要持续优化，用合理化建议的方式推动管理的提升。

合理化建议（以下简称合建）是员工的日常参与管理的活动，主要目的是通过组织行为，让员工观察工作岗位、工厂管理以及后勤服务中存在的问题，通过提报、评审、分工实施、检查、奖励的方式，让其持续不断地进行循环，提高生产、生活环境，提升管理效率，增加员工满意度，这是一种消除微缺陷和上下沟通的重要手段。合建中反复出现的问题，称之为顽疾。顽疾问题证明简单的改善是无法消除的，这时候该问题将立项解决，按照课题的要求，组织跨部门团队，反复研究、分析，提出对策，直至问题解决。顽疾问题常常是关键问题，或者影响士气，或者影响指标达成。需要由中层管理者亲自主导跨职能团队进行攻关。

三、操作层面

在操作层面上，主要依靠员工参与来实现精益管理。员工参与的精益活动要与员工的日常工作和生活紧密相关，确保员工能够体会到其行为带来的积极的结果，并形成良性循环。

首先是多能工管理。多能工是指员工具备多技能或者多能力，多技能就是能够具备多个岗位的技能，多能力就是具备多个岗位的能力，比如既能操作，又能维修设备。多能工管理改变了员工周而复始围绕着一个岗位工作的情况，改变了单调的工作内容，让工作更加丰富，更具有吸引力。员工日常工作中需要提升技能，这不仅是工作需要，也是员工自我价值提升的需求。为了实现多能工，通常在企业推行内部导师制度，采用师带徒的方式进行，即让岗位上的老职工作为师傅，而其他岗位的职工为了学习该岗位的技能，就要拜师。这种拜师学艺符合中国的传统文化，也让技能传承赋予了更和谐的人际关系内涵，对于保持供水企业内的稳定和谐，具有了更深层次的意义。而师带徒的成果在技能评定后，予以多能工的认证，并在师傅和徒弟的技能工资上进行体现。

其次是标准作业。标准作业是将关键重要的操作进行步骤分解和要点分解，形成作业要领书，对员工进行操作手法的固化，确保员工操作的一致性。对于供水企业而言，现场作业的节拍性不强，但是对操作的准确性要求很高，因此，作业要领书显得格外重要。精益管理又要求标准的制定和执行都授权给一线员工，让员工参与标准制定。员工在制定标准时，结合一点案例、一点经验和一点课程，把实际运行的最优方法和关键点进行提炼，这些要点就变成了现场的作业要领，采用要领进行员工的培训和作业的检查，会更加有的放矢，提高了标准的权威性，提升了企业安全运行的可靠性。

再次是TPM活动。TPM是全员设备维护，是对以往设备维护方式的改进和提升。供水企业的TPM具有更特殊的意义，因为水是民生物资，供水企业天然具有社会服务的属性，制水设备需要全天候满负荷运转，任何故障停机都会造成较大的社会影响，因此，对于设备维护和定期保养要求更高。在供水企业中TPM包含了两个层面的工作：首先操作人员进行自主维护，自主维护要求操作员工要了解设备，包括设备的性能和内部构造，这种设备能力的提升需要持续的对设备原理的学习，同时也要研讨以往故障的案例。员工对设备的了解不断增加是制订日常维护方案的基础，其最终目的是员工自主制定维护标准并自主完成设备的例行检查。其次是维护人员要将传统的维护手段进行升级，从定期的大修变成预防性维护，目的就是降低设备大修的相关费用。设备备件的定期更换是减少设备故障的重要手段。但是常常是备件进行更换后发现还未到磨损的临界点，造成备件费用的浪费。预防性维护就是通过给关键设备增加温度、震动等传感模块，对于非关键设备进行日常温度震动的测量，能够及时发现设备备件到达损坏临界点，实现降低设备的故障率和降低设备维护成本的目的。

最后是班组管理。精益管理中将班组管理定义为企业的基础建设。班组作为供水企业中最基层的管理组织，是管理的末梢，因此要求除了日常例行工作的完成，还要快速及时地处理异常情况，并对异常根源进行持续的改善，更重要的是要持续不断地对员工进行多技能培养。班组是真正创造价值的场所，班组长肩负着企业的质量、效率、成本、安全，是保证供水和水质的真正管理者，稍有疏忽会造成不可估量的损失。因此要求企业建立标准的班组核心工作，分别是交接班、变化点、班前会、黄金一小时、班中巡检、班后绩效管理、工作日志等。

精益管理中要求层管理必须参与到改善管理中去。我们把供水企业的改善分成三个类型，分别是日常工作中员工参与的合理化建议，在主题季中主导部门分配的具有主题的部门改善，以及对公司指定的顽疾问题进行跨部门团队的课题改善。上述三种改善形成了全员参与的机制。围绕岗位的小问题提出来就是合理化建议；围绕着季度工作主题由部门指定的改善为部门改善；

围绕工厂供水服务,领导班子提出的改善为课题改善。中层管理者承担着承上启下的作用,既要制定和推动改善的激励制度,也要对推动改善计划的执行落地。

班组管理过程也是持续地进行标准制定和标准执行的过程。标准制定分成三部分内容:第一部分是正常运行和维护的作业标准,第二部分是管理活动的流程标准,第三部分是安全作业的预案标准,后面会有较为详细的叙述。

供水企业精益管理体系特点鲜明,首先体现在体系的简单性上。通常来说,供水企业规模不大,仅有四个管理层次,分别是经理、主任、班组长、员工,而且职能不算多,仅包含运行、维护、安全、财务、采购、质量、行政等数个职能,因此繁复的精益管理体系不容易被理解和接受。也就是说,能够统一思想与员工达成共识的精益体系必须是简单的、易理解的。其次是体系的关联性。好的体系应该是相互勾连的,这种勾连会形成一个互相制约的关系,确保各工具方法形成一个整体,持续地运行下去。在本体系中,基层各项改善活动与中层管理者的目标绩效相一致,与高层管理者确定的年度目标相吻合,骨干员工参与的课题来自高层领导选定的问题,课题的解决需要最终员工的执行。职能部门牵头的主题活动,是针对每个季节中制水供水风险而提炼出来的工作内容。选定主题方向后,员工完成的相关方面的一点课、合理化建议、5S等活动内容,共同构成了企业主题季的输出。最后是体系的有效性。体系构成部分是针对企业的实际需要而创造的,适应供水企业的特点,也符合供水企业的传统,杜绝了新鲜事物与传统思想之间的激烈碰撞,为企业顺利变革创造了条件。

精益管理体系不同于ISO类的标准化体系,它没有从宏观到微观的机制设计要求,也不是理想化的大而全,它就是优秀管理经验落地后的总结,因此更加实用,更加高效,也就是所谓的少就是多。精益管理是企业内在体制的一次变革,通过寻找短板,寻找关键点,利用员工的智慧,积少成多地推动改善,实现供水企业的管理进化,同时也可以为其他供水企业或者类似企业进行精益变革时提供参考。

第三节　供水企业精益管理体系实施步骤

供水企业历史大都较长，传统较多，原有文化根深蒂固，造成遗留问题较多，内部关系通常错综复杂。随着设备自动化程度提高，人员编制减少，常常采取自然退休减员的方式，企业内部人员只出不进，导致员工队伍不能补充新鲜血液，因此，企业平均年龄偏大，接受新鲜事物的能力较弱。而供水企业长期受政府保护且固有的行业垄断的性质，导致企业内普遍缺少危机意识，员工执行力和创造力普遍不高。

上述情况下，精益管理体系的实施要从企业现实情况出发，从员工的满意度入手，循序渐进，由浅入深地推进，过程中应注重调动员工参与改善的积极性，并以此为契机，改变企业基层存在的负面思维，倡导正能量，尽量与党风建设结合，实现企业正向激励和全面提升。如果一开始就进行大规模全面展开，有可能会适得其反。首先，企业的管理推进能力会被分散，不能集中力量突破障碍，造成各项工作浅尝辄止；其次，由于各项精益工作推进速度慢、层次浅，导致员工误认为这是形式主义，进而丧失了工作热情，工作将会陷入停滞状态。对于企业来说，这简直就是灾难。

推进精益管理体系的实施可分为以下几个步骤。

一、实施精益现场管理

推进精益管理体系首先就是要实施精益现场管理，从基层入手启动5S和合理化建议，如图3-2所示。

表面上来看，精益管理是自下而上进行的，而实际上它是从顶层设计开始的。需要对高层管理者做好思想工作，确保高层管理者对基础管理提升工作的认可，并且愿意提供该项工作所需的资源。比如5S活动中需要进行硬件的投入，改造环境；比如合理化建议活动中对优秀合理建议进行评比并奖励。没有上述投入是不可能让员工主动参与的。在某些企业中，企业管理者不愿意进行必要的投入，希望借助权力系统或者精神奖励来驱动员工的参与，这是不正确的。本质上来讲硬件投入和物质奖励是公司对员工行为的一种肯定，也是公司的一种态度，如果没有充分表明肯定，态度不明朗，员工会误以为公司并非真正赞同此类行为，因此，会造成参与积极性下降，导致最终没有了生命力。

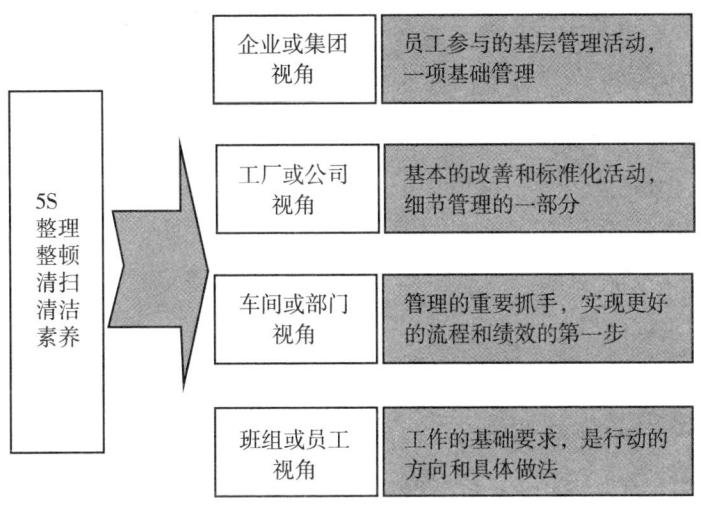

图3-2　5S和合理化建议

5S活动通过公司投入改造硬件，创造了能够保持5S的基本条件，而员工也会在活动中，通过自身努力，改变工作环境，同时体会到不同的工作习惯带来的好处。这就形成了良性的激励，就会进一步巩固改善行为，于是5S的习惯就会慢慢养成了。外在环境的变化会改变员工的内在素养，进而促使员工愿意关心企业的情况，愿意发现问题和提出问题。

配合员工开始愿意提出问题的变化，这时就需要推进合理化建议制度，如图3-3所示。

员工提出建议后，企业要组织收集并进行评审落实。后续还要表扬激励，让员工感受到自己的建议被重视。这样就强化了自身的责任意识，为后面的课题管理和作业标准化奠定基础；通过合理化建议让企业管理者认识到细小缺陷，驱动了各个职能部门参与改进，而合建的推行也从侧面巩固了5S成果。

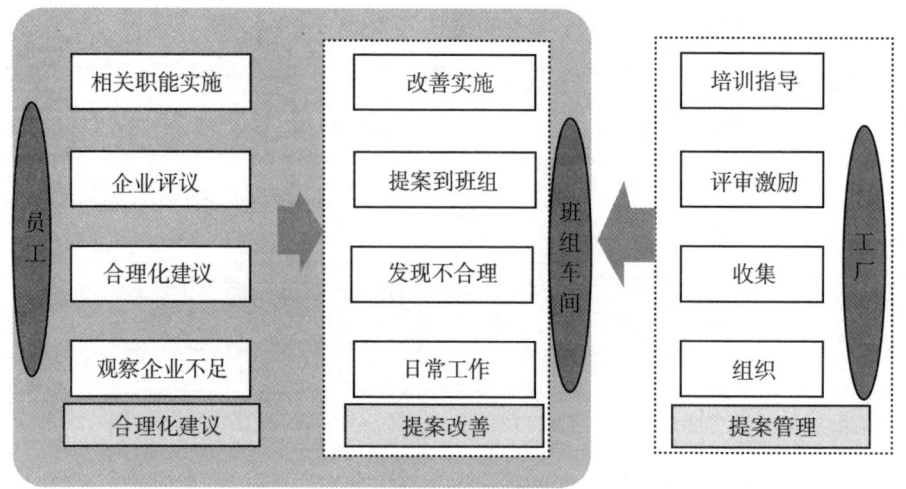

图 3-3　合理化建议制度

二、推行课题管理

精益管理体系的第二步应该是推行课题管理。课题管理是精益体系中的利器，是最令人信服的精益方法。我们可以断言，实现挑战性经营目标的唯一途径就是课题改善。课题管理是重点改善，解决的关键是消除顽疾问题，这些顽疾问题要么由于技术或管理的原因长期存在，要么就是对于经营业绩提升有重大影响。我们需要牢记，课题由于选择的是关键问题，因此需要进行攻关。很多课题解决的问题是企业管理者一直想解决，却由于不得要领而没有解决的。在此阶段通过课题管理的形式，予以解决既是证明了精益管理的有效性，又能够争取到核心管理层对于精益管理的认同和信心。课题管理活动在推动过程中，常常是公司领导为发起者和倡导者，具体课题的执行要建立多个课题团队，让核心管理骨干都参与其中，形成全员参与全员行动的局面。而课题的激励机制，把改善活动视为员工额外的增值活动而予以额外激励，形成了良性循环。课题管理如图 3-4 所示。

第三章 供水企业精益管理体系说明

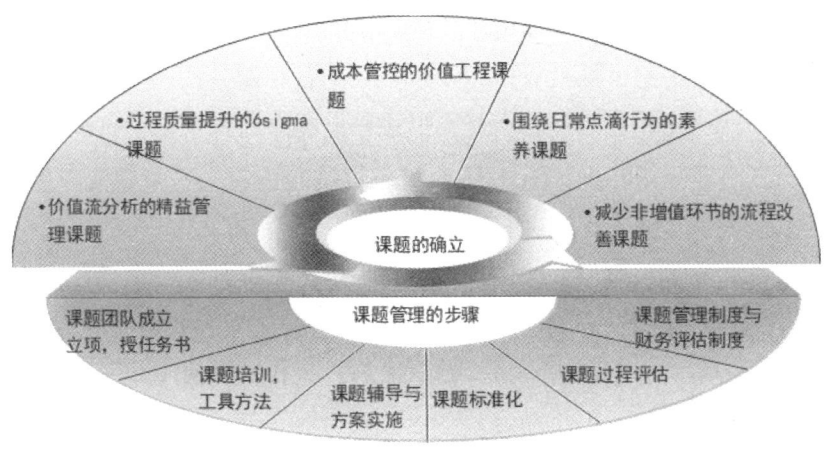

图 3-4　课题管理

课题管理在供水企业中的实施一定要分阶段进行。初级阶段的目标就是让课题的观念深入人心，因此首先注重的是课题选题的重要性，同时要特别关注课题是否可以完成。往往初级阶段成员积极性不够，但是在课题结束并真正进行激励后，将会出现很大的改观，这时课题管理就进入到中级阶段。在中级阶段，企业完全认同课题管理的作用，并视之为一种重要改善手段。领导班子参与到课题的选题中，各个职能部室会主动申请本部门主导课题，还主动将课题解决的问题与本部门的职责和目标结合。这一阶段的目标是课题管理的规范性。注重的是课题推进的步骤以及过程中使用的工具和方法。要强调问题解决步骤的遵守，防止出现实用主义的倾向。进入高级阶段，这时课题管理的目标不再是研究课题如何改善，而是企业开始关注如何能够完成更多数量的课题。因此，这个阶段注重的是对更基层骨干员工的培养，让能够参与课题改善的成员更多。本阶段注重的是建立精益人才分级，比如精益黄带、精益绿带、精益黑带，同时分别建立精益管理课程对各级人才改善技能的培养，在这个阶段中要把各级别人才培养的数量作为关注点。

三、建立方针管理的长效机制

推行精益管理体系的第三步是建立方针管理和主题季，构建精益管理持续推进的长效机制。方针管理是针对企业目标的实现而实施的系统改进方法，主要内容是目标分解、绩效管理以及基于此的目标改善课题。实施的步骤并不复杂。首先，公司建立年度目标，形成年度战略目标地图。目标地图是一种目视化的工具，包括愿景、目标、实施策略等内容，是浓缩的年度计划。通过目标地图，全体员工能够很容易地了解公司的整体方向，对于统一思想统一方向非常有利。其次，要围绕年度目标进行全面目标分解，把目标分配给下属，形成全体的合力。分解过程较为繁琐，概括来说纵向级分解要到岗，横向分解要到边，确保每一个岗位都要围绕公司目标开展工作。同时下级在完成了自己的目标后，上级的目标也会随之完成。再次，各个岗位为了实现自己的目标要明确需要解决的问题和突破的瓶颈，形成自己的改善主题，并将改善工作和日常工作编制成年度工作计划，简称为行事历。对于职能性和全局性的主题改善将进行登录，成为公司重点关注的工作，这种方法将会全面识别管理中的短板，因此，课题往往较多。最后，各个岗位按照分解的目标和制订的年度计划，建立绩效合约。公司全面推行绩效管理。绩效管理是打破大锅饭的重要一步，本质是根据工作的积极性和工作实效来进行分配；对各个岗位进行绩效评价要逐步采用强制分布的办法，进行同一岗位排名，并实施相应的激励，与人事制度相匹配；通过多劳多得，鼓励绩优，实现企业内的良性循环；但是在开始阶段，针对老国企多年形成的平均主义状态，应尽量注意不要造成较大的工资差异，也不宜将绩效工资设计比例较大，从而避免因为工资差异造成大规模的内部矛盾。

四、构建企业精益文化和价值观

推行精益管理体系的第四步是企业精益文化和价值观的构建。经过前三个阶段的精益管理实施，企业职工看到了精益管理的作用，因此对精益高度信任，这时企业已经基本形成了精益管理体系。但是，要让精益始终充满活力，还需要营造内部的精益文化和价值观。精益文化要回答精益为了谁、干什么、怎么干的问题，要把精益为企业效益服务、为职工利益服务，实现客户、职工、企业三者共赢进行阐述，这是精益的根本出发点，这些内容进行提炼总结成为大家的共识。同时，要对精益工作在执行中的指导原则，也就是价值观，进行总结。价值观中应该包括践行"三现"原则、"60分改善"等内容。这些价值观是精益文化在落地过程中遵循的原则，是企业自下而上实施精益改善的关键一环。有了明确清晰的价值观，员工才能主动自发地进行改善。

第四节　供水企业精益管理取得的成绩

2012年某市供水集团为实现"管理提升"的战略发展目标，促进企业持续健康发展，与天津大学合作，推进精益管理。集团下属某水务有限公司作为精益试点单位，该单位日供水量为30万吨，承担着城市三分之一区域范围内的供水任务。作为首个试点单位，各级干部职工希望利用外脑智力的支持与自身团队的内力相结合，通过连续几年的尝试和探索，收获了一些经验，取得了一些成果。概括起来有如下几个方面。

一、2012—2013年是精益管理的启蒙阶段

通过精益的导入与实施，主要是让员工认识和理解精益，进而实现全体员工支持和参与精益的态势。在此阶段主要应用的工具是成立样板班组，应用5S工具，推动全员参与的合理化建议活动，有效改善和寻找问题产生的真正原因，推动精益化管理的落地、扎根。

1. 建立精益高效团队，为精益管理提供组织保障

在推行精益管理工作中，试点供水企业成立了精益专兼职项目组，公司书记兼任项目组组长，负责精益管理活动的总体推进、下沉和管理；项目下设精益办公室，由四名专人负责具体实施；部门主任及组长负责组织部门、班组内部推动；全体员工积极参与其中，上下形成合力，为精益管理的顺利实施提供了组织保障。

2. 建立5S规范标准，为精益管理提供基础保障

在精益管理工作推进过程中，针对第一批5个5S样板区开展了"整理、整顿、清扫、清洁和素养"等5S工作，确定了5S改善项目，重新划分班组

区域功能，提出了"全员参与搞精益，规范管理促改善"的号召；明确精益管理的目标为"规范现场标准，改善管理流程；培养精益人才，建立长效机制"；对厂区设施环境、班组卫生环境、库存备品备件、二级库等方面进行了整治，通过 5S 使精益管理在短时间内被员工接受、认可、推行和实施起来。在精益管理推行过程中将员工原有的工作习惯、固有的工作思维向创新性的、反常规的精益思想转变，使老水厂的部门、班组建设焕发新活力，为精益管理提供了基础保障。

3. 建立合理化建议制度和改善奖励制度，为精益活动注入灵魂

为使精益管理持之以恒地开展下去，让员工投入改善活动中去，精益项目组制定并实施了合理化建议制度。通过该制度，推动员工提出问题，提出对策，推动公司持续解决问题。合理化建议制度的成功推进并不容易，要始终做到领导持续关注、改善真实有效、宣传及时到位，同时必要的物质和精神奖励是必不可少的，激励是提高员工参与精益活动积极性的重要手段。在物质方面，将员工提出合理化建议的努力与绩效工资挂钩；在精神方面，则注重员工提出的工作环境改善的合建实施，给员工带来切身的好处。在实施过程中，通过供水企业制定"合建、提案改善与评审""主题月活动"等工作的奖励激励制度，固化了有形的物质奖励。合理化建议制度对于实现观念的转变和意识的提升，对于调动员工参与改善活动，起到了很大的推进作用。

4. 精益管理取得的初期成果

经过一年来的推进，员工围绕产水工艺、设备设施、健康安全、工作方法、环境布局、员工生活等方面，坚持"自我提报、自我改善"的原则，共提报合建 584 件，其中采纳率达到了 58%。可以说，通过合理化建议开展的改善活动，在产水安全、设备完好、效率提高、环境整洁、生活改善、降本增效等方面取得了明显的效果。

二、2013—2014 年是精益管理的深化阶段

在此阶段，精益管理活动主要是运用精益工具解决实际问题，进而保证企业的安全运行、优质产水和质量效率的提高，实现企业经济效益和社会效

益。在此阶段除了前一阶段的工具之外，新引入了目标管理、课题管理、定岗定编、一点经验等工具，推动精益化管理的深化发展。

1. 目标绩效管理量化可考

在深化推进精益管理过程中，该试点供水企业结合2014年公司战略目标任务分解工作，开展了目标绩效管理活动。各级部门通过逐级拆解绩效指标，经过自上而下和自下而上的反复研讨核准，确定了各部门、班组、岗位的绩效指标，并配套出台了绩效考核管理办法等相关文件。在目标绩效的辅助下，精益管理逐步纳入水厂管理的常态，成为有效推动公司工作的重要抓手，为战略绩效指标落地发挥了重要的作用。

2. 课题改进效果显著

随着精益管理工作不断深入开展，精益项目组逐渐将精益改善活动与产水核心问题相结合，围绕药剂配比、氯氨投加、库房管理、节能降耗和二级预案的制定等方面，甄选了九个课题，并分别形成课题组，建立课题管理制度。在课题组成员的努力下，克服了许多资源不足的困难，破解了较多技术难关。期间进行了大量的实验、科研和对比分析，积累了珍贵的实验数据，并且取得了较好的改进成果。由于水质在四季中特质不同，所以所有课题都要跟踪一年。最终，通过实践检验，课题都取得了显著的成效，提高了产水过程的可靠性，为生产实际提供了科学依据和指导。

3. 岗位负荷度的测评

战略目标的合理分解，离不开科学的组织架构及岗位评估。随着供水企业老龄化员工的增多，岗位与职责的匹配性下降，因人设岗的现象比较严重，因此，供水企业以精益管理项目为契机，适时开展了岗位工作负荷测定及科学调配工作。以岗位负荷度是否达标作为该岗位是否设立的核心标准，同时，以岗位设计为中心完成了组织架构调整方案。在缩减人力成本的同时，提高了组织效能和活性，解决了部分机制不合理问题，挖掘了员工的潜能，调动了员工的积极性，为进一步开展好精益管理项目铺垫基础。

4. 百点经验固化传承

人才是企业核心竞争力；经验是人才核心软实力。在精益深化过程中，项目组发现由于企业老龄化严重，许多具有独到技术的老员工即将退休，退休的同时也会将他们的宝贵经验带走，而这些经验是企业最珍贵的财富。如何将这些经验挖掘出来，让他们的经验变为企业内普遍认知的知识，这是精益管理实施中面临的主要问题。为此精益项目组开展了一点经验活动，将师傅们口口相传的、多年摸索积累的工作技巧和金点子挖掘出来，保留并传承下去，为水厂留下实战经验和宝贵财富。经过一年多的努力，完成了90余项作业诀窍的收集整理工作，帮企业留住了许多重要的知识和经验。

5. 精益管理的深化改善效果

经过了一年多的实施和尝试，取得了实实在在的效果，让更多干部、员工接受精益管理，在学中干，在干中学，摸索出精益管理推广的途径。通过精益实施，不仅解决涉及安全供水中的顽疾问题，而且解决了与变异、效率等密切相关的"综合性"复杂难题，从而获得收益。"有形效果"达到数百万，减小工作流程的变异，实现了全年安全稳定供水。

三、2014—2015年是精益管理的固化阶段

在精益管理固化阶段主要是让员工接收精益文化，把精益思想融入个人日常工作中。同时企业建立起精益管理的系统，用系统运行带动人员的工作，进而实现精益在企业的固化和长效。在此阶段主要应用的工具除了第一、第二阶段的工具之外，新引入了主题季、新水厂的精益设计、精益管理体系的构建等工作，推进精益管理的固化。

1. 主题季活动融入经营

精益管理的本质是全体员工热情参与改善活动，但是随着精益管理的持续，原来的新鲜感会慢慢地褪去，员工对精益活动慢慢开始懈怠，一旦让员工的惰性占了上风就意味着精益管理走入低谷。为此，项目组针对性地重新设计精益活动，及时推出了主题季活动。通过带有主题性质的企业活动，带动员工参与其中，并且通过主题的变化带来新鲜感。由于主题与公司经营一致，更容易取得公司层面的资源支持，给员工带来实实在在的好处。用创新的精益活动来抓住员工和干部的注意力，就是推动了精益管理的深入开展，创造更大的价值。

2. 新水厂精益设计，源头优化

精益设计的目的就是使得设计团队在产品或者工厂设计之初，就追求设计过程的合理化和最优化，不是从局部去考虑配置，而是从整体上、系统上从精益的视角来考虑整个设计系统。它是精益思想从制造向设计环节的延伸。2015年，供水企业在新30万吨水处理项目即将破土动工的时候，决定成立工厂精益设计课题。通过超前规划研究，将精益理念融入设计图和施工标准上，确保该项目投产后，实现最优现场管理和最高价值创造。

在新水厂精益设计项目的推进中，项目组对于当前生产过程进行了详细的检讨，并收集所有缺陷点，同时对国内先进制水工厂进行了深入调研，并将所有研究类课题的成果进行了结合，将TPM、5S、远程控制、无人化等思想进行了充分的应用，形成的方案促使新工厂变得更加可靠、安全、柔性。

3. 可复制的精益管理体系

通过对过去几年精益在经营和管理中应用的情况的分析，项目组对于水处理行业需要的精益工具有了充分的了解，同时也掌握了工具的应用顺序和策略。为了能够将这些适用的方法论进行复制，项目组通过梳理工具方法相互之间的关系，建立了一套逻辑性强的精益管理结构，用于同类供水企业的学习模仿。

4. 精益管理取得的效果

在第三年的固化阶段，供水企业将精益管理作为企业经营管理的助手，融入日常工作中去，将标准化和改善变成员工的行为习惯，实现了员工素养的持续提升和企业精神面貌的不断进步。企业在新水厂的设计中加入精益思想，确保了在日后的运行中更加安全、高效。

四、2015—2016年是精益管理体系建立阶段

经过三年的持续推行，精益管理的思想已经深入人心，即便是企业中一些保守、不参与精益活动的少数员工都会对精益持肯定的态度，一种积极的、正向的思维正慢慢形成。精益管理推动的第四个年头，不仅要固化精益管理的种种措施，还要围绕精益管理的长效机制进行系统建设。长效机制是保证精益在企业长期保持活力的重要一环。在此基础上，企业要构筑符合精益思想的核心价值观和文化，价值观是员工参与精益活动过程中，提炼出来的对

待企业经营管理的一致观点。在中国的企业里，通常是领导们研究出价值观和文化，再考虑如何渗透到员工的行动中，结果往往难以如愿，最终只是落到了纸面上。精益价值观是在精益实践之后进行提炼，是从基层员工的感悟中来，上升为全体员工的共识。从实际中来，到实际中去，这样的文化是企业的"实"文化，是能落地的文化。

在此阶段宣传至关重要，要让全体员工巩固系统的精益理念，要让员工吸收精益价值观和文化，强化员工对精益的认知和理解，加深对精益活动的参与程度，把精益思想融入个人日常工作中，用文化和系统的运行带动人员的行动，进而实现精益管理在企业的固化和长效。需要补充一句的是，在此阶段要特别重视企业分配机制的建立、企业精益系统的宣传、精益文化的提炼和后续人才的培养。

1. 企业分配机制的建立

精益的长效机制建设离不开分配机制的设计。为了打破国有体制的"大锅饭"，体现精益改善中多劳多得的思想，供水企业把奖金分配当作指挥棒，明确了精益走向哪里，奖金就要跟到哪里。经过上级领导和职代会批准，公司在员工工资总额中提取10%，专门用于精益活动的奖励，对各层级改善的奖项和奖金也进行了确定，让企业改善奖励成为固定项。

2. 精益管理体系的宣传

2015年精益团队结合了以往两年的工作成果和实践经验，把各种精益工具和方法与公司经营和管理过程进行融合，形成了供水企业精益管理体系图。为了宣传推广精益模式，让职能部门、基层班组了解需要使用和掌握的精益方法，供水企业进行了大范围的精益再培训。目的就是让全体干部职工进行一次整体反思，精益到底干了什么，还需要干什么，对员工的工作方向进行指导。在精益体系提出后，该试点企业的维修班组认真履职尽责，表现优异，在2016年全国总工会的基层班组评选中获得"全国工人先锋号"的荣誉称号。

3. 管理机构定岗定编工作

在2014年定岗定编规划的基础上，2015年该供水企业按照规划中的"四部一室"的方案，结合人员退休进行部门调整。实现了大部制，在部门职能不减少的前提下，减少了两个部门，完成了规划目标。同年，结合基层人员定编和班组设计目标，进行了维护部的人员调整和班组合并，通过实施内部招聘，将优秀的年富力强的维修工编排重组，形成一个全新的维修工段，实现了原来三个班组的合并，同时把老弱人员划归保安组，减少了保安外包工作。

4. 岗位目标绩效管理的深化

在2015年完成了年度战略地图构建的基础上，2016年该供水企业开始围绕公司战略地图，进行目标的层层分解，最终落实到班组层面，形成了上级与下级签订绩效合约的管理机制，围绕绩效合约形成了现场、安全、管理活动的三个公司检查，每月整改问题超过80项。为了实现班组绩效管理的落地，以净水组为试点实行班组绩效管理，建立指标，细化指标，监控指标，围绕指标发现异常，围绕指标评比优秀。这一年里，供水企业的水质合格率取得了很大进步，不合格时间大大缩短，集团检查合格率从82%提升至将近100%。班组绩效管理的成功也为横班管理摸索出一个新的思路。与此同时，2015年推进人员多能工的培养以及班组长轮换制，为正式横班运行做好人员准备。

5. 前期工作的持续开展

围绕着安全运行、管理提升、降本降耗，供水企业在2015年确立了12个课题，涵盖了排泥车改造、设备预防维护、备件管理、药剂优化等多个方面，当年课题结束后，核算收益超过120万元。全年主题季活动四次，分别围绕安全运行、设备维护、降本增效、防寒防冻等主题进行展开，一共完成主题改善超过16个，对标学习超过8次，主题讲座超过10次，管理制度的完善或者标准制定超过20个。全年围绕公司二级预案修订15个高风险点，全体员工参与的演练3次。一点改善实施率达到79%，全年合建500余个，当年一点经验累计达到160个，同时还完成了电站、加药间、实验室、维护工段、净水化验间等5个班组的现场5S规划，彻底完成了厂区内的5S环境治理，完成了环境治理无死角的目标。

五、2016—2017 年是精益管理文化形成阶段

经过几年的不断摸索和感悟，加之试点供水企业不断践行和总结，2016 年我们精益项目组对精益文化价值观进行了梳理，提出供水企业的精益文化纲领，形成了《供水公司精益管理价值观体系》，从而在文化层面上塑造精益管理思想，引导精益管理行为，凝聚精益管理团队，推动精益管理工作不断深入。文化梳理来自基层班组的总结，价值观的总结来自各级干部和领导班子的认知。从"精益是什么""精益干什么""精益为什么""精益谁来干"四个命题出发，提出精益管理的本质——它"是文化、是行动、是改善、是变革"；是通过科学的、持续的管理模式让企业"从管理要效益"，让员工"从改善得提升"。坚持推行精益管理就是在不懈努力探索一条适合水行业的提升之路，让企业更具活力、让员工更有价值、让制水更安全高效，确保政府放心、百姓满意。通过提炼总结适合水行业的精益价值观，对水行业学习和借鉴产生了积极的影响，对企业可持续发展提供了文化保证。

2018 年开始，精益管理开始围绕集团公司进行了三项制度改革，围绕集团、分公司、子公司开展了定岗定编工作，由于该工作涉及内部保密事项，在此不作赘述。

回顾数年来的精益管理实践，我们认为，基础性的精益活动至关重要。在 5S 管理过程中，企业关注了一线职工工作和生活上存在的问题，并进行了硬件的改善，消除员工群体内部的不满；同时现场改善是在全体员工的共同参与之下完成的，员工亲身参与对于现场环境的改造，这是一个反思和感悟的过程，用"身动"带动了"心动"。随着员工思维的转变，提高了员工的现场 5S 意识，也提高了对于企业的忠诚度。5S 活动从外部来看改善了班组的工作和生活环境，从内在来看提高了职工满意度。推行全员合理化建议制度，本质是一个全员发现问题并改进的活动，提出问题是下情上达的一种方式，有助于消除基层员工的不满意。不合理问题的解决则是催促各个职能部门进行改进，避免供水企业的各个职能部门"懒政"，提高一、二线部门的配合度，杜绝了企业现场的劣化。通过推行知识管理，企业建立了供水经验沉淀机制，这些由个人掌握的优秀经验具备了可传承的基础。知识管理的效果是

隐形的，对当前经营效果不明显，但是对长远发展至关重要，企业通过这样长期不断的积累将会实现企业技术的持续提升。通过主题改善和课题管理，企业可以明显改善经营业绩。课题解决的问题都是关键问题，突破的往往是企业经营的瓶颈，因此，实施课题管理能够提升企业的效益，是企业精益管理的重头戏。通过实施二级预案和作业标准化以实现安全供水。供水过程中的风险要素较多，任何风险转化为安全事件都可能造成重大影响，因此，实现安全供水的关键是对风险要素的管理。

>>> 本章小结

该试点供水企业通过实施长达五年的精益管理，现场发生了翻天覆地的变化，解决了长期困扰企业的大量难题，帮助企业获得了更高的效益。最重要的成果之一是员工从不理解到逐步理解再到大力支持，最后达到对于精益活动的高度认可。即便是项目结束后仍然能够持续运行，真正实现了精益管理改变了企业文化，改变了员工习惯。

企业实施精益管理，真正的落地措施、真正的长效机制就是应用精益管理体系。因为体系分解了精益思想，将其具体化，并以精益改善工具作为相应的载体。为了确保长效机制的实现，企业构建了全员改善的平台和内部的"人财"培养机制，并建立了对下属单位的评价方法，促进精益管理的内部良性循环，让精益文化与精益活动互相促进，最终完成企业的精益化改造。

第四章 5S 现场管理

5S 即整理（Seiri）、整顿（Seiton）、清扫（Seiso）、清洁（Seiketsu）、素养（Shitsuke），因其日文的罗马拼音首字母均为"S"，被简称为5S，是精益管理的首要工具，也是解决企业现场管理问题的法宝。5S 现场管理就是应用5S 这一科学的方法对企业现场各生产要素，包括人（工人和管理人员）、机（设备、工具、工位器具）、料（原材料）、法（加工、检测方法）、环（环境）、信（信息）等进行合理有效的计划、组织、协调、控制和检测，使其处于良好的结合状态，达到优质、高效、低耗、均衡、安全、文明生产的目的。5S 现场管理的具体含义如表4-1所示。

表 4-1　　　　　　　　　5S 现场管理的含义

整理	区分必需品和非必需品，以及非必需品的处理方法
整顿	将必需品整齐摆放在固定的位置，对必需品的名称及数量做好标记
清扫	清扫现场的垃圾，保证现场没有废弃杂物
清洁	清洗现场的脏物，保持好现场的卫生状况
素养	培养企业领导及员工的好习惯

第四章 | 5S 现场管理

第一节 5S 现场管理的由来

5S 现场管理起源于日本的丰田汽车公司,是日本企业独特的一种管理办法。1955 年,日本 5S 的宣传口号为"安全始于整理,终于整理整顿"。当时只推行了前两个 S,其目的仅为了确保作业空间的充足和安全。后因生产和质量控制的需要而又逐步提出了 3 个 S,也就是清扫、清洁、修养,从而使应用空间和适用范围得到了进一步拓展。到 1986 年,5S 的著作逐渐问世,从而对整个现场管理模式起到了冲击的作用,并由此掀起了 5S 的热潮。

日本企业曾将 5S 运动作为管理工作的基础,推行各种品质的管理手法。特别是第二次世界大战后,产品品质得以迅速地提升,奠定了其经济大国的地位。5S 在丰田公司的倡导推行下,对于塑造企业形象、降低成本、准时交货、安全生产、高度的标准化、创造令人心旷神怡的工作场所、现场改善等方面发挥了巨大作用,后逐渐被各国的管理界所认识。随着世界经济的发展,5S 已经成为工厂管理的一股新潮流。它广泛应用于制造业、服务业等改善现场环境的质量和员工的思维方法,使企业能有效地迈向全面质量管理。其核心要义是针对制造业在生产现场,对材料、设备、人员等生产要素开展相应活动。再后来,根据企业进一步发展的需要,不断有企业在 5S 现场管理的基础上,增加了安全(Safety),形成了"6S"。

改革开放以后,5S 现场管理模式被引入中国。最早引进 5S 现场管理的是广东深圳的一些日资企业,如索尼;接着是台资、港资企业;最后到 2000 年左右,运用这一模式的企业就更多了。目前全球 80% 以上的国家及企业都在应用 5S 管理。而供水企业的精益改善也是从实施 5S 现场管理开始的。

第二节 5S 样板区试点

在精益管理活动启动之初,项目组发现供水企业厂区内杂草丛生、班组作业区又脏又乱、工具随地摆放、机器设备布满灰尘，原材料、辅材混放在一起难以区分，作业区、物流区、办公区都缺少规划，文件标识不清混放在一起，工人衣着不整，士气低落，浪费现象随处可见。这些基础管理问题，唯有推行5S现场管理才可以最优解决。

一、5S样板区选择与试点

　　供水企业班组多、厂区大，由于项目组精力有限，短时间内在所有班组和部门推行5S现场管理难度较大，经项目组现场考察，我们决定第一年先从生产一线中的关键生产班组和行政部门中选择5个班组作为样板区进行5S现场管理试点。最终从某供水企业选择了工会办公室、自动化班组、抢修班组、滤站、库房五个样板区作为推进5S现场管理试点班组，并在精益管理启动大会上启动了5S样板区，明确了责任人。

　　启动后，精益管理咨询团队到样板区试点进行现场指导，手把手地帮助他们。在具体执行时，为了调动企业员工的积极性，普及5S的精髓，精益管理咨询团队前后共组织了5次5S培训工作，对公司所有员工从精益理念、5S知识、小组活动、提案改善进行了全员普及，促使企业员工对5S现场管理工作有个初步的了解；组织该供水企业的项目组成员到当地供水行业的标杆单位进行参观学习，学习其现场管理的先进经验，并确立了5S必须超过该标杆单位的目标。试点班组的5S活动，工作内容繁杂，尤其在推动初期，需要双方精益项目组事必躬亲。为了确保进度，项目组每日组织早晚会，在每日早会主要对当日的精益工作进行安排，每日的晚会则对当日的精益工作进行总结。这一习惯一直被坚持下来，甚至成为了年底企业迎新春联欢会的小品节目。

　　为了更好地推动5S现场管理，我们建立了定期反馈机制，各试点样板区成员会将在试点样板区推行5S现场管理中存在的问题及时向项目组反馈，项目组也及时对员工提到的问题进行指导，帮助其解决。通过这样的互动，双方形成了相互信任的关系，一线的改善很快就取得了成绩。

二、样板区试点成果

两个月后,5S 样板区取得了较大的改善,实际效果非常明显,令人惊讶。主要可以概括为:(1)形成了 5S 现场执行标准;(2)整体硬件环境的更新修缮;(3)文档的规范化管理;(4)仓库的目视化管理;(5)各功能区域的标识化管理;(6)员工良好习惯的培养。短短两个月,精益管理效果令人刮目相看。

以某供水公司"5S"现场执行标准为例,该标准具体包括公共区域 5S 标准(如图 4-1 所示)、生产区域 5S 标准(如图 4-2 所示)、办公区域 5S 标准(如图 4-3 所示)和库房区域 5S 标准(如图 4-4 所示)。

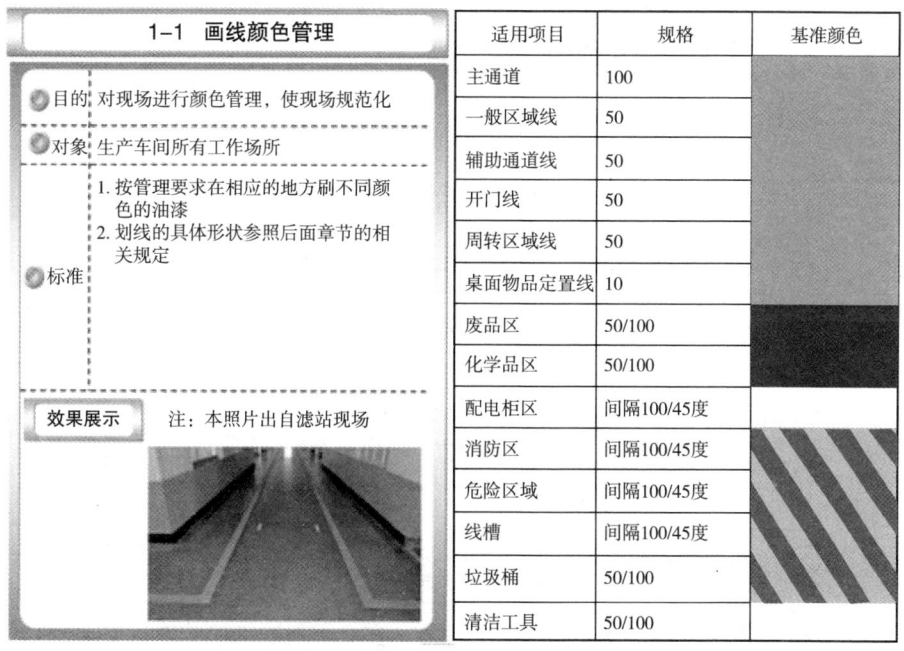

图 4-1 公共区域 5S 标准示例

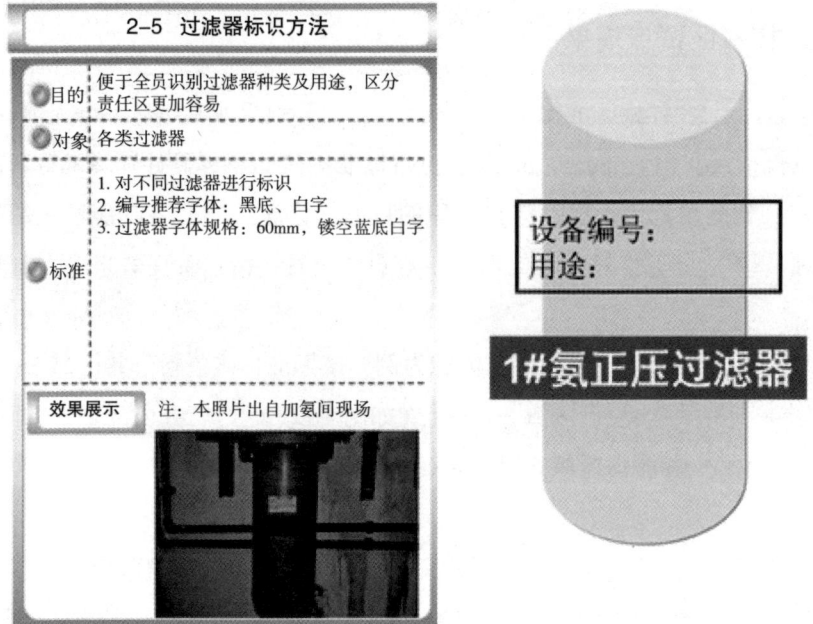

图 4-2 生产区域 5S 标准示例

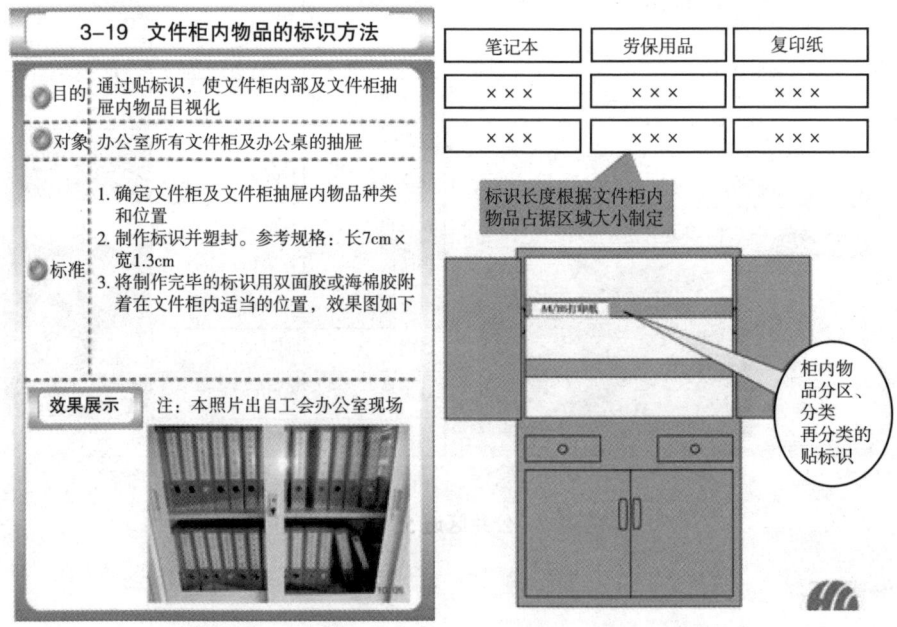

图 4-3 办公区域 5S 标准示例

图 4-4　库房 5S 标准示例

通过推行 5S 精益管理，各样板区取得了以下 5S 成果：

1. 工会办公室

将文件柜进行了统一更新，各种档案文件重新归纳整理，按照标准化规范档案。各办公桌工作区域重新规划了各单元的使用功能，将办公用品与私人用品截然分开，有效地提高了管理质量和工作效率，更重要的是改变了员工对工作场所的认知。工会办公室将文件柜进行了统一更新，各种档案文件重新归纳整理，按照标准化规范档案。

2. 自动化班组

在推行 5S 精益管理后，自动化班组逐渐脱离了以前简陋的工作环境，并为员工配备个人工具箱，既规范了工具管理，还提高了工作效率。在存货管理方面，以前随处堆放杂乱的备品、备件，现已被整齐地码放在货架上，并在库房设立目视化管理，目录板上标注了存货地址，以便于查找，随手取用。5S 精益管理全面覆盖了自动化班组操作间、自动化班组更衣室、自动化班组库房、自动化班组组长室、自动化班组工具柜、自动化班组生活区、自动化班组楼道等区域。与此同时，自动化班组新增了功能看板，包括小组活动看板、目视化看板、卫生区责任人标识、每日任务看板。自动化班组新购置了办公柜和工作台，包括库房货架标识、文件柜、个人工具柜。其他自动化班组发生的变化，诸如：仓库规范化管理、工具柜规范化管理、个人便携工具箱、消防区域、卫生区责任标志、空调区域的规范化管理。

3. 抢修班组

将整体工作间环境做了巨大的修缮，以前随意摆放的工具、塑管备件现已摆放到专门的塑管架和货架上，并设立库房目视化看板，集中规范管理。将废弃的管件、杂物等及时清理。职工休息间按照标准严格要求，从思想上做好老员工的思想转变工作，让他们在切身利益上体会到精益改善给工作生活带来的便利。抢修车间楼道、抢修车间应急抢险区、抢修仓库线缆架、抢修组组长室、抢修组值班室等都发生了巨大变化。

4. 滤站

滤站是整体环境现状较为先进的班组，自推行 5S 管理以来，在既有的良好环境下切实实现精细管理，大到机器设备的四角定位，小到一个开关一个电门，都按照 5S 标准予以标注。一条条醒目的黄线预示着员工行为正在发生着潜移默化的改变，代表着各种含义的标识既是对员工行为的约束，又是对员工良好习惯的培养。滤站班组从整体环境，到员工的软件素养都得到了显著的提升，样板区 5S 活动标志牌挂在门口醒目的位置，代表着样板区的示范作用。滤站班组的休息室、走廊都发生了显著变化，并新建了仪器仪表隔断墙，及时更换了验水台。在精益管理咨询团队的指导下，5S 班组对各工作间进行了划分标识，更直接和规范地反映了各工作间的职能，并将各个仪器仪表进行了标识，方便更准确直接的操作；将滤站各区域进行了油漆标识，规范管理。

5. 库房

库房在改善初期，由于受到地面墙壁整修、货架更新补充的影响，进度相对滞后，但是丝毫没有影响到员工对精益管理参与的热情。在库房地面、墙壁整修和货架更换的同时，员工积极参与其中，及时将货物进行整理清扫，移置新货架上，两项工作同时进行，节省工作时间。此外，库房办公室也进行了办公桌物品定位，所有物品有序整齐地摆放在一起。经过两个月的改善，库房置物柜、库房地面、墙面、库房办公室活动看板、库房货架等发生了翻天覆地的变化。5S样板区以外的班组，也积极参与并开展清理整顿工作。精益推进办公室成员，在全厂范围内进行了第一次班组环境的检查考核工作，对库房的改善起到了一定的督促作用。

三、样板区5S现场管理存在问题

该供水企业自导入5S现场管理工作后，在企业员工的积极配合下，试点样板区5S现场管理工作推进顺利。5S现场管理、精益管理的概念在该供水企业范围内得到了普及，企业领导及员工对5S现场管理有了一个初步了解；该供水企业的部分基层员工开始主动参与到试点样板区的5S推进工作中来，其他部分员工逐渐有了5S现场管理的理念；初步确定了在供水企业推行5S现场管理的推进路线，将其定位样板区试点工作→供水企业整体普及→搭建5S现场管理长效机制；根据供水企业的实际情况，确定第一期5S现场管理的课题，启动准备工作。就第一阶段而言，也存在一些问题。这些问题主要是：（1）实际5S现场管理工作的推进进度慢于预期计划；（2）基层员工的参与热情不高。在精益管理咨询团队与供水企业领导进行广泛探讨后，对第一阶段5S推进工作遇到问题的原因进行探讨，并提出了具体的对策建议：

第一个问题，推进进度慢于预期计划的主要原因是硬件问题：样板班组的基础较差，需要做硬件投入，而硬件改造循规蹈矩，速度较慢。精益管理咨询团队与企业员工就此问题进行了现场实地调研，并进行了座谈，之后对其提出了两条对策建议：第一，样板就是榜样，是以点带面，需要特事特办。第二，下个月必须完成样板区工作，尽快让员工感受到5S的变化。

第二个问题，基层员工的参与热情不高，主要原因是供水企业员工对5S现场管理工作的积极性还没有完全调动起来，部分员工仍处于观望状态。主要原因有三：（1）员工对精益的认识不深刻；（2）奖罚晋升等刚性管理不足；（3）"大锅饭"思想。具体对策建议为：精益需要考核参与度、完成度，考试成绩要与个人绩效挂钩，同时要加强激励。

四、样板区推进 5S 工作经验小结

5S 精益管理工作在试点样板区推进顺利,但是以下几个方面值得注意:(1)员工上报的提案质量良莠不齐,需要引导员工提报高质量、有价值、可操作、能改善的提案;在 5S 推行的最初阶段,员工提报的 5S 改善提案质量参差不齐,存在重复提交、员工态度不端正、提案质量不高等问题。这就需要企业在推行 5S 过程中加强对员工的培训及引导,并对优秀 5S 提案在整个公司范围内进行学习。重点对容易操作的高质量 5S 提案进行表扬。(2)员工对 5S 的认知程度还需要更进一步的提高。企业大部分员工都是第一次接触 5S,因而对 5S 的认知不足。(3)由于受高峰供水、重点工作和轮班工作的影响,课题小组成员不能确保活动的时间,延迟课题活动的进展程度。(4)加强精益管理咨询团队和集团公司项目组、供水企业项目组对各阶段任务的明确,有的放矢,以利于员工的配合和合作。

五、精益管理咨询团队感悟

5S 现场管理工作,既紧张又忙碌,该供水企业不断地接受新事物,不断地改造旧环境,取得的点滴进步都饱含着所有员工的心血。在精益管理咨询团队和企业员工共同的努力下,不停地找问题、定对策、树标准,让老水厂焕发出新的活力,使精益管理有效落地。为让精益管理持续健康地循环下去,还需要战略的支撑,需要制度的固化,需要文化的认同,需要全员的参与。

推行 5S 的时候,不可操之过急,也不要期望一次见效;它不可能在短期内获利,而是长期投资;没有捷径,只有脚踏实地去做。现代化企业成功的经营告诉我们:一个组织要发展,设备一定要精密,产品要优良,而推行 5S 就更加重要。因为脏乱的工作场所,非但时间成本太高,人员安全没保障、士气低落,更重要的是不能制造出优良的产品,尤其是客户下大笔订单前,一定要求到生产现场参观。如果未彻底推行 5S,则经常临时抱佛脚来整理,既费时又耗人力。反之实施 5S 的组织或办公室,则一定到处窗明几净,物品放置井然有序,标识、看板、通道畅通无阻,因此可以提高组织的形象,获得客户的信赖,成为组织无形的宝贵资财。现今人们生活水平日益提高,教

育水准层次也高，无不追求美好的生活品质观念，充满新的价值观。组织环境品质的好坏也成为新一代年轻人选择工作的条件之一。因此，塑造环境明朗的工作场所，已经成为企业管理工作的重要基石。

第三节　第二年 5S 无死角覆盖

通过五个试点样板区几个月的 5S 改善效果，企业上下坚定了 5S 现场管理、精益管理在老国有水厂中的作用，也为在企业全面推行精益管理奠定了良好的基础。在精益管理推行的第二年，开始了 5S 现场管理无死角覆盖。为推动无死角覆盖，我们采用了"正激励""全参与""渐变革"的推进思路。

正激励，即始终将企业气氛的营造作为项目推进的重点。精益管理是一种改善文化，需要很多一线员工、基层干部、各级领导额外付出劳动，对 5S、提案、课题的参与者要有奖励，无论是物质奖励还是精神奖励，都是对大家付出的回报，更是保证全员积极参与，持续不断改善的动力源泉。

全参与，即推广单位的各级领导和基层干部员工都要熟悉掌握改善的工具方法，并将其应用到自己负责工作的改善中去，要积极思考如何让工作效率提升、工作质量改进、工作成本减少。

渐变革，即精益管理追求的是逐渐改变这样一种过程，通过每个人都改变一点点，日积月累实现企业管理的飞跃。在项目的实施过程中，人人都在寻找不足，进行改善，最终形成了企业的自我变革局面。

为了保证 5S 现场管理的顺利推进，精益管理咨询团队与企业管理层经过实地调研与研讨后，制定了 5S 现场管理制度，编制公司 5S 手册 1 本，编制公司 5S 标准将近 60 个，组织班组以上管理人员进行培训。精益管理咨询团队共组织了两次培训，主题分别是"精益管理与 5S"，课程目的是向干部介绍精益管理与 5S 的关系；"5S 与目视化管理"，课程主要目的是介绍 5S 的内容以及如何实现 5S 的目标。

为了赢得员工的支持，精益管理咨询团队将培训覆盖到基层，以改变基层员工意识、消除员工对推行 5S 精益工作的阻碍。在推动 5S 工作中组织了对各班组的 5S 培训，也专门组织了基层员工精益工具和思想的系统培训，并制定了培训管理办法，具体计划如表 4-2 所示。针对课题中的专项管理技术共进行了 5 次培训，包括 FMEA 培训、DOE 培训、进出库存软件培训、课题总结方法培训和课题核算方法培训。

一、开展 5S 无死角覆盖的主要步骤

按照"正激励""全参与""渐变革"的推进思路，某供水公司开展无死角覆盖的主要步骤如下：

1. 确立样板区

在 5S 管理推行过程中，首先设立样板区，集中力量对这个区域进行改善，使之达到一个较为理想的水平。让员工从样板区所取得的改善成果中认识到推行 5S 活动的意义，以及通过样板区与自己的工作场所之间差距的对比，提高推行 5S 活动的积极性。结合该供水企业的实际情况，最终选定了抢修班组、自动化班组、净水班组、仓库、工会办公室五个班组作为公司推行 5S 活动的样板区。

2. 5S 知识的全员普及

为了使 5S 现场管理工作在公司更加顺利地开展，从上下两个方面对各样板区员工进行 5S 相关知识的培训。对上主要是针对公司中各部门的主任进行 5S 相关培训，让领导首先认识到推行 5S 的必要性；对下主要是针对班组长，培训侧重于方式方法，以便于各班组长在今后更好地带领班组成员进行 5S 活动，同时对基层员工也开展了一些 5S 管理知识培训，让基层员工也能更好地了解 5S，消除逆反心理，调动参与 5S 活动的积极性。

3. 制订 5S 样板区规划，并推动实施

该公司在推进 5S 活动时首先以 3S（整理、整顿、清扫）为基准，通过 3S 来促进操作标准的形成，同时提高员工的 5S 素养。反过来，标准与素养的形成能够更好地促使 3S 的形成。

4. 样板区阶段验收

样板区阶段验收的目的与作用有这样几个方面：①检查过去一阶段内各样板区的 5S 管理活动完成程度，督促各样板区高效率高标准地完成工作；

②总结各样板区推进5S活动的经验，讨论解决推进过程中遇到的问题，审视和弥补自身发展的不足，适当地调整5S推进的方式方法，为下一阶段5S活动的进一步开展奠定基础；③对各样板区员工在这一阶段内的辛苦工作进行表彰，提高他们参与5S管理活动的热情等。该供水企业于2013年7月16日开展了第一次样板区验收工作，包括自动化班组、抢修班组、滤站和工会办公室等4个样板区的验收，并邀请集团公司的领导参与了验收工作。

表4-2　　　　　　　　基础员工精益工具和思想培养情况

序号	课程	对象	目的
1	5S基础	一线当班员工	深刻掌握基础的5S概念
2	整理整顿	一线当班员工	掌握整理整顿清扫的原则和方法
3	清洁和素养	一线当班员工	清洁的概念；素养的内容
4	目视管理和红牌作战	一线当班员工	目视管理的方法；何谓红牌作战
5	标准作业	一线当班员工	标准作业是什么？形式介绍
6	动作经济原则	一线当班员工	动作如何改善
7	何为改善	一线当班员工	改善是什么？
8	如何申报提案	一线当班员工	提案怎么提，表格怎么填写
9	提案清单法	一线当班员工	如何产生创意提案
10	设备维护保养	一线当班员工	设备保养的方法
11	团队活动	一线当班员工	团队活动的要求是什么
12	五源说明	一线当班员工	污染源、危险源等的发现方法
13	头脑风暴	一线当班员工	如何开展头脑风暴
14	如何填写K-W分析表	一线当班员工	K-W分析表如何填写
15	一点课程	一线当班员工	一点课程如何参与
16	小组看板的说明	一线当班员工	如何填写小组看板

5. 样板区自主管理、自我提高

通过前一阶段的培训、项目组的具体指导以及样板区全体人员的共同努力，样板区的整理、整顿、清扫工作已经初见成效。基层班组人员已经看到了实施5S带来的良好效果，认可了5S活动，并且已经掌握了进行整理、整顿、清扫工作的一些基本方法。5S活动的推进开始进入自主管理、自我提高阶段。样板区在维持 3S 水平的基础上，进一步进行改善。

6. 样板区验收发表

样板区验收发表实际上是非样板区 5S 工作的启动，将样板区推行 5S 的效果进行全公司范围内的展示，将各样板区推进 5S 活动的经验进行推广扩大。通过样板区改善前后的巨大变化调动全厂员工参与 5S 改善活动的热情，树立改善的信心，适时地将 5S 改善活动推广到全公司范围内。

7. 公司 5S 标准制作

为了促进员工提高 5S 意识，培养员工的行为素养，系统总结试点经验，实现 5S 工作的普及和覆盖，该公司特编写了《5S 管理手册》。手册中较为详实地介绍了 5S 的定义、目的、效用、标准、推行要领及其意义，具有一定指导性和实用性。

8. 公司 5S 长效机制的建立

将 5S 管理作为提升企业基础管理能力的重要抓手，坚持将 5S 管理与所有工作和管理实际结合起来，与个人素质和单位素质提升结合起来，与自身实际工作和分管业务结合起来的"三个结合"，深入推行 5S 管理，提升企业管理水平。将 5S 管理的重心落到全员思想的转变、团队凝聚力和员工素质的提升中，树立边学边改、边查边改、持续改进的思想，及时总结 5S 管理活动经验，构建 5S 管理长效机制，将是我们下一步 5S 工作的重点。

二、5S 现场管理工作小结

在第二年无死角覆盖工作中，5S 现场管理工作呈现出如下亮点：

1. 计划部署详尽可行，做好悉心指导

在确保安全生产重点工作的前提下，将精益管理与日常工作一并落实，精益管理咨询团队结合 5 月份改善进展现状，制订了 6 月份有实效性的计划方案，做到月有整体安排、周有量化任务、日有具体作业，做到老师指导在先、学生示范在先、5S 样板区员工行动在先，共同推进 5S 有序实施。集团项目组时时跟进，掌握精益管理进度，上传下达，积极参与，反馈沟通，为该供水企业的精益管理工作起到了桥梁和纽带的作用。

2. 领导高度重视，员工积极行动

为了保证精益管理的整体推进，公司领导高度重视 5S 样板区的验收情况，集团公司总经理亲自带队对样板区进行初步验收，提出整改意见。对于样板区基础改造任务较多，工作量较大，改善进度相对缓慢的班组，部门正、副主任亲自带队，模范带头，与职工一起动手做改善。员工也以组为家，为完成第一阶段的改善任务，付诸了自己较大的努力。

3. 项目组有序协调，为验收做好充分准备

该供水企业项目组成员在精益管理中，精心地为 5S 样板区制订周全的计划，对所需配备的工具、文具、操作台、工具箱面板、塑管架、应急抢险车等物品，安排采购和配备，确保安装。为了保证精益项目的及时跟进，5 个项目组成员分别针对 5 个 5S 样板区进行了一对一的分工和跟进落实；对 5S 样板区出现的棘手问题，及时研究对策，尽快解决，从思想和行动等方面调动样板区员工的参与积极性，共建 5S 样板区，切实做到全员参与，使班组的硬件环境持续改善。让员工充分了解到 5S 活动带来的工作环境和切身利益的改变，促使员工想动手，去动手。

4. 建立推进制度，确保进度落实

为了保证精益项目阶段验收合格，精益管理咨询团队和两级项目组（集团公司和供水企业）每周对 5S 样板区例行平推巡查。公司领导班子每周不定期检查督办，逐渐形成一种与精益管理相适应的常规化制度，针对每次需要持续改进的问题提出指导性建议，责成部门、班组及时逐一整改落实。

5. 加大精益宣传力度，提高员工认知程度

该供水企业项目组下发与精益管理相关的 5S 宣传材料，通过周会、晨会等多种形式，组织员工进行学习，并在班组学习日志中予以体现。使大家在推进过程当中更加熟知和提高对 5S 相关知识的认知程度，更好地使员工从思想上和行动上形成一致性，为有序推进好各阶段工作奠定基础。

第四节 以安全为核心的 6S 管理

一、6S 管理的由来

1. 6S 管理的概念

6S 管理是指在 5S 的基础上加入安全（Security）后的拓展。重视成员安全教育，每时每刻都有"安全第一"观念，防患于未然。其目的是建立起安全生产的环境，所有的工作应建立在安全的前提下，维护人身与财产不受侵害，创建一个零故障、零事故发生的工作场所。水是生命之源，供水企业的安全关系着千千万万人民群众的安全。为此，对于供水企业而言，在做好 5S 现场管理的基础上，必须将安全作为第一要素来开展其他工作。为了开展以安全为核心的 6S 管理，督促员工更好地理解 6S 现场管理，我们制定了 6S 现场管理的口诀：

整理：要与不要，一留一弃；
整顿：科学布局，取用快捷；
清扫：清除垃圾，美化环境；
清洁：清洁环境，贯彻到底；
素养：形成制度，养成习惯；
安全：安全操作，以人为本。

2. 6S 管理的原则

（1）"三现"原则。6S 活动是以现场为中心、现场发现问题、现场解决问题而推行的一项基础管理活动。只有不断地深入现场、发现问题、解决问题，创造亮点，才能使它深入持久地坚持下去。

（2）"问题眼光"原则。这是 6S 开展的一个非常重要的前提条件。只有带着专业的角度，用心去直接感觉现场，把问题当作问题发现出来，而且把问题当作问题来对待，才能够有效地去改善现场，提高现场管理水平。从而通过问题眼光的培养，使员工建立正确的问题意识，真正让大家参与进来，发现问题、解决问题。所以,问题眼光是活动的一个基础原则,必须要去正视问题,不能回避。当然这里存在一个具体的要求,就是怎么样去培养员工干部发现问题的能力,使其具备问题眼光。

(3)"自主"原则。也就是把"要我改善"变为"我要改善",提高员工改善的自主性,所以要以现场改善为中心,不只是简单地去进行宣传、说教、检查评比。发现问题以后,关键是通过改善来推进。

二、供水企业 6S 管理实例

某供水企业在 5S 管理的基础上,导入了以安全为核心的"6S"管理,使企业逐渐实现了由无人值守、更高水平标杆、彻底目视化到彻底标准化发展的阶段过渡。主要内容包括:对送水泵房的两个泵组车间、进水泵房的两个泵组车间进行了 6S 改善工作;遵循 6S 精益设计的标准,对变电站新建卫生间进行 6S 标识张贴工作;完善加药间的现场标准化。因为加药间对自来水的卫生状况有至关重要的作用。

在导入以安全为核心的 6S 管理后,企业呈现出了全新的特点:第一,全员参与,6S 现场工作由精益人员传递到班组员工;第二,自主性强,班组员工能自主发现问题,并主动进行改善。

>>> 本章小结

该供水企业通过持续推行 5S 管理,制定了 5S 现场管理制度、办公用品管理规定、5S 手册等管理标准,使全员参与 5S 管理的积极性和水平有了很大的提升。以下经验可供其他企业参考。

1. 5S 现场管理导入要循序渐进

企业导入 5S 是个循序渐进的过程,应当根据导入企业的具体情况具体分析,根据企业的发展阶段及实力适时导入精益管理,切不可操之过急,拔苗助长。

2. 灵活运用5S管理

5S管理是现场管理的主要方式之一，但不是在所有企业中推行5S管理都局限于整理、整顿、清扫（SEISO）、清洁、素养这五个方面，而是根据导入企业的实际情况，适当增减。诸如对安全要求较高的就导入6S精益管理（整理、整顿、清扫、清洁、素养、安全），对成本节约要求较高的就导入7S精益管理（整理、整顿、清扫、清洁、素养、安全、节约），对学习能力要求较高的企业就导入8S精益管理（整理、整顿、清扫、清洁、素养、安全、节约、学习）。截至目前，5S管理已经逐步发展到13S管理（整理、整顿、清扫、清洁、素养、安全、节约、服务、满意、坚持、共享、效率、学习）。其实，无论怎么变化，5S都是一种基本的管理思想和文化，需要企业管理人员灵活运用。

3. 5S现场管理常态化

5S工作不能单单停留在整理、整顿、清扫上，提升素养才是5S的最终目的。5S是培养良好的工作习惯和杜绝浪费的有力工具。员工的精神面貌、工作态度、工服穿戴都无一不透露出所有员工对公司文化和价值观的认同和践行。5S推进贵在执行，难在坚持。要建立5S现场管理长效管理机制，将5S现场管理持续深化运用到管理、生产、营销和服务等各项工作中，不断自查自纠、查找不足。从观念上、方法上加以改进，促进管理水平进一步提高，才能促使企业在激烈的市场环境中更有竞争力和优势。

第五章　合理化建议

合理化建议（以下简称合建）是基层员工参与管理的一种活动，是针对生产生活过程中的不合理，员工自主提出改善意见或建议，并由公司组织进行改进的活动，以便通过收集基层员工的智慧，积少成多，提高公司的管理水平。合建来自于基层员工的主动参与，并贡献智慧，是一种自下而上的自我改善过程，也是企业实现上下沟通，消除抱怨，激励员工工作热情的重要工作。在供水企业的精益管理推进实践中，合建成为了开启员工改善意识的重要武器。

第一节　合理化建议的启动

合理化建议这种活动，对于国有企业来说并不陌生，但是如何能够长期有效地执行是个问题。因为在企业管理过程中，没有做好就等于没做！对供水公司这种老国有企业而言也是如此，为了能够形成全员参与改善的气氛，项目组决定在推行精益管理初期重新启动合理化建议活动。为了能保障合理化建议的有效开展，全面激发基层员工的积极性，发掘全体员工的智慧，营造干事创业的精益氛围，做好合理化建议启动前的两项工作非常必要，即：员工动员大会和制定合理化建议管理制度。下面就这两项工作分别进行介绍。

一、员工动员大会

新工作任务的有效开展，需要全体干部员工的理解和认同，并采取行动，需要采取动员会这样的形式。动员本质是一次公司新政策和新制度的宣贯，同时表明公司高层坚决执行的决心。合理化建议活动的员工动员大会主要包括以下几个方面的内容：首先是普及合理化建议的含义及其对企业发展的重要性；其次是介绍标杆企业的优秀合理化建议及先进经验；再次是对企业基层员工及相关领导培训与合理化建议有关的管理知识；最后是鼓舞企业员工勇于提出合理化建议。

二、制定合理化建议管理办法

合理化建议管理制度应该包括目的、适用范围、定义、合理化建议的内容、组织及职责、申报与实施程序、评审与奖励、特别要求、不符合合理化建议的准则、相关的申请表及其评级标准等。

1. 目的

为使精益管理持续有效开展，实现全员参与、降本增效的目的，某供水公司特建立合理化建议改善管理制度。

2. 适用范围

本制度适用于合理化建议改善全过程的管理。

3. 定义

（1）改善：是指在供水生产、设施设备、供水安全、客户服务、工作方法、员工生活等方面，通过某些具体措施使之变得更好的做法。

（2）合建改善：针对需要改善的内容，员工自主提出意见或建议，应将本职工作范围作为寻找合建的主要对象。合建是基层员工参与管理和自我改善的活动，是自下而上的管理过程。

（3）合建：是提出自己改善想法的过程。

（4）采纳：是通过评估，由项目组认定该合建有必要实施的过程。

（5）实施：是被采纳的合建得以实现的过程。

4. 合理化建议的内容

合建的本质是员工的自我改善和提高。因此，提倡员工围绕自己在日常工作中遇到的问题进行思考，找出解决办法并予以实施，在此过程中需将问题和解决方案描述清楚，按照固定格式提交公司精益管理办公室。

5. 组织及职责

为使合理化建议管理制度能够持续有效地实施，特由精益管理办公室负责以下事项：

（1）负责组织、推动、监督、总结改善工作，负责合建的评审，并对实施效果优异的改善案例予以表彰和推广。

（2）负责相关材料的收集、整理、备案、反馈、宣传等。

6. 申报与实施程序

（1）合建申报人需填写《合建改善申请表》向本部门申报合建，各部门将本部门提报的合建进行汇总后，于每月20日之前填报《月度合建汇总表》递交到精益管理办公室。对于日常工作与改善有密切关系的部门，应视情况将其工作认定为改善。

（2）自《月度合建汇总表》提交精益管理办公室之日起，精益管理办公室需在10个工作日内讨论确认是否采纳，对采纳的提案，确定主责及配合实施部门、实施计划及完成时间。

（3）不论合建是否可行，精益管理办公室都要在评审后及时将结果反馈给申报人，并以书面形式备案。

（4）对于不可行的改善方案，精益管理办公室需进行整理分类，如日后条件成熟，可再予实施。

（5）已采纳的合建在明确实施部门和完成时间的前提下，未按要求完成的，按照该部门当月未完成任务认定，并在月度会上说明。

（6）各部门应关注本部门人均合建数，精益管理办公室通过与各部门负责人协商制定人均合建数，精益管理办公室应每月统计各部门人均合建数，进行评比，并在月度会议上展示。同时，应将人均合建数作为评选年度改善先进部门的主要指标。

7. 评审与奖励

（1）对于未采纳的合建，只要满足合建要求，在评审结束后奖励提报人

××元；对于采纳的合建，评审结束后根据《合建评级标准》评选等级奖励提报人一级××元、二级××元、三级××元；合建实施完成后，实施人需填写《合建改善完成表》，并上报至精益管理办公室汇总。

(2) 合建鼓励自主提出，自主解决。凡因不具备条件、涉及公司集中解决的合建，由精益管理办公室责成相关部门、团队共同实施完成。

(3) 精益管理办公室每月对已实施的合建进行评审。依据合建的难易程度、效果大小、创新与否、技术含量，评审出一等奖1个、二等奖2个、三等奖3个，公司将根据实际情况对提报人和执行人予以物质或精神奖励。

(4) 物质奖励包括奖金、实物等，按合建完成情况，分设三个等级，予以一次性奖励。

(5) 除上述对提报人进行合建奖励外，公司还会针对合建实施的团体或个人进行奖励。根据精益管理办公室对已实施改善的打分结果进行改善奖励分配。

(6) 合建实施奖励交给参与实施的部门、班组共同分配。

(7) 实施合建的奖励分配采取"多劳多得"的原则，主责实施部门要做组织、联络、推动工作，其他相关参与实施部门起到配合作用。精益办公室设定分配比例为：主责实施部门分配比例不得低于70%，配合部门应不多于3个，每个部门分配不高于10%。

(8) 精神奖励包括公开表扬、参观、交流、培训、操作法命名等方式。

(9) 不同人员所提合建相同的，给予提报日期最早者奖励。

8. 特别要求

(1) 要求以事实和数据说话，真实、客观地反映现状。

(2) 要求找出关键问题，准确把握产生问题的原因，提出具体解决方案。

(3) 注意合建的绩效性，好的合建应促使公司向越来越好的方向发展。

(4) 要求在《合建改善申请表》中对问题点、改善建议、预估效果等方面进行简单的文字说明。

9. 不符合合理化建议的准则

(1) 相关管理规定中已明确的既有要求却形成合建的。

(2) 部门连续提交已经过改善或正在实施的合建，重复提报的。

(3) 合建填写内容与现场复核实际情况不相符的。

(4) 合建填写内容不完整或表述不清楚、无逻辑性的。

(5) 不利于员工福利、健康安全的，涉及个人隐私的。

(6) 单纯个人意见、批评、想法，无具体实施办法，内容空洞、无法解决的。

(7) 夸夸其谈、无实质内容，只为完成合建任务而无新意的。

10. 相关的申请表

表 5-1　　　　　　　　　　合建改善申请表

提报人		部门		班组	
合建名称		预计成本投入		提报日期	
问题点描述		合理化建议			

表 5-2　　　　　　　　　　合建汇总表

序号	部门	班组	建议人	建议事项	提出日期

表 5-3　　　　　　　　　　合建改善完成表

提报人		成本投入		提报日期	
实施团队/人				完成日期	
问题点描述			实施情况		
		实施方案：			
		实施后效果：			

11. 评级标准

表 5-4　　　　　　　　　　合建评级标准

评审主要内容：
1. 可行性　　20分
□20分　可行，有条件实施，带来的效果远大于实施成本
□10分　暂不可行，暂无条件实施，后续有可能实施
□2分　不可行，无条件实施，或实施成本大于带来的效果
2. 研究思考程度　　15分
□15分　付出极大努力
□10分　相当努力
□5分　少许努力
□2分　凭直觉
3. 方法创新性　　10分
□2分　简单的方法和对策　　□4分　方法上有些突破
□6分　改善对策上有新意　　□8分　较多新方法新思路
□10分　耳目一新
4. 目标贡献度　　30分
□2分　基本没有贡献　　□4分　对个别目标有点贡献
□10分　对个别指标有较大贡献
□15分　对多个公司目标有较大贡献
□30分　影响公司现在乃至未来的关键指标

续表

> 5. 应用价值　　15分
> □1分　无法借鉴和推广　□3分　个别措施可以借鉴
> □5分　一些措施值得推广　□10分　整体思路有借鉴推广价值
> □15分　值得在集团内作为标杆推广
> 6. 范围　　10分
> □2分　"点"合建，围绕工作场所的硬件5S合建
> □4分　"线"合建，围绕某个特定操作方法的合建
> □6分　"面"合建，影响多个指标的某一方面的合建
> □8分　"体"合建，涵盖和影响集团全体的合建
> □10分　"未来"合建，对集团未来竞争力提升有帮助
> 评审结论：
> 60~79分：三级
> 80~89分：二级
> 90~100分：一级

第二节　合理化建议的核心——激励

一、激励的重要性

国有企业中，员工不乏智慧，唯缺激励！合建激励若能满足员工需求，一定能迸发出积极性！员工提出合理化建议是一种主观行为，也是一种额外的付出，应该给予额外的奖励。已有研究表明，在缺乏激励的环境中，人的潜力只能发挥20%~30%，如果受到充分激励，他们的能力可发挥80%~90%。因此，通过对优秀合理化建议进行激励，可以有效促进员工提升合理化建议的数量及质量。

二、有效激励的方式

激励的目的是激发热情，因此企业要研究激励方法和激励性。在试点供

水企业的合建活动中,项目组采取了如下几种激励方式。

1. 基础性的薪酬奖励

薪酬非常重要,是员工收入的主要来源。它只有与员工的工作表现直接关联,才能发挥应有激励的作用。把合建当作工作产出并按件计酬的方式,对于鼓舞员工提出合理化建议非常有帮助,这是当前企业界通常采取的方法。企业根据员工提报合理化建议的质量及数量来判定应当给予什么级别的奖励,而无须考虑提报人的工作岗位、学历或者经验,这种普惠制对一个企业的所有员工都会起到激励作用。

2. 个性化的激励方案

按照马斯洛需求理论,人的需求有若干层次,当一种需求得到满足之后,就会转向更高级的需求,对员工合理化建议的奖励也应当如此,应当针对员工的具体情况进行个性化的奖励。

(1) 为优秀员工提供额外的福利。这种额外的福利比如是免费的培训机会,餐厅提供的特别午餐,也可以是一次外出旅行。

(2) 为员工设定特殊的权利。比如通过开辟特权窗口,无须排队就餐;通过佩戴特种徽章,门卫特别敬礼;在公司评选先进员工或者优秀集体时,享有优先资格等。

3. 精神与情感激励

(1) 注重表扬与称赞。及时传达上层领导对于提报优秀合理化建议时表现的赞赏。只要员工提报了合理化建议或者合理化建议得到有效实施,着实为企业带来利润,领导都会称赞员工。

(2) 注重沟通与指导。在合理化建议的提报及实施过程中,需要咨询老师及企业领导与员工不断沟通。在沟通中,真诚地指导员工什么类型的合理化建议是优秀的合理化建议,真诚地为员工解答合理化建议在提报过程中的疑问,真诚地对员工在实施合理化建议的过程中提供支持与帮助,不断拉近领导与员工的情感距离。

(3) 注重帮带作用。在要求员工提报合理化建议的过程中,领导首先起好带头作用,积极提出高质量的合理化建议,为员工起好带头作用。

4. 负激励

对于恶意抄袭合理化建议、重复提交以及造假作弊的提报员工给予严肃处理。

三、合理化建议激励的关键点

1. 激励时机

超前的激励可能会使员工感到无足轻重；迟来的激励可能会让员工觉得多此一举，使激励推动失去意义，发挥不了应有的作用。因而应当对每月的合理化建议进行及时评审、回复、奖励。

2. 激励程度

能否恰当地掌握激励程度，直接影响激励作用的发挥。超量激励和不足量激励不但起不到激励的真正作用，有时甚至还会起反作用，造成对工作热情的严重挫伤，这就需要根据合理化建议创造价值的大小划分合理化建议的奖励等级。

3. 激励原则

物质激励与精神激励相结合、以精神激励为主的原则；正激励与违规惩戒相结合、以正激励为主的原则。在对合理化建议进行奖励时应当严格按照这个原则进行激励。

4. 评价体系

有效的激励还必须以科学的评价体系为保证。客观、公正地评价合理化建议等级是对员工努力工作的肯定。因而要建立一个公平公开公正的合理化建议评审机构，保证评审过程公开、公平、公正，提高合理化建议评审机构的权威。这样才能促使员工增加对合理化建议评审机构的信任感，从而不断提出优秀的合理化建议。

四、合理化建议激励的实例

以某供水公司为例。为了保障合理化建议激励的有效性，专门成立了公司合理化建议审查委员会（简称公司审委会）。公司审委会全面负责合理化建议的评审工作，对所有被采纳实施建议提案的人员发给奖金，在提案被总经理批示采纳时即可发放。

公司审委会对提案的实施效果，要认真检查考核，可在实施部门上报的总结报告等资料基础上组织评估复核，并按公司制定的《合理化建议评价表》的内容进行评分，如表5-5所示。

表 5-5　　　　　　　　　　合理化建议评价表

等级	标　　准	合理化建议内容范围
A级	重要的、紧急的、创新的、可行性强的	1. 对未来经营、发展规划提出建设性思路 2. 管理模式的创新与改进
B级	较重要的、改善型的、有可行性的	3. 新产品开发、市场开拓创新型思考 4. 降本增效方面
C级	一般性的、针对解决个别问题点的、内容清楚的	5. 制度流程改进与完善、提升工作效率 6. 技术创新、作业方式的改进 7. 保证产品质量、安全生产防范与管理举措或者方法 8. 提升客户满意度、提升公司品牌形象的建议 9. 企业文化建设、后勤保障方面
D级	出发点较好的、能反映客观问题的	10. 废料利用、节约能源、环境改善方面 11. 对不良行为的举报以及投诉 12. 有利于公司发展的各项建议

根据合理化建议的级别最终确定合理化建议的奖励标准，如表5-6所示。

表 5-6　　　　　　　　　　合理化建议奖励标准

级　别	奖　　励
A级	奖励金额为1000元至3000元
B级	奖励金额为500元至1000元
C级	奖励金额为100元至500元
D级	奖励金额为20元至100元

根据建议提案数量适时进行评审，会议后由综合部根据本次报告数量及质量向公司申请奖励资金，由总经理审批后财务部备案、发放。

奖金将在总经理批准后以现金的形式体现。

综合部应做好合理化建议的统计记录及资料归档管理。

第三节　合理化建议成果汇编

"精益管理"的核心就是以最小资源投入，包括人力、设备、资金、材料、时间和空间，创造出尽可能多的价值，持续完善，达到尽善尽美。某供水企业通过合理化建议的实施，月平均人均合理化建议0.8条，每年从被采纳的且已经实施的合理化建议中围绕生产运行、供水安全、环境改善等方面，选择100条优秀合理化建议形成优秀合建汇编成册，作为公司的宝贵经验和财富。同时将其作为培训教材在全员范围内开展培训工作，极大地促进了企业发展。优秀合理化建议的形式，如表5-7所示。

表 5-7　　　　　　　　　　优秀合理化建议

提报人	姓名		实施部门/人	
	所属部门	运行部	完成时间	2014.04
改善前			改善后	
清水库清刷完毕后，在消毒过程中，因动闸和停止正常滤池滤水，可使水量、水流改变，有可能造成水质不合格现象出现，此消毒模式只能在水量低时进行（夜间）。对生产和运行及水质、水量造成一定的影响			利用原加氨点后移管道和滤后加氯机，在不影响运行工作的基础上和不操作其他闸阀的情况下可对清水库进行消毒处理。操作简单、方便、有效，不受时间影响完成对清水库的蓄水消毒工作	
问题点	消毒模式可能会造成水量和水质的变化		改善内容	利用原加氨点后移管道和滤后加氯机，在不影响运行工作的基础上和不操作其他闸阀的情况下可对清水库进行消毒处理
改善效果	操作简单、方便、有效，不受时间影响完成对清水库的蓄水消毒工作，效果非常明显，保障了水质运行安全			

第六章　一点经验

第一节　"一点经验"的由来

所谓"一点经验",就是一点一滴地把职工常年积累的优秀工作经验用图文、数字固化下来,把老师傅需要口口相传的隐性的经验变成员工易于掌握的标准,使之成为公司的财富。经验能否传承决定了企业能否持续提升。

在试点供水企业,项目组发现随着一些掌握优秀制水经验的老员工的退休,很多独特的作业方法没有继承下来,或者仅仅传承了一部分,这些珍贵方法的损失令人痛心。为了帮助企业留住操作诀窍,项目组专门组织"一点经验"活动,打通了从个人经验到作业标准的壁垒。

"一点经验"围绕产水工艺标准、设备设施维护、质量安全环保、异常难点操作、技改技革攻坚等五个方面,根据员工掌握的先进经验、先进方法进行评选表彰,并做成细节量化的说明标准,最后对班组成员进行讲解培训。开展"一点经验"专题活动,推动了公司各级管理人员和基层员工进行"自报、自讲、自培训"。把"一点经验"变成了知识的共享模式,逐步提升职工队伍关键技能水平,形成了相互学习的班组氛围,提高了全体员工的职业素养。

第二节 "一点经验"的实施及相关制度

为了确保"一点经验"扎实落地，推动过程可以分以下四个步骤：第一步是广泛动员，登记诀窍；第二步是形成案例，提炼标准；第三步是班组学习，培训共享；第四步是总结归纳，编制成册。在这四个步骤中，前期的准备最为重要，需要做好项目宣传、制度建设等工作。

一、项目宣传

1. 确定内容及范围

首先要根据企业所处的行业特点及企业发展规模，确定"一点经验"专题的核心内容和经验点范围。在试点供水企业中，精益小组将"一点经验"的范围确定为涉及产水工艺、设备维护、质量安全及操作方法方面的好的经验、诀窍。"一点经验"提炼了常年工作中积累的好点子、好经验、好工作方法，最终将形成各岗位员工中具有实效性的经验通过提报、研究、梳理、汇总，形成《一点经验》手册。

2. 活动宣传方式

"一点经验"是基层员工的动员活动，设计活动宣传海报是调动员工参与积极性的重要手段。

"一点经验"征集海报必须具备以下要素：（1）一般以图片为主，文案为辅；（2）充分的视觉冲击力，可以通过图像和色彩来实现；（3）主题字体醒目。

从上面的介绍，可以看出其特点很明显。必须明确"一点经验"征集海报的受众是企业的各级管理人员及基层员工。

"一点经验"征集海报必须能够吸引众人的眼球，达到宣传推广，征集"一点经验"的目的。某供水企业设计的"一点经验"征集海报如图6-1所示。

图 6-1 "一点经验"征集海报

二、制度建设

为了更好地调动员工积极性完成好"一点经验"工作,精益推进小组制定了"一点经验"管理制度,内容涉及组织与职责、申报与评审、奖励与分配原则及其他相关要求等。"一点经验"管理制度及各部分的制定要点如下:

"一点经验"管理制度

一、目的

为了更好地完善精益管理工作,公司决定开展"一点经验"工作。把员工常年积累的优秀工作经验积攒变成公司的财富,以文本形式固化为我公司工作法手册,让宝贵经验得到传承,并将这种经验的积累形成常态化持续,有效的"推行",特制定"一点经验"管理制度。

二、定义和范围

定义:"一点经验"即员工在常年的工作中所积累的实效性、效率高、工作便捷等方面的操作法,金点子和优秀工作经验。

范围:包括产水工艺、设备维护、健康安全、工作方法、技改技革、攻坚破难等。

三、组织及职责

(一)组织机构

为使"一点经验"工作能持续有效地开展,特设立"一点经验"评审小组,并下设具体工作办公室。

续表

> 1. 评审小组成员
>
> 组长：
>
> 副组长：
>
> 成员：
>
> 2. "一点经验"工作办公室成员
>
> （二）职责
>
> 1. 评审小组负责组织、协助工作，负责对收集的"一点经验"进行评审，并对优异的经验点予以推广和表彰；
>
> 2. "一点经验"工作办公室负责"一点经验"相关工作的宣传、收集、整理和汇总等。
>
> 四、申报与评审
>
> （一）"一点经验"申报人，需在申报时对经验点所涉及的问题点、经验点等进行认真细致的文字说明，并提供相关图片进行辅助说明。
>
> （二）"一点经验"评审小组：自申报人提报之日起，需在10个工作日内，对经验点进行评审，落实是否可行；通过评审的经验点，将由申报人对经验点进行内容整理，经验传授；对需要提供编辑、传授经验点帮助的，由评审小组制定人员协助完成，并按照比例将奖励金额进行分配。
>
> （三）"一点经验"工作办公室，不论经验点是否通过评审，在评审后及时将结果反馈给申报人，并以书面形式予以备案。
>
> 五、奖励与范围
>
> （一）奖励原则
>
> 公司鼓励员工采取自我申报、自我编写、自我讲解传授的原则，帮助员工自我提高、自我突破，提高企业的知识沉淀能力和知识传播速度，促进员工之间的相互交流学习，提高维修技术水平。
>
> （二）奖励金额
>
> 根据企业实际情况，酌情商定。

三、"一点经验"的执行方案

通过培训的方式，让员工明白"一点经验"的提报范围、提报形式等内容。通过自主提报和经验转化，一点一滴地把职工常年积累的优秀工作经验用文本、图片、数据固化下来，把口口相传的隐性经验变成公司的知识财富。主要的执行方案包括：（1）通过建立激励的制度，让职工愿意分享自己的经验；（2）经过前期调研，列出"一点经验"课程列表，根据所需课程找到具备该经验的职工,配合职工用简单的方法固化经验点;(3)推动职工把自己的一点经验提报出来做培训或者讲解;(4)给职工进行奖励,并将一点经验课程汇编成册。

首先,根据企业特点设计"一点经验"提交表格。某供水企业设计的一点经验提报表如表6-1所示。

表6-1　　　　　　　　　"一点经验"提报表格

题目		经验持有人	
分类	○个人诀窍　○优秀做法　●个人心得	部门	
经验持有人简介			
(一)经验总体描述			
(二)采取步骤及示意图			
公司评价			
适用培训对象			

其次,对于员工提报的"一点经验",精益小组帮助提报者进行细节整理,深入访谈调研,形成详细的"一点经验"表。再将诀窍、要点以及作业方法、测量方法进行详细分解说明,做到可传承、可复制,具体内容参考表6-2。

表 6-2　　　　　利用堰口井液位判断正压加氨调整时间

题目	1.11 利用堰口井液位判断正压加氨调整时间	授课人	陈××
分类	●个人实践　○优秀做法　○个人心得	部门	运行部
授课人简介	陈××，1992 年到水厂工作，从事供水调度工工作 23 年，现为运行部调度组组长，具有供水调度工高级工资格，对于生产运行中出现问题的解决及生产中的合理调度具有丰富的经验		

（一）课程总体描述

当净水工况变化时，利用堰口井安装的液位计，掌握正压加氨投量调整的精确时间

（二）采取步骤及示意图

一、堰口井液位计 24 小时曲线变化分析，如图：

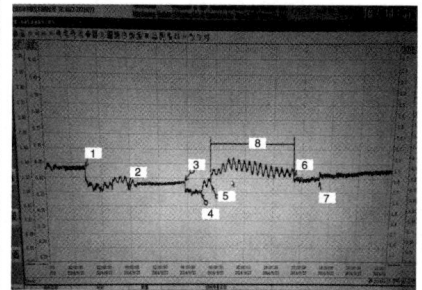

a) 图中 1，22 日 20：45 停进水 4#泵组

b) 1 和 2 之间表现为 115 泵组和 215 泵组滤池反冲洗时堰口井水位变化，同时也表示其水量变化规律

c) 图中 2 表示的是 23：40 停进水 5#泵组，至此进水泵组只有两台运行

d) 2 和 3 之间表示夜间 0 点钟和 4 点钟滤池自动运行情况，在此期间滤池运行稳定，但也明显看到滤池在运行到 3 点钟以后堰口井的水位略微上涨，表明此时滤池因池内水位上涨，滤水闸开启，堰口井过水量加大

二、反映滤池滤水量的变化规律，帮助正确认识在线氨氮不稳定成因，为加氨微量调整提供依据。图中 8 堰口井液位不稳定波动的原因分析：堰口井不稳定波动分为两个阶段，第一个阶段为波动逐渐向上，第二个阶段为波动逐渐向下

a) 第一个阶段为波动逐渐向上，如图中 5，开始到最高点大概 2 小时时间，波峰到波低 15 分钟。这个阶段波动成因为二滤站到周期的滤池刚洗完，二滤站内所有滤水闸开启后滤池内水位开始下降，反映在堰口井液位上是不稳定波动的波低开始向运动到波峰。反之，当滤池内水位开始上升时，堰口井液位的波峰开始向波低运动。在这个阶段因滤池有足够的过滤能力，所以表现为每次滤水闸开启过滤水量比上一次有所加大

b) 第二个阶段为堰口井液位波动逐渐向下。简而言之就是滤池过滤能力开始衰减，滤水闸每次开启的过滤水量比上一次逐渐减小

c) 通过以上波动进一步解释了在线氨氮仪在水量和投量稳定情况下波动的原因和为消毒人员如何处理这样波动提供依据

公司评价	利用堰口井液位判断正压加氨调整时间，这是个人多年工作的经验总结，具有重要意义
适用培训对象	净水组、调度组

提报人也要结合实际情况对所提报的经验点进行细致讲解,"一点经验"评审委员会对员工所提报的"一点经验"的讲解视频进行评价,如图6-2所示。

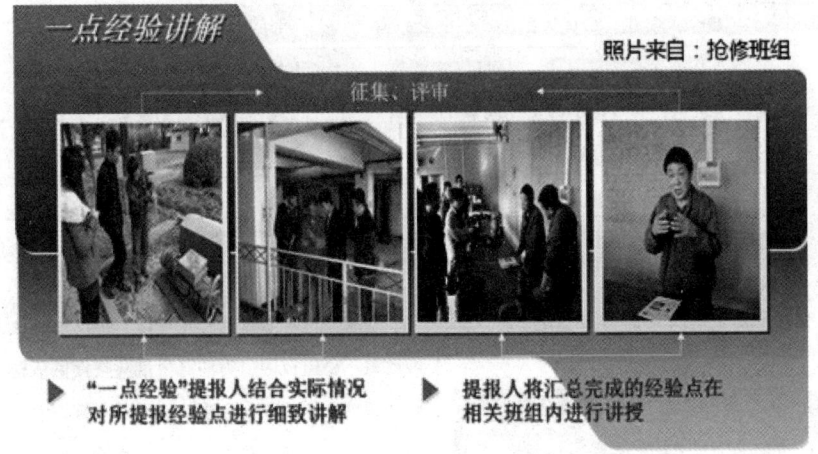

图6-2 "一点经验"讲解视频

第三节 "一点经验"的案例

试点供水企业通过广泛的征集工作,共征集到经验点一百多个,生产技术委员会按照相关标准进行评审,从中筛选出了近百个优秀的经验点,在精益小组的组织下,完成了全部经验点的编辑、整理工作,并最终形成该供水企业"一点经验"工作法手册。该手册收集了试点单位中优秀员工的优秀操作诀窍,把老师傅需要口口相传的隐性经验点变成公司的知识,并通过员工"自报、自讲、自培训"的模式使好的经验得以传承。在"一点经验"实施过程中,重点围绕组织与职责、申报与评审、奖励与分配等方面建立了《一点经验管理制度》,通过制度的运行,长期不断地调动基层员工发现知识、贡献知识、分享知识。

经过先期的整理、汇编,以及多次的校对,第一本《一点经验培训教材》得以出版,在日后的生产和各项相关工作中起到了非常重要的指导作用。该培训教材共包括产水工艺、设备维护、质量安全及工作技巧四个方面,部分优秀的"一点经验"如图6-4至图6-7所示。

1　产水工艺

　　1.1　水库余氯曲线做锯齿形运动的解决方法 ·· 1
　　1.2　水库余氯过小的处理技巧 ··· 2
　　1.3　滤前浊度突然升高的处理诀窍 ··· 3
　　1.4　通过pH值判断加药是否合理的经验 ··· 4
　　1.5　通过水体中的矾花判断混凝效果的方法 ··· 5
　　1.6　藻类水判断方法 ··· 6
　　1.7　水体是否污染的判断方法 ··· 7
　　1.8　出厂水压突然下降的原理及处理诀窍 ··· 8
　　1.9　氨瓶更换的合理方法 ··· 9

图 6-4　产水工艺类

2　设备维护

　　2.1　投氨管堵塞的处理技巧 ··· 10
　　2.2　泵房离心泵大修方法 ··· 11
　　2.3　泵组联轴器安装找正的诀窍 ··· 12
　　2.4　滤站操作台的巡检异常处理方法 ··· 14
　　2.5　加药间米顿罗计量泵管道异常判定技巧 ··· 15
　　2.6　滤站排水泵封装浮子漂的修理方法 ··· 16
　　2.7　电动闸阀维护作业技巧 ··· 17
　　2.8　电站35KV变压器室夏季降温技巧 ·· 18
　　2.9　蝶阀的使用一点心得 ··· 19
　　2.10　电缆故障的一点心得 ··· 20
　　2.11　软启动装置降温排风扇停止运行的解决经验 ··· 21
　　2.12　闸阀关闭不严漏水的解决技巧 ··· 22
　　2.13　高压电机绝缘过低的解决方法 ··· 23
　　2.14　35KV电站主变避免误动的处理方法 ·· 24
　　2.15　35KV电站主变非电量保护处理方法 ·· 25
　　2.16　正确调节机械过扭的技巧 ··· 26

图 6-5　设备维护类

3 质量安全

3.1 纳氏试剂配制的技巧 ……………………………………	69
3.2 目视比色的操作技巧 ………………………………………	70
3.3 化学试剂辨别气味的方法 …………………………………	71
3.4 实验室天平间的操作要点 …………………………………	72
3.5 检测采样浊度注意事项 ……………………………………	73
3.6 氨氮检验的比色管清洗技巧 ………………………………	74
3.7 水厂安全保卫诀窍 …………………………………………	75
3.8 危险化学品管理一点经验 …………………………………	76
3.9 冬季水样浊度检验技巧 ……………………………………	77

图 6-6 质量安全类

4 工作技巧

4.1 现场地面刷漆的技巧 ………………………………………	78
4.2 GAMA 系统中快速查找工单的操作诀窍 …………………	79
4.3 Word 文档中自动生成目录的操作方法 …………………	80
4.4 一个单元格内输入多个值的操作技巧 ……………………	81
4.5 调出多重剪贴板值的操作方法 ……………………………	82
4.6 Word 文档减肥的技巧 ……………………………………	83
4.7 Word 文档目标提取的诀窍 ………………………………	84
4.8 使用 Word 词典翻译的方法 ………………………………	85
4.9 Word 中设置页码的技巧 …………………………………	86
4.10 快速删除工作表中空行的技巧 ……………………………	87
4.11 用下拉列表快速输入数据的心得 …………………………	88
4.12 将 Excel 插入到 Word 文档的方法 ………………………	89
4.13 Word 插入 Excel 表格中的技巧 …………………………	90

图 6-7 工作技巧类

第四节 "一点经验"的成果总结

通过推动"一点经验"的专题活动，精益管理与企业管理、企业文化、班组建设、水厂安全工作、思想政治工作及工会工作实现了深入有机的融合，为老水厂注入了新活力，实现了管理再造和提升。

"一点经验"活动的推进提升了员工的班组凝聚力，提升了岗位技能，更是提升了对精益的认知。"一点经验"专题活动在职工中取得较好的反响，员工的精益参与度越来越高，供水企业各项工作完成度更好。可以说，"一点经验"的推进帮助企业营造了积极向上的良好氛围，培育了良性的精益改善文化。

在这个活动中，所取得的成果可以总结为以下三点。

一、汇编整理《一点经验培训教材》

从2014年开始推进"一点经验"活动开始，平均每年征集60个左右"一点经验"，连续4年共约汇集了240个"一点经验"。2015年经过多次的汇编、修改和校对，编辑第一批百点经验，完成《2015年一点经验培训教材》。该教材收集编制了100个"一点经验"，其中产水工艺方面8个，设备维护方面57个，质量安全方面9个，工作技巧方面26个。并以此教材为基础在公司内连续进行经验的培训，把好的方法进行推广。后续每年都进行教材内容的增补。

二、调动了员工参与"一点经验"活动的积极性

优秀经验的传承是对优秀员工技能价值的认可，是对制水过程优秀技艺的一次梳理和传承。它满足了各级员工的期待，激发了老水厂中老师傅的积极性，得到了各级干部职工的热情拥护。许多公司老员工自觉地把自己多年工作心得和诀窍无私地奉献出来，亲自演示，亲自书写，认真传授。同时，公司也给予了许多激励政策的支持，让付出知识的员工得到回报，让分享的

员工得到荣誉。这也促使了活动能够持续的深入动员，也使活动有了超乎意料的圆满结局。

三、将优秀的"一点经验"转化为作业标准手册

推行"一点经验"专题活动的过程，也是一个不断提升对工作优化和标准化的重视程度的过程。"一点经验"本身就是最优的作业方法，而将最优作业方法发挥最大效用的唯一手段就是进行固化和传播，通过转化为作业标准，形成全体员工在今后作业的参考依据，促使全体人员不断提升工作质量和效率。

通过开展"一点经验"专题活动，不断将各个生产环节的好经验、好方法和业务技巧进行总结汇总，并将优秀"一点经验"转化为公司的作业标准，推动基层员工学习并按照标准进行作业，使之成为公司进行制水过程管理的主要抓手，对推动公司业绩不断提升起到了重要作用。

第七章　精益班组建设

精益班组建设就是通过导入方法、模式和工具,提升班组员工素质,夯实企业管理基础。这是一个持续改善的过程,通过这一过程使班组成为规范、高效的作业单元,最终带来企业安全、质量、成本、效率的改善或提升;这也是一个文化培养的过程,通过班组内部的互助、互学及制度建设,最大限度地调动班组成员生产的积极性、创造性,提高班组成员的生产工作技能与综合素质。总之,精益班组建设既要求在管理形式上标准化,在管理结果上显性化,也要求在管理文化上固化模式。供水企业在推行精益管理过程中,非常注重班组建设,连续几年的实施,以净水、抢修、电站等班组为中心,引导、实验、推广许多优秀的班组管理方法,并取得了一定的成绩。

第一节　班组日常管理

班组日常管理的形式非常重要,因为形式承载内容,松松垮垮的班组管理形式,是无法建立严谨高效的工作习惯的。班组工作主要包括早晚会制度、数据化管理、师带徒、安全点检等内容。

一、早晚会

早晚会制度就是各班组每天上班前和下班前召开的班组内部会议的制度。其目的是使班组各项工作有序进行,各项命令准确传达,促使员工对工作的执行到位,增强团队意识与凝聚力,也促进公司与员工之间上情下达和下情上达。早晚会也是一个反省提高的过程,通过每日总结一点管理经验、吸取一点教训、改正一个缺点,提升班组能力,提升员工精神面貌,提升工作效率和质量。

在国企应用新的方法和管理手段,常常需要耗费更多的时间和精力。在试点供水企业,精益小组为了推行早晚会,组织过多次观摩会、学习会、讨论会,并推动领导班子成员参与班组早晚会,经过几个月推行,试点单位各个班组的早晚会制度终于建立。

早晚会的制度制定如下:

1. 适用范围

适用于正常到岗上班的全体员工(除工作原因、因公出差或请假人员外,总经理、副总或部门经理根据需要出席早会讲话)。

2. 早晚会的组织

早会主持人:由人事行政部经理每周一负责主持公司早会,早会主持人应提前一天做好早会的准备工作;

参加人员:各部门人员准时到场、按要求列队,认真听取、领会并贯彻落实早会精神;

各部门经理/车间主管/班组长:负责组织、清点本单位入场人员及维护秩序。

3. 早会流程

从 7:50 开始准备,7:55 正式开始开会,早会一般时长 10~15 分钟,可适当提前开会:

(1) 按部门/班组队列;

(2) 主持人与参会人员互相问好;

(3) 确认出勤并做好记录;

(4) 昨日工作总结;

(5) 批评不足,表扬优秀;

(6) 今日工作安排及注意事项;

(7) 班呼加油,鼓励士气。

4. 其他重点注意事项交代

其他重点注意事项包括：重大决策与变更，改变公司管理思想观念，安排生产计划，交代工作任务，检讨现场管理，进行人员调配跟进物料状况、设备维护保养，增强品质意识，提高生产效率，培养成本意识，监督消防安全，减低成本损耗，减少客户投诉，进行工艺改良，宣导厂规厂纪、劳动纪律、环境卫生，增加员工福利等内容。

5. 早会记录与检查

分配专人对早会的情况记录早会工作纪要，交行政部备案，总经理随时抽查早会记录。

6. 早会纪律与要求

（1）作为公司文化建设的基础部分，全体员工必须严肃认真，一丝不苟，不能走过场；

（2）公司行政部、生产部部长分头到各早会参加、监督检查早会情况；

（3）对迟到、无故缺席早会者，罚款每次10元；对早会组织者不认真组织、走过场、图形式或不做早会记录的，处罚主持人每次20元；

（4）主持人有事请假，可由其上级领导指定人员主持早会；

（5）早会情况的考核纳入工资绩效考核范围，每月兑现奖惩。

早晚会制度在试点单位得到了很好的贯彻执行，班组的管理能力得到较大提高。值得一提的是，抢修维护班组在2016年全国总工会的基层班组评选中获得了"工人先锋号"的荣誉称号。

二、数据化管理

数据化管理就是利用过程数据统计分析以及数据传输，通过计算机、应用软件、通信网络实现制造过程的监控管理，确保制造和服务的准确、及时、高效。数据化管理的本质是借助信息化手段，实现无纸化办公，减少纸张的浪费，实现环保办公、高效办公。

试点供水企业在班组建设中，专门立项推进班组数据化管理，实现班组管理的无纸化办公，旨在通过办公方式的变化，拉动信息化建设的速度，利用信息技术如电子签名等，重构企业的流程标准。

经过一年的努力，经历了无纸化办公、自动化传输、数字化远程控制三个阶段。截止到 2016 年底，公司通过并下发了一系列文件进行规范班组管理，分别节选如下。

关于班组无纸化办公制定并实施如下制度：

1. 无纸化办公适用范围

班组内下发的红头文件、日常文件、各类工作报表、业务报表、工作方案、内部通知、会议纪要、工作计划、流程审批等。以上文件类无须存档，不可用文件纸打印。

2. 无纸化办公平台

无纸化办公平台主要有：电子邮箱、微信（企业版）、电子签名操作软件等。

3. 具体实施办法

（1）电子文档：公司及项目下发和上传的文档，要使用格式模板进行规范编辑，内容要求按照《行文管理规定》内容要求执行，统一用 Office 办公软件进行文字的处理与编辑。

（2）电子文档加盖公章：由人力资源部在公文上加盖电子公章（签字图章）。公章为图片格式，公章位置在文件落款文字下方，签字图章根据实际情况设置大小，要求美观、大方。

（3）电子文档时限的规定：电子文档紧急程度为一般、重要、紧急三个等级。紧急程度为"一般"的要求从发文之时起 24 小时内办理签审，紧急程度为"重要"的要求从发文之时起 12 小时内办理签审，紧急程度为"紧急"的要求从发文之时起 6 小时内办理签审。

（4）各项目、各部门要落实推进无纸化办公，使用网络进行文件、资料传输与审批，行政人事部要督促无纸化办公的推广应用工作。

（5）以上规定范围内的文件在无须存档的情况下，一律通过以上无纸化办公平台运行。

4. 机密、重要文档处理

各项目、部门在无纸化办公平台提交文件、资料、报表时，涉及到公司秘密的内容可事先在文档资料中设置访问密码再进行上传。

5. "电子签名"方案

公司及项目员工需申请"电子签名操作软件"账号，申请成功后此账号将仅做工作使用。公司及项目员工采用"电子签名操作软件"软件的审批功能，执行无纸化办公的工作流程。着重使用"电子签名操作软件"软件管理平台的"签到""审批""考勤""电话会议"的功能，目的在于管理层及时了解员工上班的工作状态和动态，特别是加强对外出人员的工作管理，同时简化内部日常工作的管理流程。

关于班组数据自动化传输，制定并实施如下制度：

1. 数据收集

1.1 化验、检验、生产运行日报、巡检记录，生产管理记录电子化、信息化，并自动生成专项设备、设施档案。

1.2 电力、生产监控数据使用移动硬盘，由专人定期导入管理系统。

1.3 运行巡更信息和设备点检记录信息化。

2. 数据分析

2.1 系统建立数据选取、科学筛选和经典分析功能，为操作人员提供分析工具，并可进行标注、下载、上传、存档在系统等功能。

2.2 系统建立统计分析功能。

2.3 系统对导入的数据进行初步分析，对超出控制指标的数据予以提示，对应权限岗位要对超出控制范围填写记录。

3. 管理应用

3.1 工艺管理

3.1.1 节电应用

a）通过整体大跨度分析电力监控数据、预沉池、平流沉淀池水位和进水泵使用情况，找出进水泵组使用的节电模式，降低进水电耗。

b）通过整体大跨度分析电力监控数据、清水库水位、出厂压力等，找出送水泵组匹配节电模式，降低送水电耗。

3.1.2 节约氯氨投加剂量应用

根据化验数据和在线监测数据建立氯氨投加关系分析，达到降低氯氨消耗稳定水质的目的。

3.1.3 节约净水药剂的应用

通过分析监控和采集的叶绿素、总碱度、pH值、浑浊度与药剂投加的关系，建立应对原水变化的药剂投加方案达到节约药剂稳定水质的目的。

3.1.4 工艺控制的应用

工艺设施管理记录采取流程控制，电子签名管理，最终分类档案式保存。

3.2 水质管理

3.2.1 中控室将水质报警信息录入管理系统，通过管理系统软件以短信方式将报警信息发送，相关人员使用手机接报，实现快速响应、快速处理。事后对数据进行分析、总结，并记录到电脑中，以档案形式保存，为日后此类事件处理提供决策依据。

3.2.2 如出现水质异常，对于报警显示每一时间段的浊度超标，值班人员需填写采取的措施或分析说明情况，随后在后台会列出详细的日志，也可为以后出现同样问题进行分析排查，成为辅助运行人员的决策依据。

3.3 成本管理

3.3.1 成本统计管理把全年成本指标根据前一年情况制定下一年月使用计划，然后系统以班为单位统计使用情况，让每个值班人知道现在是节约状态还是超出状态。当班人员可以随时看到自己目标指标完成情况。部门主管可以随时查看各班，或个人目标指标完成情况。

3.3.2 日常管控统计台账，系统生成各部门或集团要求的各种统计表格，经过审核后发布。

3.4 应急管理

3.4.1 当情况属于应急突发事件时，中控室可以通过管理系统发送给使用管理系统人员报警信息，管理系统界面有明显提示和报警声音。

3.4.2 应急事件发生后，系统提供应急处理预案、二级预案相关响应流程。

3.5 生产管理

3.5.1 最新的生产调整通知、通报等通过信息管理系统下发，并形成档案保存。

3.5.2 对录入数据和情况分析等带有规定性要求和警告提示，未能按照规定进行录入，管理系统会自动判断形成报表。管理层通过查看报表，按照规定进行相应处理或督促完成，系统根据情况进行打分，达到全面监控测量运行人员和管理人员的目的。

3.5.3 设备点检的系统管理。运行巡更和点检记录管理信息化，巡更记录信息化有助于对设备情况分析，巡更管理日报化有助于管理层对巡更情况的监控测量。

3.5.4 设备点检异常信息由点检人通报中控室，中控室确认后电话通知抢修人员或选择使用短信通知厂外人员给与技术支持。维修结束班组确认。信息分类保存，未维修事项始终体现在工单上。上述内容形成的界面如图7-1所示。

日常设备点检表--滤站

编号：RD-OPD-05-02-02　　版本：A　　NO. 2015-01-25

设备名称			运行设备 点检结果	备用设备 点检结果
滤池	运行	水位是否合理	● 正常 ○ 异常	● 正常 ○ 异常
		池面是否有漂浮物	● 正常 ○ 异常	● 正常 ○ 异常
		滤池是否有报警	● 正常 ○ 异常	● 正常 ○ 异常
	冲洗	布水是否均匀	● 正常 ○ 异常	● 正常 ○ 异常
		冲洗是否达到要求	● 正常 ○ 异常	● 正常 ○ 异常
		闸阀开关是否灵敏	● 正常 ○ 异常	● 正常 ○ 异常
		水塔水位是否合理(1.70-3.50m)	● 正常 ○ 异常	● 正常 ○ 异常
215泵		压力表是否正常(0.1~0.2mpa)	● 正常 ○ 异常	● 正常 ○ 异常
		真空表是否正常(-0.01~-0.02mpa)	● 正常 ○ 异常	● 正常 ○ 异常
		是否有冷却水	● 正常 ○ 异常	● 正常 ○ 异常
		电压是否正常(360V-400V)	● 正常 ○ 异常	● 正常 ○ 异常
		电流是否正常(270A±10A)	● 正常 ○ 异常	● 正常 ○ 异常
		出水闸阀开关是否正常	● 正常 ○ 异常	● 正常 ○ 异常
		压力表是否正常(0.1~0.2mpa)	● 正常 ○ 异常	● 正常 ○ 异常
		真空表是否正常(-0.01~-0.02mpa)	● 正常 ○ 异常	● 正常 ○ 异常

日常设备点检表--加药间（编辑模式）

编号：RD-OPD-05-02-02　　版本：A　　NO. 2015-01-25

设备名称			运行设备 点检结果	备用设备 点检结果
生物仪是否正常（报警）			● 正常 ○ 异常	● 正常 ○ 异常
上酸系统	空压机	运行是否正有异音	○ 正常 ● 异常	● 正常 ○ 异常
		压力表是否正常(0-0.3mpa)	● 正常 ○ 异常	○ 正常 ● 异常
		是否有漏油现象	● 正常 ○ 异常	● 正常 ○ 异常
	酸罐	压力表是否正常(<0.1mpa)	● 正常 ○ 异常	● 正常 ○ 异常
		截门是否灵敏可靠	● 正常 ○ 异常	● 正常 ○ 异常
打铁泵	1#	打药是否正常	● 正常 ○ 异常	● 正常 ○ 异常
		是否有异音	● 正常 ○ 异常	● 正常 ○ 异常
	2#	打药是否正常	● 正常 ○ 异常	● 正常 ○ 异常
		是否有异音	● 正常 ○ 异常	● 正常 ○ 异常
	1#	压力表是否正常（0-0.3mpa）	● 正常 ○ 异常	● 正常 ○ 异常
		背压阀是否有漏药现象	● 正常 ○ 异常	● 正常 ○ 异常
	2#	压力表是否正常（0-0.3mpa）	● 正常 ○ 异常	● 正常 ○ 异常
		背压阀是否有漏药现象	● 正常 ○ 异常	● 正常 ○ 异常
	3#	压力表是否正常(0-0.3mpa)	● 正常 ○ 异常	● 正常 ○ 异常

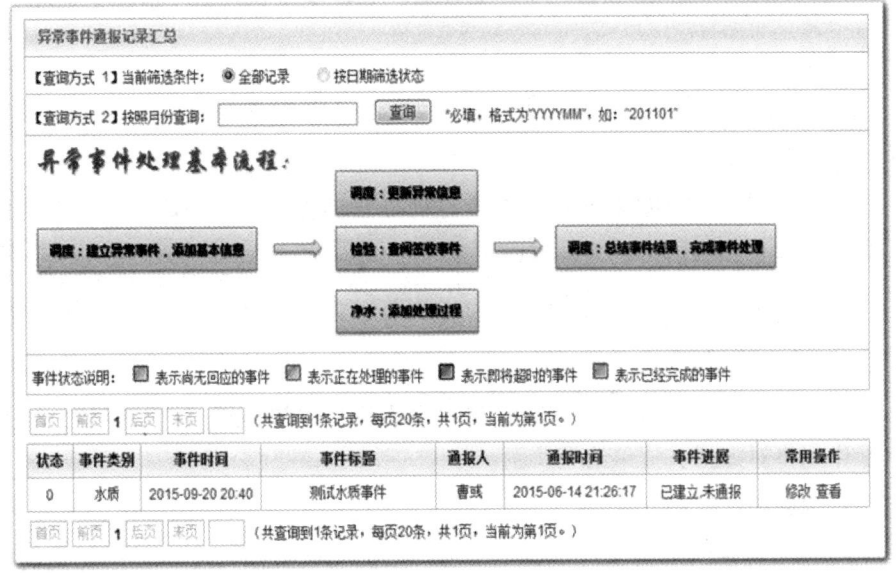

图 7-1 班组数据自动化传输界面

三、师带徒

"师带徒"是班组内帮助新员工快速成长的一种方式。这种"一对一"的帮扶模式可以充分发挥企业生产技术骨干人才的"传、帮、带"作用，帮助、指导年轻员工立足岗位成才，有助于加强对新员工、一线技能操作岗位员工的技术、技能培养。帮助他们熟悉和认同企业文化理念，不断提高员工专业岗位技能水平、促进企业健康、快速发展。"师带徒"是为各专业岗位技能培养接班人才搭建的专业平台，班组内形成如下管理制度：

1. 成立"师带徒"管理小组

主要职责：

（1）负责师傅及徒弟人选的推荐选评工作；

（2）负责"师带徒"培养方向的确定；

（3）负责对师傅定期或不定期面对面的沟通工作；

（4）负责对各部门"师带徒"工作的考核与督查工作。

2. "师带徒"选拔标准与原则

（1）具有良好的思想道德品质，团结同志、作风正派、廉洁奉公。

（2）具有较强的创新意识，锐意进取、开拓务实的精神，独立工作能力、沟通能力。

（3）具备扎实的理论知识和丰富的实践经验，业务精通，有专业技能特长。

（4）师徒双方通过双向选择，签订师徒培训责任书，明确传、帮、带的时间和目标，期满后进行考核评定。

（5）同时进行专业技能传授、公司战略、企业文化、职业道德、生产安全、劳动纪律等培训。

（6）学徒期满，对"师带徒"学习效果进行考核认定，成绩合格，能独立操作，将对师傅、徒弟给予奖励。

3."师带徒"选拔程序

（1）由各部门组织推荐，由小组进行全面、认真的考察，并结合选拔标准及原则确定人选。

（2）签订培训责任书。

（3）师傅的主要职责：

① 首先是传授技能，从基本知识、技能抓起，言传身教；

② 帮思想，带作风，把优良作风、职业道德、安全生产经验传给徒弟；

③ 严谨的教学作风，对学徒要求严格，严格训练；

④ 要胸怀宽广，真心待徒，切实把自己的一技之长传授给徒弟。

（4）徒弟的基本要求：

① 徒弟必须有学艺的愿望，有相应的文化基础，肯学上进；

② 尊重师傅，谦虚好学，勤学好问，服从师傅教导；

③ 勤奋刻苦，认真实践，不怕苦、累、脏；

④ 能主动帮师傅分忧解难，帮师傅做一些力所能及的事务；

⑤ 通过学习，达到技术进步快、思想有提高、作风转变好、安全无事故。

4."师带徒"培训责任书

明确师傅的权利与义务、徒弟的权利与义务。

5."师带徒"培训

（1）师傅对徒弟进行全方位培训，徒弟服从师傅教导。

(2) 培训内容参照相关岗位说明书。

6. 考核制度

为了保证"师带徒"工作扎实有效地开展，公司决定对教学情况进行考核。

(1) 师傅根据平时表现对徒弟据实进行评价；

(2) 有违反安全制度、劳动纪律的徒弟考核不合格，有违反公司规定的师傅按公司制度进行处理，不得担任师傅；

(3) 进行定期理论及实操考试，考核前三名的，对师傅及徒弟进行物质奖励；

(4) 进行徒弟技能比武，比武活动获得荣誉的，对师徒进行奖励；

(5) 每年进行一次优秀师傅评选，给予表彰和奖励。

四、安全点检

安全点检主要是通过各级人员的安全点检，找出作业现场存在的不安全行为及不安全状况，及时落实整改，达到纠正不安全行为、消除不安全状况的目的。它是精益班组建设的重要内容之一，其主要目标就是进一步细化安全管理，及时发现和消除不安全因素，杜绝和减少事故的发生。

试点供水企业在班组建设过程中非常重视安全点检工作，将点检作为安全确认制度的具体落地措施，点检内容包括职业健康、安全环境、安全生产标准化、"零伤害现场"等。安全点检分为管理人员点巡检、安全专联人员日常点检和班组点检三种形式。下面以该供水企业班组安全点检为例进行说明。

1. 安全点检的主要内容

安全点检的主要内容包括：

(1) 安全帽、防护眼罩（眼镜）、工作服、工作鞋、耳塞等是否根据现场要求正确佩戴；

(2) 高处作业是否正确使用安全带；

(3) 特殊场所是否按照特殊要求配套使用特殊个体防护用品。

2. 按规章作业情况

(1) 员工对规章制度的了解掌握程度、对制度的遵守、对标准的执行情况；

（2）员工是否使用有缺陷的工具、设备，采用不安全的作业方法，或者用手或身体其他部位代替工具；

（3）员工是否有时不用、错用或者使用不符合现场要求的个体防护用品或安全用具；

（4）在悬挂的重物下、转动轴旁、台架下是否有人站立或作业，在行驶的车辆、运转的设备上是否有人爬上爬下；

（5）生产作业现场是否有人嬉戏打闹，作业人员的注意力是否集中；

（6）人工搬运物料有无超重或装得太满等不安全现象。

3. 设备设施的安全状况

（1）设备是否带病运行；

（2）设备的零部件是否有松动、脱落现象；

（3）设备上的防护装置是否完好，是否被拆除或不起作用；

（4）钢梯、平台等是否有开裂或脱焊现象，平台护栏是否符合标准；

（5）建构筑物的基础有无下沉、开裂，主题结构有无位移、开裂、倾斜等现象。

4. 检修、大修作业安全措施的落实情况

（1）是否制定了相应安全措施，措施落实是否到位；

（2）整个作业过程安全确认是否到位；

（3）设备检修挂牌制度是否严格执行。

5. 生产作业现场

（1）现场物料、工器具摆（存）放是否规整，有无按方案操作和通行，废料是否及时进行了清理；

（2）因生产需要所设的坑、沟、池等是否有围栏或盖板；

（3）容易发生人身事故的场所、设备或设施，是否悬挂了安全警示标志；

（4）电气线路铺设是否合理，有无裸露现象；

（5）现场照明是否充分。

6. 易燃易爆、有毒有害场所

（1）相关制度是否健全；

(2) 灭火器材、消防设施的配置是否满足有关要求；

(3) 电器及线路的防爆是否符合要求，防雷设施是否有效，警示标志牌是否醒目等；

(4) 紧急照明系统是否时刻处于应急状态；

(5) 检测报警装置是否灵敏；

(6) 通风设施是否灵敏；

(7) 消防、应急疏散通道是否畅通；

(8) 是否按期开展应急演练。

7. 机动车辆

(1) 车辆的灯光、喇叭、制动等是否齐全有效；

(2) 车辆的维护保养、出车三检是否按规定执行；

(3) 车况是否良好。

8. 安全教育培训、安全活动的开展情况

9. 新设备、新工艺投入运行前安全措施的制定与落实等

10. 职工的精神状态

11. 其他情况

各班组日常点检范围要以事故多发点、危险点、作业集中点等安全重点要害部位、关键重点设备、检修施工现场等为主，车间要以现场为重点。管理人员安全点检要以点带面，通过观察询问、交谈以及查看相关记录，检查现场有无隐患及违章现象，了解员工安全心理状态以及安全作业的情况，并有针对性地开展下一步工作。

岗位职工安全点检要紧紧按照安全确认制来执行，点检内容要包括使用的工器具、相关设备的运转状态、设施的安全状态、工作场所有无隐患、安全设施及安全防护装置是否完好、作业安全措施是否落实到位等，从预备工作开始至工作结束，对自己的工作区域、每个作业环节、每道工序都要进行点检确认，确保安全管理到位。供水企业通过班组安全点检，连续三年无任何安全事件发生，成为集团公司的安全典范。

第二节 班组长管理规范化

班组是企业的细胞,是企业最小的单位,但却是企业至为重要的前沿阵地,因为班组是企业安全、经营、管理等一切活动的出发点和落脚点。同时,班组长还是企业宝贵的人才,决定着企业竞争力和生存力。在班组长的日常培养中,要通过规范化管理,使班组长的工作能力再上台阶,实现"有规可依、有规必依、执规有据、违规可纠、守规可奖",全面提升班组管理水平。

一、班组长的能力素质

班组长不是工头,是基层的管理者,其不仅负责督导性工作,还需要进行班组目标的检查,并依据状况采取必要的改进措施。所以,班组长管理能力和技巧要求较高,要具备计划执行能力、沟通协同能力、组织策划能力、领导改善能力、异常处理能力等等。

班组长在具备能力的基础上,要在班组管理中具备以下职能:(1)认知教育:认识企业、认识基本管理概念、角色与自我认知;(2)日常管理:人员管理、设备管理、物料管理、方法管理、环境管理;(3)机能管理:质量管理、成本管理、交期管理、安全管理、士气管理;(4)管理技巧:发掘问题、分析问题、改善问题、团队沟通、员工问题处理、人际关系;(5)合理化建议与小组活动;(6)自我成长与前途规划。

在试点供水企业,精益小组建立了精益班组长能力素质模型,由班组长所需的能力素质形成任职模型。通过对各班组长进行内部评估,形成班组长能力素质雷达图,掌握试点单位班组长的薄弱点,从而有针对性地进行培训和提高。

二、班组长日常管理要点

为了能够让基层班组长快速成长,专门对班组长日常工作进行了规范。以下是班组长的日常工作内容:

1. 交接班

通过提前 15 分钟到岗，进行现场交接，同时监督各岗位分别交接，确保交接内容完整。

2. 变化点管理

交接班后，要立即针对人员、设备、作业方法的变化进行识别、记录并报告调度岗，按照调度的要求实施特别管理。

3. 每日班组早会

早会上确认员工健康及出勤情况，进行生产安排，确认危险点与安全对策。

4. 黄金 1 小时

在早会结束后的一个小时里，班组长不许离开班组岗位，要进行现场巡查确认，确认变化点的对应情况，确认生产启动情况，进行在线水质的检查等工作。早会后的一个小时是当班次管控的关键，因此班组长要格外重视。

5. 汇报会

参与公司调度组的日例会，领取当日工作计划，汇报本班次计划安排情况。

6. 组长巡回点检和作业观察以及异常处理，组织改进

组长每日对安全、水质、产水量进行确认点检，发现异常要紧急处理。

7. 班后绩效管理

班组长对员工当日工作情况进行评价，对各种生产数据进行总结，形成班组工作日志，对当日工作进行反思和改善。

>>> 本章小结

班组建设是企业管理永恒主题，对于供水企业尤其如此。在保证城市供水的连续生产中，任何细微的水质偏差都可能成为严重事故，任何细小的操作失误都可能成为难以挽回的损失，要确保操作 100% 准确无误，以及异常在第一时间得到有效处理，这是城市供水

行业的特殊之处！所有这些作业细节都掌握在班组手中，班组强则制水过程稳定，班组弱则制水过程波动，班组建设乃至班组长的培养在精益管理中都是至关重要的环节。

  在试点供水企业的实践中，班组建设是公司关注的重点。公司致力于改进班组环境和提升班组硬件条件，同时不忘记对软实力的建设。通过班组长一天、数据化管理、目标管理的实施，以及领导班子参加早晚会等活动，提升了班组标准化管理水平，提高了班组过程管控能力，改变了班组长对于工作结果的认知，也改善了员工的日常工作习惯。这一切回归到公司的经营业绩中，实实在在地帮助公司高效地达成各项经营指标。

第八章 二级应急预案

第一节 二级应急预案与作业标准化

供水企业的稳健性管理非常重要，确保供水安全需要防微杜渐，让错误的作业行为得到预防。就像墨菲定律中所说：（1）任何事都没有表面看起来那么简单；（2）所有的事都会比你预计的时间长；（3）会出错的事总会出错；（4）如果你担心某种情况发生，那么它就一定发生。墨菲定律已经在企业实践中得到了检验，所有可能出错的地方都将会出错。

企业要做到安全生产，就要具备防错能力，即提前发现问题的能力，这样才能防患于未然，杜绝危险有害因素的持续积累，由量变发展到质变，进而发生安全事故。安全隐患由于往往藏于细微处，极容易被人忽视，而若不注意对隐患进行管理和控制，势必形成安全风险。血的教训告诉我们，重大安全事故的发生都是由微不足道的小事引发的。因此，在企业的生产管理中，作业安全风险如同"引信""导火索"，只要稍不注意，随时都有可能爆发出大事故。唯有从安全角度出发的作业标准化才是解决之道。

杜绝微小操作隐患，降低过程风险，对于供水企业来说，就是实施二级应急预案，进行作业标准化。供水企业在实施二级应急预案的过程中，企业的各项安全生产标准化得以创建，企业安全生产的各项硬件设施不断得到优化，规范安全行为的各项制度章程也会有的放矢。任何先进设备、安全规范和防范措施的落实到位，很大程度上取决于操作者的安全意识、安全责任、安全技能。因此，在企业的安全管理中，推动作业标准化，才能将职业场所的安全风险降到最低，保障从业者的安全健康。

按事故风险的可控性、严重程度和影响范围，供水企业的应急预案响应级别分为"一级"和"二级"两级。面对重大事故和风险，需要从企业工作流程整体上进行应对和安全保障设计，通常称之为一级应急预案；而对于一般供水安全事件和细节操作风险就需要建立二级应急预案，从操作层面出发进行二次细化设计，提出具体的应急操作方法，实施标准作业，强调其预防性以及可实施性。其本质是对作业活动进行基于安全、质量、效率的作业分析，通过步骤固化实现操作的一致性。

其中，作业分析又称为作业流程分析，是工业工程的基本工具。它是指通过对以人为主题的工序展开的详细研究，以使作业人员、作业工具以及作业对象科学合理地布置和安排，使工序结构合理，减轻劳动强度，减少工时消耗，并提高作业安全性分析方法。

第二节 二级应急预案整体思路

二级应急预案是基于对企业各个生产环节的失效模式和影响进行分析，通过识别安全风险，再设计该环节的操作方法，意图是通过作业方式的设计杜绝供水安全问题。根据供水单位细化应急处置预案的要求，二级应急预案需要具备以下几个特点：(1) 原水和出厂水质应急处置全覆盖；(2) 细化生产供应全过程和全方位；(3) 清晰操作规程和应急处置步骤；(4) 明确责任；(5) 操作性强。因此，从一开始，为了保证二级应急预案的科学性，特别参考了质量管理中使用的流程失效模式分析的方法。首先围绕制水过程进行全流程分析，并对氯氨、油、电建立分支流程分析，通过流程的详细描绘，识别出每一个流程节点，并针对每一个流程节点进行失效模式分析，从严重度、发生可能性、造成影响的范围等几个方面进行风险评估。对于风险度较高的流程节点，对节点进行详细流程步骤展开，通过详细分析找到关键作业点，并通过对关键作业点操作进行研究，明确控制风险或者降低风险的作业动作。基于此形成操作标准，即二级应急预案，具体的分析方法如图 8-1 所示。

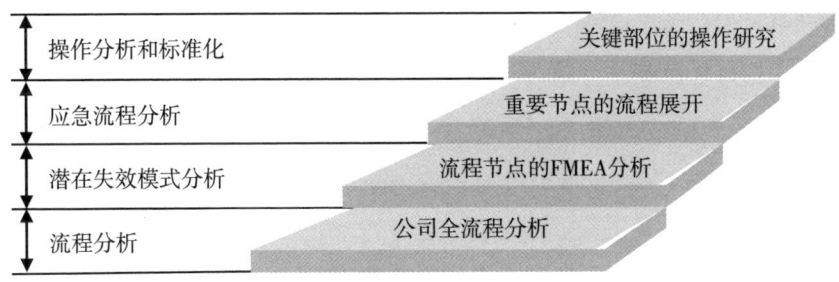

图 8-1 二级应急预案课题展开思路

一、公司全流程分析

供水企业提供的是最重要最基础的城市民生服务，影响千家万户，因此，一年 365 天每天 24 小时都需要提供高品质的供水服务，不能出现任何差错。根据供水企业的特点，就需要分析与制水相关的全部流程，从整体上把握全部危险源和风险环节。在流程的识别中，为了避免"只见树木，不见森林"，首先要对供水企业构建系统价值图，把制水系统创造价值的过程进行描绘，系统接收输入，即人、设备、材料等，然后通过制水过程将其转换成所需的供水服务，完成企业和社会价值的创造。如图 8-2 所示。

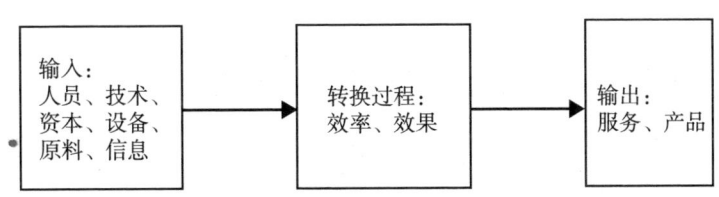

图 8-2 公司全流程分析

企业整个流程中包含五个要素，分别是"人、机、料、法、环"，即作业人员、作业工具或设备、物料资源、作业方法和作业环境，并对流程中各个环节涉及到的要素进行分析。流程要素分析如表 8-1 所示。

表 8-1　　　　　　　　　流程要素分析

流程要素	要素分析
人（作业人员）	对作业人员的培训够吗？ 作业人员的技能熟练吗？ 作业人员素质是否与工作岗位相匹配？
机（作业工具或设备）	设备和作业工具的选型对吗？ 是否对设备进行定期检测，并建立相应的文档？ 设备是否磨损、老化、运行不良？
料（物料资源）	物料的质量是否达到标准？ 物料的供应是否及时？ 物料的库存是否核料？ 在生产过程中，是否存在偷工减料？
法（作业方法）	作业方法是否清晰明了？ 作业人员是否严格按照标准作业方法操作？ 现有的作业方法是否与企业生产实际情况相适应？ 作业方法是否存在可改进之处？
环（作业环境）	生产布局是否合理？ 生产现场的温度、湿度、照明是否适中？ 作业环境是否干净整洁？ 作业环境是否安全？

回答上述问题，就是判断流程环节以及风险点。对于发现的风险点要寻找其来龙去脉，防止分支流程出现遗漏。

基于上述分析，精益小组就可以识别出主业务流程和分支流程，完成流程图的绘制。绘制流程图是一个全员参与的工作，目的是防止出现疏漏，导致返工。同时，通过相关人员共同参与绘制，有利于达成共识，为后续的二级应急预案编写奠定了基础。制水主流程图如图 8-3 所示。分支流程选取了燃气使用流程图，如图 8-4 所示。

第八章 二级应急预案

序号	作业 ◇	移动 ○	贮存 △	检查 □	返工 ◇	主工艺流程图 过程描述	关键产品特性（输入 Inputs）	关键过程特性（输出 Outputs）	备注
1						预沉池源水贮藏	叶绿素、浊度、pH、氨氮		水位接收收集团的控制
2						加硫酸铜，加 HCA	叶绿素、浊度、pH、氨氮、温度、高锰量		
3						津港泵房，加压输出			备用
4						过闸（900008，900011）			备用
5						过闸（923004）			备用
6						过闸（913001，913002）			
7						按照调度数据加三氯化铁混合液			
8						水进入非电进水泵房，加压输出	pH值、温度		2个泵
9						过闸（913003，913004，913005，913006）			
10						按照调度数据加三氯化铁混合液			
11						水进入老进水泵房，加压输出	pH值、温度		4个泵
12						过闸（923001，923002）			
13						平流沉淀池混合井加氯，加 HCA			
14						过闸（923013，923014）			
15						加氯后检验	自由氯		
16						排泥车排泥			
17						一年两次冲洗			
18						过闸（926112，926113）			
19						过闸（924011，924012，924013）			
20						过闸（928303）			

图 8-3 制水主业务流程图

序号	作业 ◇	移动 ○	贮存 △	检查 □	返工 ⬠	过程描述	关键产品特性（输入 Inputs）	关键过程特性（输出 Outputs）	备注
1		○				地下管道传输			
2	◇					调压箱降压			
3		○				场内地上管道运输			
4		○				煤气表			
5	◇					食堂灶台的使用			
6		○				煤气表			
7	◇					浴室煤气锅炉			

图 8-4　燃气使用流程图

二、流程节点的失效模式分析

1. 失效模式分析的概念

失效模式分析简称 FMEA，是一种可靠性设计的重要分析方法，是故障模式分析和故障影响分析的组合。该工具是对各种可能的潜在风险进行评价、分析，以便在现有技术的基础上消除这些风险或将这些风险减小到可接受的水平。一般来说，失效模式分析是在制造过程设计之初，对产品形成的子系统和过程的各个工序逐一进行分析，找出所有潜在的失效模式，并分析其可能的后果，从而预先采取必要的措施，以提高产品的质量和可靠性的一种系统化的活动。其关键在于预防风险，重心集中于处理预估的失效，主要过程在于风险评估。潜在失效模式的后果影响是一种介于因果分析和实验设计之间的质量问题分析方法，主要有设计 FMEA（DFMEA）、流程 FMEA（PFMEA）、设备 FMEA（MFMEA）、系统 FMEA（SFMEA）几种，在此不作赘述。

2. 失效模式分析的目的

FMEA 是分析系统中每一过程环节所有可能产生的供水安全风险模式及其对系统造成的所有可能影响，并按每一个故障模式的严重程度、检测难易程度以及发生频度予以分类的一种归纳分析方法。其主要目的有三：

（1）认知并评价产品/过程中的潜在失效以及该失效的后果；

（2）确定能够消除或减少潜在失效发生机会的措施；

（3）将全部过程形成文件，能够容易、低成本地对产品或过程进行修改，从而减轻事后危机的修改。

3. 失效模式分析的制作

在进行流程失效模式分析的过程中，提倡团队合作精神，要尽可能地包含所有受到影响的工作范围，如原水、投加药剂、沉淀、过滤、反冲洗等有关的工作。过程失效模式分析如表 8-2 所示。

表 8-2 过程失效模式分析表

改进前								
1	2	3	4	5	6	7	8
过程、名称、功能要求	潜在的过程故障模式	过程故障影响	严重度	过程的故障原因/故障机理	频数	过程控制	检测难度

改进前				改进后			
9	10	11	12	13	14	15	16
风险度	建议的改进、补偿措施	责任部门/责任人及完成日期	实施的改进/补偿措施和日期	严重度	频数	检测难度	风险度

（1）过程名称、功能要求：填写被分析过程的名称，该名称应与制水工艺规程一致，并填写该过程的功能、过程操作的目的、操作要求和与其他过程的关系等。一旦关联到其他过程，需要将该过程进行细致分析。

（2）潜在的过程故障模式：分析人员应根据制水工艺规程和国家、行业有关规定和标准所确定的各水质特性的指标要求，结合制水实践经验、专业技术知识和过往类似故障，分析确定所有可能无法满足过程要求的供水安全风险模式。

（3）过程故障影响：尽可能使用准确词汇将过程供水安全风险及对整个供水系统的影响提出来。风险影响是故障模式对顾客及社会的影响，在进行分析时，应考虑到所有顾客的影响，填写每个故障、风险对过程输出以及制水过程所导致的后果。

（4）严重度（英文简写为 S）：按照所推荐的过程故障严重度评分标准确定该风险的严重度水平。具体评价标准此处不作赘述。

（5）过程的故障原因：确定并说明与潜在的供水安全风险有关的各种原因，包括过程设计的缺陷，工艺参数的量值，人、机、料、法、环因素，检验试验方法，特定的物理、化学过程等。必要时还应考虑相关过程的故障原因。尽可能列出每个风险所对应的任何可以想到的风险原因。

（6）频数（英文简写为 O）：估计每个安全供水风险或故障发生的可能性，按照所推荐的过程故障频数评分标准来确定频数。具体评分标准此处不作赘述。

（7）过程控制：说明在现行制水过程中已经采取的供水安全风险的控制措施，如工作环境的控制、取样检验、反冲洗水位参数控制、浊度统计控制、5S 管理等等。

（8）检测难度（英文简写为 D）：对现行供水过程的控制措施及其有效程度进行评价，可按照推荐的过程故障检测难度评分标准来确定该水平，对于安全供水风险或故障检测难度的评价，过程控制措施的有效程度越低，检测难度就越高。

（9）风险度：计算并填写表示过程故障模式的风险等级（英文简写为 RPN）数值，风险度 RPN＝严重度（S）× 频数（O）× 检测难度（D）。

（10）建议的改进或补偿措施：针对风险度数值大的供水风险模式要提出纠正和预防措施，以消除该安全供水风险发生的概率。若风险模式的根本起因不详，应通过试验设计等手段来确定主要起因。若没有任何可采取的措施，在该栏填写"无"字予以明确。对于危及人员安全的故障模式，若不能消除，必须提出防护措施。

（11）责任部门/责任人及完成日期：对于所提出的改进或补偿措施，应同时建议责任部门/责任人及完成日期。

（12）实施的改进/补偿措施和日期：填写实际执行的改进/补偿措施和日期。

(13)、(14)、(15)、(16) 参考严重度、频数、检测难度和风险度评分标准分别确定并填写经过程改进后，过程的严重度（S）、频数（O）、检测难度（D）和风险度（RPN）值。RPN值的降低就是过程绩效改进的一种体现。

三、重要节点的流程展开

根据上述分析步骤，可以识别重要供水安全风险较高的节点，并根据优先级别进行改善，然后再重复分析、改善。如此不断地循环，以确保持续供水流程设计可靠度，提高制水流程的检测能力，不断提升制水过程稳健性与服务品质。

将流程失效模式分析的结果反馈给供水企业的流程设计师，设计师据此可以了解现行的设计在实际投产后可能会出现的问题，从而优化水务生产线的流程设计。

当该企业在生产的流程环节中出现失效时，可以查看失效模式分析报告，若找到相同的失效模式、原因或者效果时，可立即应用已经寻求的解决办法；如果失效模式分析报告中没有类似资料或者与实际情况不符时，则需要及时修改失效模式分析资料。通过这种方法，可以有效减少失效模式处理的时间，并不断充实失效模式分析的备份资料。

配合设计审查作业，作为供水企业，必须对生产过程的可靠度、安全度与环境污染影响等因素进行评估并备份。通过不断地累计失效模式分析资料，对相关资料进行整理编撰为专业的技术资料，为企业后续培养人才提供宝贵的书面资料；借助电子信息系统，构建失效模式分析的资料数据库，从而提供健全的失效模式信息查询基础，作为建立作业检验、测试标准、检验程序、检试规范及其他管理措施的参考资料。供水单位过程失效模式分析结果如表8-3所示。

表 8-3 供水单位过程失效模式分析表

NO	流程环节	要素	评估维度			潜在失效模式	潜在失效后果	严重度	潜在失效起因/机理	频度或可能性	现行设计或过程控制	现行设计或过程控制探测	探测度	风险顺序数	建议措施	责任目标及完成日期	措施结果			
			供水	人身													采取的措施	S	O	D	R P
1	真空泵的（泵组和阀门）开关	设备	√			真空泵及系统无法使用	真空泵无法开启，215洗池泵无法使用	6	1. 电气开关与线路建接导致过热损坏及其他电气元件的损坏	6	1. 电气定期检查		9	324	1. 确保1~2台真空泵的储存，一台故障后及时更换，确保一备					
								6	2. 真空管道电动阀门开关失灵	8	2. 电动阀门失灵，加装手动阀门切换使用		9	432	2. 储备电动阀门及其他电气元件					
								6	3. 泵的轴承及叶轮损坏	8	3. 启用备用设备		10	480						
		环境	√			真空泵及系统无法使用	使真空泵电机无法开启，导致215洗池泵无法使用，减水量	8	1. 天气潮湿，电机控制柜内线路短路使开关无法使用	4	制订季节性检修计划、运行人员定期观察	专业人员目测及预测	8	256	季节性检查					
								8	2. 其他电气元件损坏	4			8	256						
2	洗池泵	人员																		
		设备	√			215洗池泵无法使用	滤池无法保证冲洗，减水量	8	1. 软启动装置降温风扇卡住及线路建接过热导致装置及电气元件损坏	4	1. 定期清扫检查软启动装置及备用线路	专业人员目测及预测	8	256	定期检查					
								8	2. 泵轴承损坏、过热	4	2. 轴承及其他备件的储备		6	192						

续表

NO	流程环节	要素	评估维度		潜在失效模式	潜在失效后果	严重度	潜在失效起因/机理	频度或可能性	现行设计或过程控制	现行设计计或过程控制探测	探测度	风险顺序数	建议措施	责任目标及完成日期	措施结果				
			供水量	人身												采取的措施	S	O	D	P
		环境	√		215 洗池泵无法使用	滤池无法保证冲洗，减水量	8	3.电气故障、机械故障导致出水间不能开启	6	3.调整其他洗池泵的使用		6	288							
							8	天气潮湿，控制柜内线路短路使开关无法使用	4	制定季节检修时间	专业人员目测及预测	6	192							
	测量方法				冷冻水带气导致滤料跑料															

四、关键环节的操作研究

针对关键环节的操作研究,主要包括两个层面:一是进行安全操作分析;二是对关键操作步骤进行标准化。

1. 安全操作分析

任何制水过程都是由许多基本的操作环节组成的,操作环节由特定数量的员工在特定的工作地点对特定的制水对象进行加工,通常判定操作采用三不变(工人不变、地点不变、劳动对象不变)原则。这些操作环节的安全风险已经识别完毕,需要在制定明确的操作方法中进行研究。

安全操作分析注重安全风险的消除,聚焦于人的作业动作,把人与工具和环境进行结合,以操作者为研究主体,进行安全操作方法的分析。在实际应用中,我们分析的要点是人员如何借助设备和工具,进行更加安全的操作。

2. 标准化管理

通过操作分析,我们已经识别了各项作业的安全工作步骤以及每个步骤所需注意的事项。在发现安全风险并进行改善后,就需要制定优化作业的标准程序,并且不断鼓励员工继续发现风险问题,发现危险环节,并不断完善标准程序,形成作业标准书,持续改善提高。供水过程某应急操作流程,如图8-5所示。

第八章 二级应急预案

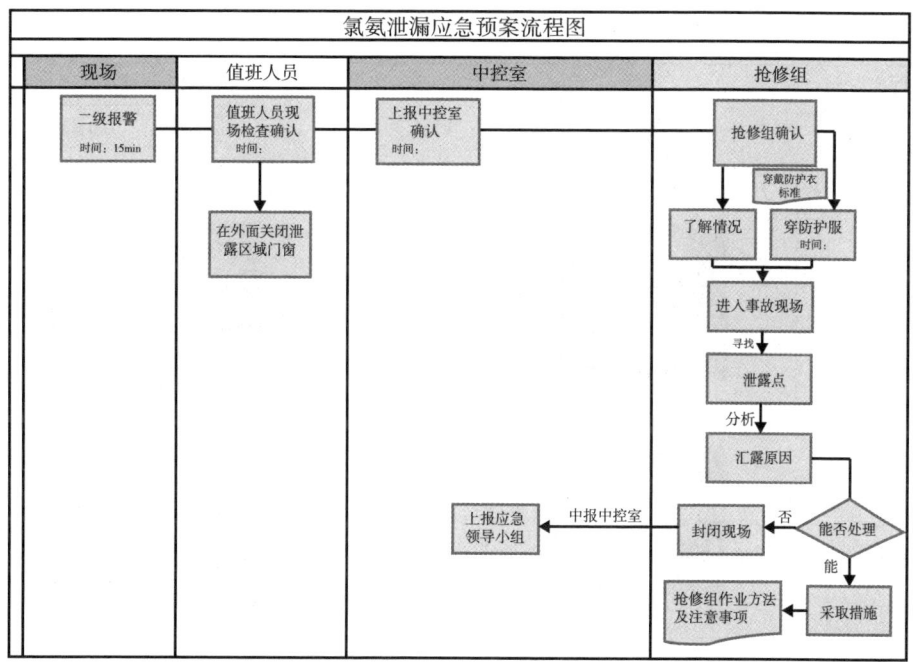

图 8-5 供水过程某应急操作流程

某具体操作环节的作业标准，如表 8-4 所示。

表 8-4 某具体操作环节的作业标准

标准作业程序 SOP	氯蒸发器（负压状态下）操作标准		执行部门	维护、运行部
			执行部位	加氯间
			适用范围	加氯间
1. 找到热备蒸发器		5. 打开蒸发器出气管道控制阀门		
2. 打开真空调节器出气阀门		6. 打开蒸发器支路进液阀门		

121

续表

标准作业程序 SOP	氯蒸发器（负压状态下）操作标准		执行部门	维护、运行部
			执行部位	加氯间
			适用范围	加氯间
3. 打开真空调节阀前进气阀门		7. 打开干路进液阀门，检查蒸发器是否已经达到预热温度		
4. 打开过滤罐前阀门		注意：所有阀门均旋转到头后返回两扣		
发行部门	审批部门	审批者	编制者	实施日期 2014-6-1
质量安全部	运行/维护部	王××	徐××	张××	有效期限

第三节　二级应急预案输出成果

　　二级应急预案工作过程按照流程分析—流程节点分析—重要节点展开—标准的建立思路展开。在流程分析阶段，需要完成三个部分的工作：（1）参照供水企业产水过程，进行全部流程考察；（2）基于作业活动绘制产品全流程图；（3）扩展作业活动，细化复杂节点活动工作流程图。在此阶段，主要成果包括：主流程图1份，分支流程图7份。

　　针对全流程图各节点引入FMEA分析，将影响作业活动影响要素分为人、机、料、法、环五个方面，从失效严重性、发生频率、检测手段等三个维度对各节点的失效模式进行分析，对每一种失效模式给出原因分析、解决建议。这些步骤的主要成果包括：开展失效模式分析评审会10余次，完成失效模式分析评价表14张，分析节点193个，失效模式1158项，筛选关键失效模式41项。

对于重点失效模式节点进行应急预案设计，对重点节点进行应急流程展开，分析并规范涉及的部门、文件及操作方法，制作直观的操作规范和标准作业指导书。在这一阶段的主要输出成果包括：安全作业流程8个，作业点检标准13个，日常标准作业23个，应急流程13个，应急操作标准57个。

第九章　精益管理文化及价值观体系

　　文化是企业的人格，是企业对世界的看法，文化的具体化就是价值观，如同人的行为准则。因此，我们也常说，精益思想是精益文化的基础，精益文化塑造了精益价值观，通过价值观的指导规范员工的行为，并且构建出企业精益管理体系，通过体系的运转实现企业体质的改善、经营结果的达成，实现企业管理的持续进步。

　　一个企业的精益文化来自于企业的具体行为，也影响了今后企业员工行为的选择，而精益价值观会演化出适合企业特点的精益管理体系，用体系推进管理层、团队、个人的日常工作及改进行为，进而实现了企业的效益提升，促进了企业的升级，同时也巩固了精益文化。

　　经过连续5年的精益实践，员工经过精益规范化、标准化和流程化的洗礼，试点供水企业中人员的精益素养显著提高，将精益意识和理念融会贯通到供水生产经营的所有过程和环节已经成为自觉行为。精益管理体系是企业管理的制度、流程、标准的集合，通过体系的运作，企业形成了一个自动循环的机制，让每一名员工在机制运行过程中改变，也就是所谓的"好的管理系统让员工被动成功"。员工的素养改变了，组织就有了精益求精、追求卓越的动力和基础，以精神促改变，以改变促发展，让员工付出智慧和汗水的同时更多地分享到改善带来的成果，从而实现企业、员工的双赢。

　　供水企业为了进一步让精益思想深入人心，在探索实施精益管理系统的同时，越发觉得建设适合供水企业实情、具有供水企业特色的"精益管理文化体系"至关重要。在经历几年的不断摸索和感悟之后，随着公司全员的不断践行和总结，从文化层面上塑造精益管理思想、引导精益管理行为的条件已经成熟，构建精益文化不是一种形式上的倡导行为，而是实实在在地成为了凝聚精益管理团队，推动精益管理工作深入的重要手段。为此，供水企业专门成立小组，以党支部书记作为牵头人，以精益咨询团队为主，并请文化传播公司协助，花费数月时间对以往精益活动梳理，整理基层干部员工的感悟，整理出精益文化的脉络，在业界首次将精益文化瞄准于基层员工，提炼员工所需、所想，明确精益文化的服务对象是基层员工，明确精益文化的形成来自基层员工的活动，让文化更接地气，更具生命力。

第一节　精益文化形成的路径

　　精益文化的发源来自企业管理者的自我追求。精益管理的导入和实施是一项涉及系统整合和流程再造的系统工程。在整合和再造的改革进程中，领导班子的学习和认知至关重要。领导者引导全体员工学习理解精益思想和价值观，主动进行宣传教育，使全体员工更加深入地理解精益精神、精益理念和价值观念，提高了员工的自觉执行力。同时领导班子会督促员工将企业的战略目标分解成自身行为，明确自身定位，将岗位工作与企业目标紧密相连，抛弃传统的旧观念，建立新的学习型组织。

　　精益文化的发展过程是创新思想的传播过程。企业推行精益过程本质是以创新理念引领企业管理提升，在提倡"精益就在身边""人人有精益能力，事事有改善机会"思考方式的同时就是在否定因循守旧的观念，在传播创新思想。同时通过营造精益创新氛围，提供创新改善的平台，让更多人参与并感受创新带来的变化，企业通过《精益管理知识手册》、精益管理宣传展板等形式，让全员掌握精益管理的理念、特点和方法，引导员工"用眼睛发现问题、用大脑思考问题、用双手解决问题"，这些实现了精益创新思想的传递，促进了创新思想在企业内持续传播。

　　精益文化的升华过程本质是企业内沟通和讨论的过程。精益管理通过建立定期交流机制进行充分的内部沟通，比如开展周总结，岗位员工以周工作台账的形式与主管领导进行交流；部门之间通过季度改善会的形式，互相了解工作进度，相互学习过程经验和亮点，通过"资料库"的形式提供相互学习的内容。与此同时，企业内部要开展"微创新"竞赛及创意作品征集活动，通过摄影、小故事、格言、漫画等方法，来深化和强化精益思想对全体员工的渗透，而通过全体员工寻找短板，挖掘看不见的小问题、小缺陷、小隐患，一方面促使改善活动蓬勃开展，另一方面能够总结出精益管理的典型事例、亮点经验，为精益思想注入血肉，为改善文化赋予内涵。

  精益文化的形成需要可持续的管理机制。精益文化要求企业建立人人参与精益、事事能够改善的共识，共识的形成来源于精益管理的机制设计，机制设计固化了精益组织形式。比如项目推进需要领导担任精益管理项目组长，通过课题的形式建立分管领导或部门负责人担任组长、业务骨干为成员的项目攻关组，通过邀请专家专题培训、观看知识讲座、外出交流等形式，强化全员的学习研究，通过开展岗位改善，自下而上地推动员工围绕岗位工作开展改善提升。共识的形成也需要精益管理的推行过程设计，比如通过打造推广样板，总结成功案例，提炼成果，使精益管理看得见、摸得着、用得上。比如通过改善交流会、成果发布会等形式，推广精益成果，评选优秀改善团队，让改善明星上"墙"、使创新故事成"书"、促提案成果见"影"、给改善团队命"名"等措施和奖励，激发员工积极参与精益管理的热情。共识的形成还需要长效机制的建设，包括动力驱动机制、绩效考核奖励机制和成果应用转化机制，这些机制的健全能够持久发挥作用，把共识变成潜意识变成思想，也就形成了强有力的文化。

  总之，精益管理的过程也是企业精神和制度创新的过程，需要使用规则来保障组织执行，这是一个宏观的 PDCA 循环，利用制度制定与执行、检查与持续改进四者间的互动关系来影响员工的基本思维模式和行为准则，提升员工素质，潜移默化地影响员工形成一种习以为常的观念。可见，文化的形成来自于企业的切身体验，有了体悟才会有深刻的认识。公司在探索、实施精益管理的同时，注重建设适合供水行业实情、具有水务特色的"精益文化体系"，初步形成了《水务精益管理价值观体系》，从文化层面上塑造精益管理思想，引导精益管理行为，推动精益管理工作不断深入。

第二节 供水企业精益管理文化体系的三个核心思想

一、以目标驱动，使精益理念更加具体化

员工对精益价值理念的理解和拥护是落实岗位行动的基础，只有让更多的员工明晰改善的目的、方法、好处，他们才能自觉地参与到改善中去。首先，要深化理念，做好全员普及工作。将精益思想融入企业文化建设中，提炼出"一看就能明白，一听就能记住，一想就能认同"的精益管理理念，并通过宣传展板、公司各类会议、党团活动等形式，大力宣传、全员普及。其次，要系统推进，明确目标。将践行精益理念融入企业年度目标管理，贯穿于生产经营的全过程，并形成具体的全员改善活动方案，明确改善的目的意义、重点领域、目标指标、主要措施、职能分工等重要内容。再次，要分层培训，逐步改善员工。从公司、部门、班组多个层面，对精益改善的理论、案例、实操等方面进行解读和辅导，并将精益管理的目标编入季度理论学习计划中，以班前学习会、班组园地等形式，进行广泛的学习和宣传。通过从上至下、由内而外地帮助员工改变思想，为全员行动奠定思想和理论基础。

二、以职责驱动，使精益过程更加全员化

触发和驱动员工改善，使其成为自觉行为，关键还要使员工了解各项工作在哪些方面改进、什么时候改进、谁来改进以及怎样改进。因此，搭建活动平台、明确相应职责就显得尤为重要。一方面要发挥标杆引领作用，组建现场改善团队、精益攻关团队、一线督导团队等"改善先锋队"，发动一批骨干员工先行动起来，学习运用标准作业程序（SOP）、一点课程（OPL）等精益管理方法或工具，建立团队管理等配套机制，带领广大员工有针对性地开展全员性、跨部门的现场改进活动。另一方面，要搭建全员改善平台。合理化建议活动是全体员工参与精益改善的有效途径，其出发点就是要帮助员工

树立持续改进的习惯，在工作中赋予清晰的职责，引导员工去主动思考，自我提出、自我解决，把被采纳的合理化建议实施到位，形成自我改进的工作计划。而对合理化建议的评价更要侧重对员工工作状态与工作绩效带来的改善与提升。

三、以激励驱动，使精益管理更加长效化

要使精益管理真正持久地产生成效，就必须做好激励，保护员工的积极性、主动性、创造性，使员工感受到在参与改善的过程中，个人价值得到体现、职业生涯得以发展。因此，精益文化的建设需要与人力资源管理密切结合，一是要与各类先进评选相结合。要将员工在精益改善中的表现作为企业评选先进工作者、五好职工等常规评选的依据之一，在评价的科学性、系统性上作进一步的梳理，明确评价标准，要注重优秀合理化建议等专项评比，进一步加大激励力度。二是要与岗位绩效评价相挂钩。为满足员工深层次的成长需求，探索设计员工个人的成长积分模型，包括员工在精益活动中的改善内容、改善成效等，并将积分结果与员工的岗位绩效评价、岗位培养、岗位竞聘相挂钩，真正发挥改善活动发现和培养人才的作用。精益管理本质是支持精益的人才培养，让更多的员工了解精益、参与精益，通过精益活动获得工作的价值感，就会带来更多的精益支持者，这是精益持续推进的源泉，企业中坚持精益思想的人增多，意味着企业精益活动更加充满活力，正如《中庸》中所说"人存则政举，人亡则政息"。

第三节 供水企业精益文化的具体内容

精益文化是企业在精益管理的实践中总结、提炼，通过大量的改善、鼓励、反思等行动形成的"共识规则"。这些共识成为精益活动自然而然的思考原则，无须表述宣讲，也无须建章立制，是企业精益长期坚持的重要思想财富。同时，文化是塑造良好的企业品牌形象，建立优秀的企业社会信誉的基础。从这个意义上说，文化也是一种生产力。下面介绍一下供水企业精益文

化体系。

一、供水企业精益价值观

坚持，是精益管理文化的核心。不松懈的韧劲是成功推行精益管理的秘诀。只有恒定的坚持才能结出精益的果实。

实干，是精益管理文化的关键。精益是干出来的，成果是拼出来的。只有贴近岗位、结合流程的精益，才能闪耀价值的光芒。

责任心，是精益管理文化的源泉。脱离了责任心，精益就是无源之水。精益要求每个人怀揣强烈的责任感，对企业负责、对岗位负责、对社会负责、对自己负责。

突破旧我，是精益管理文化的灵魂。精益的本质是变革，是对旧我说不。创新最难的不是创造新的模式，而是要从旧的模式中走出来。精益要求我们勇于告别旧我，敢于突破。供水企业精益价值观如图9-1所示。

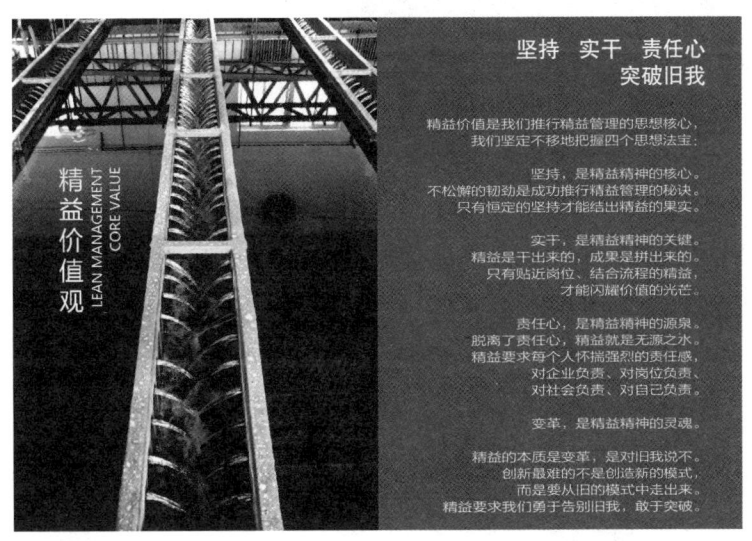

图 9-1　供水企业精益价值观

二、精益使命

持续改进，增效能；

优化习惯，提升人；

供应好水，济民生。

供水企业推进精益管理肩负三大使命：

• 用精益管理，为企业提质增效；用持续改进，实现"向管理要效益"。

• 用精益管理，塑造良好的职业素养和习惯，提升员工岗位能力水平，实现"打造一流精益团队"的目标。

• 用精益管理，保障生产运行，保障民生需要，确保万无一失，确保"让政府放心，让百姓满意"。

精益使命如图9-2所示。

图9-2 精益使命

三、精益愿景

打造有价值的精益新工匠；

树立高水准的行业新标杆。

企业因有梦想而伟大，团队因有追求而成长。

坚持精益管理战略的目的是：

千锤百炼造就精益水业；

精雕细刻传承工匠精神；

不断突破和挑战自我，将企业锻造成行业新标杆，将员工锻造成精益新工匠；

每天进步一小步，永不止步。

精益愿景如图9-3所示。

图9-3　精益愿景

四、精益思想

常言道，三思而后行；只有树立了正确的思想、思路、思维，才能付诸正确的行动，收获有价值的成果。

每一次战略部署都要深思熟虑；每一个环节末梢都要仔细思考。

用思想指导行动，用文化引领未来。

精益是什么？

通过持续改进措施，识别和消除生产管理中的浪费和非增值作业型的系统，本质是"变革"，原则是"提质增效，持续改善"。

精益为什么？

为企业"管理再造，提质增效"；

为员工"提升能力,收获价值";

为社会"保障高质高效制水,服务百姓民生需求"。

精益做什么?

环境改善,提升素质,改变观念;

融合资源,升级管理,更新知识。

精益思想如图9-4所示。

图 9-4　精益思想

五、精益思维

永恒的变革,不变的持续。

变与不变在精益思维中是辩证的。

变革与持续是精益的两大思维支柱。

变的是观念,是创造,是创新,不断地否定旧我,突破超越,每天进步一点;不变的是热情,是坚持,是不断自我创新的工作意识、工作状态和工作方法。

精益思维如图9-5所示。

| 第九章 | 精益管理文化及价值观体系 ■

图 9-5　精益思维

六、精益方法

通过开展精益管理项目，在集团、本供水企业、天津大学通力合作下，积极探索，不断实践，打造出水务特色的精益方式方法。

在实干中积累经验，收获成果。组织并开展了：合理化建议活动，一点经验、一点课题、一点培训活动，特色主题季活动，6S 标准化活动，二级预案活动，定岗定编活动等等，用行动看成果，用实干做精益。

精益方法如图 9-6 所示。

图 9-6　精益方法

七、精益行动

踏实修炼，工匠真功，三个一点，固化于行：通过一点课程、一点经验、一点案例主题活动，深化精益成果。

文化引领，战略拉动，全员参与，机制保证：通过思想引导、文化引导，保证全员任职，从人的能动性上推动精益变革进程。

责任下沉，管控到位，横班组合，精炼多能：通过横班建设，加大管理赋能，培养多能型全能型员工。

杜绝随意，优化流程，训练有素，师徒传承：通过师带徒活动和流程优化活动，实现工作标准化，经验图像化。

勇于创新，思路迸发，节能降耗，水质过硬：通过"新思路、新方法、新模式"再造生产管理流程，提升绩效。

人人担责，持续改善，实研课题，问题破冰：通过课题活动，持续改善生产中的难题，为企业创造实际效益。精益行动如图 9-7 所示。

图 9-7　精益行动

领导率先，披挂上阵，中层带头，立标先行：领导干部带头，党员先锋示范，立标杆，创试点。

日日精益，注重效益，全面预算，科学梳理：通过全面预算工作推进，实现精打细算科学分配企业资源，向管理要效益。

统一看板，透明直观，防呆防错，应急防范：通过生产管理数字化、现场管理透明化，实现操作简单、流程直观、合理高效的效果。

规避风险，铲除隐患，安全运行，整体提升：通过二级预案设立和演练，规避风险，消灭隐患，确保安全制水，高效平稳运行。

一日四查，滴水石穿，限期整改，快速保障：通过严格检查，严格考核，巩固精益成果，防止倒退，稳步前进。

合建共改，高效互赖，6S 覆盖，激浊扬清：通过 6S 活动，全方位无死角覆盖，练好扎实的基本功，现场管理常态化。

精益 6S 活动如图 9-8 所示。

图 9-8　精益 6S 活动

八、精益人才

工匠精神，精益团队：人是一切管理工作的核心，提升人的素养，关注人的成长，是供水企业精益工作的重中之重。数十年历史积淀出的优良传统，中外标杆互学互鉴的管理经验，为人才团队打下坚实的基础，这是精益管理工作的最宝贵财富。传统与创新的碰撞，经验与变革的交融，汇合出供水企业独有的精益"新工匠"精神和精益团队风貌。工匠精神如图9-9所示。

精益新工匠：精益塑造了一群技艺精湛的人，追求极致的人，专业专注的人，持续改善的人。供水企业员工平均年龄在40岁以上，部分设备有20多年的历史，正是这种精益新工匠精神，让老员工拥有新思维，让老设备保持新活力，让老企业焕发新光彩。也正是这种精神，使大批优秀的团队、班组、个人在精益工作中涌现出来，获得了集团、本市，乃至全国的荣誉。精益新工匠如图9-10所示。

第九章 精益管理文化及价值观体系

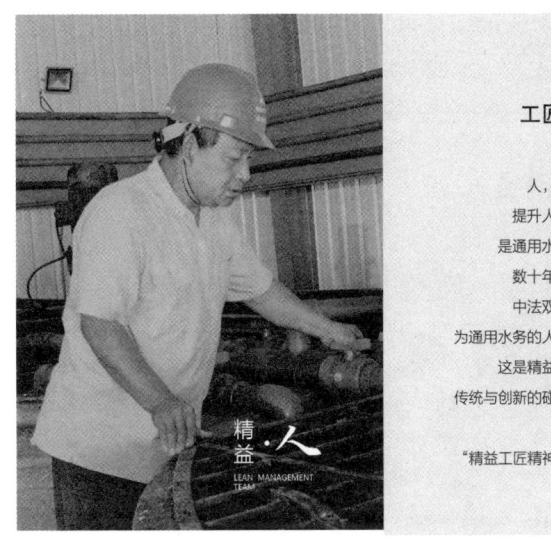

图 9-9　工匠精神

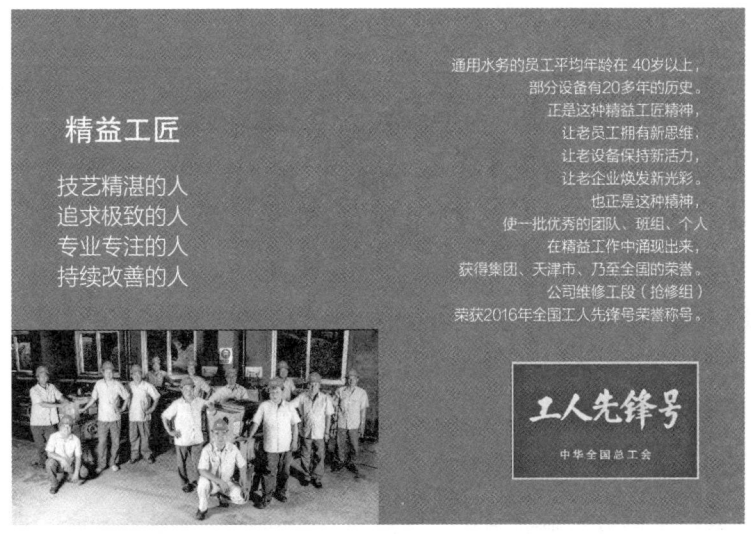

图 9-10　精益新工匠

精益团队，精益人：精益的事天天做，就是专家，创造的事用心做，就有价值；把岗位当作舞台，把同事当作老师，把任务当作作品，把改善当成习惯。精益团队如图 9-11 所示。

图 9-11　精益团队

九、精益成果

成果一：全面覆盖，逐步深入，贴近岗位，持续提升。通过数年的持续推进，实现了供水企业精益管理工作由浅入深、由被动到主动的转变，取得了丰硕的成果。实现了岗位有亮点，专业有提升，人生有创造，生命有价值，工作有意义，职业有乐趣，团队有信任，同事有尊重，企业有效益，社会有贡献。精益成果之一如图 9-12 所示。

成果二：无死角，6S 实现了全区域覆盖，做到无死角；无白丁，精益人人了解，精益事事结合，实现了全员的主动转变；无盲区，生产现场、运行流程、管理制度都有精益的身影；无真空，日常工作持续改善，管理链条无缝衔接，从运动式向常态化转变。精益成果之二如图 9-13 所示。

第九章 精益管理文化及价值观体系

图 9-12 精益成果之一

图 9-13 精益成果之二

十、精益未来

未来要实现全员参与、全员改善、全面覆盖、全线提升、全面精益。在未来三年要实现以下目标：固化现有精益成果，打造行业标杆；完善水厂管理机制和系统，固化落地；完善企业精益人才梯队建设，形成企业内部精益专家团队；总结提炼精益管理运营体系，成为行业参考经验。精益未来如图9-14所示。

图9-14 精益未来

该供水企业连续7年推进精益管理，把管理变革活动从行动变成习惯，从习惯上升为文化，这种变化是自然而然的，是对精益这种科学、持续的管理模式的认可，以及追求企业持续进步精益求精的全体共识。该供水企业坚持推行精益管理、完善精益文化，力求通过不懈努力探索一条适合水行业的精益管理之路。让企业更具活力，让员工更有价值，让制水过程更安全高效，让政府放心社会满意，让所有利益相关方实现共赢。

第十章 课题管理

第一节 课题管理简介

课题管理是推进精益管理的重要步骤之一。它既能针对性地解决企业管理中存在的问题,又能切实改善全体员工的素养、增强企业凝聚力。

企业实施的精益改善活动内容丰富多样。既有一线员工参与的提案改善,也有以班组为主体的 TPM 活动或者 QC 活动,也有以部门为主体的课题改善,还有以工厂为单位的创新活动。各种改善活动参与的对象不同、组织方式不同,但都是实现精益"全员参与"的重要手段。在这些改善活动中,最能实现全员参与和取得有形效果的改善形式是课题。课题的本质是团队攻关难题,通常选择企业运营过程中的难点和重大改善机会,通过跨部门小组形成共同的改善目标,集体研究,形成方案,执行对策,直至达到目标。课题改善常常伴随着企业管理或者技术的重大进步,同时给企业带来丰厚的有形效果,节约资金创造利润。其深远作用还在于通过解决问题,锻炼了队伍,培养了人才,强化了企业凝聚力。

课题的来源较为广泛,我们可将其分成四大类:第一类是客户要求整改的问题,比如客户投诉、客户提出了技术或者成本的改进意见,这类问题覆盖面大,难度也大,一般需要跨部门形成团队来完成;第二类是实现目标过程中需要解决的问题,比如目标很有挑战性,需要跨越一些障碍,就可以确定为课题,有的是公司在确定战略时制定的公司的年度任务,并将任务做了分解;第三类是企业在运营过程中暴露了某些顽疾问题,长时间没有解决;第四类是职能或者后勤部门围绕自己服务提升,需要做的重要工作。第一、第三、第四类课题较为容易理解,第二类课题是怎么回事呢?因为企业每年会制定提升的目标,目标的制定要有挑战性,采用"跳起来摸得着"的原则。在这种情况下,为了实现目标就必须找到达成目标的约束条件或者说瓶颈,并以此作为课题的来源,通过课题的解决最终带来目标的实现。换句话说,目标的达成是由课题改善作为支撑的,两者的具体关系如图10-1所示。

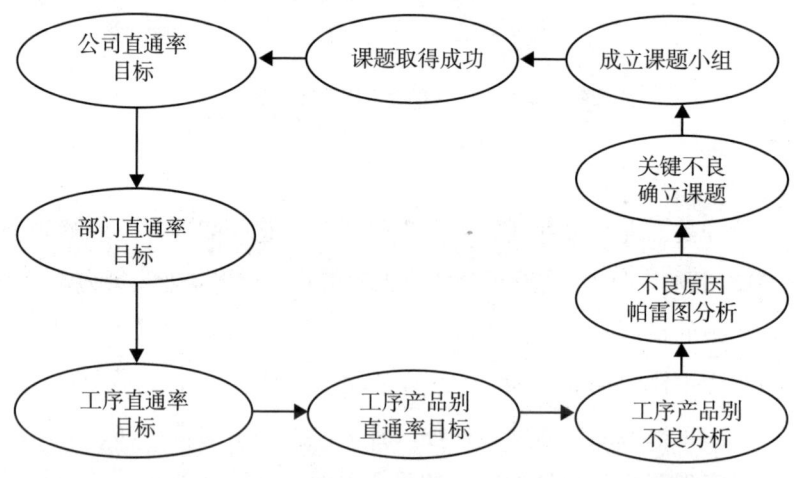

图 10-1 课题管理

课题改善有如下几个特点:

首先是选题的严肃性。课题是企业的重点改善活动,课题本身通常是企业关注的内容,课题改善需要企业投入相关资源,课题成员常常是企业骨干,企业的资源是有限的,好钢要用到刀刃上。因此,课题选题必须是企业重点关键问题,要么是重复发生的影响业绩的问题,要么是实现目标的约束瓶颈。为了保证选题的准确,要对各单位提报的课题进行选题评审,剔除当前没有必要投入精力解决的问题,评估企业可以投入的资源量及可支撑的课题总量,保留的课题通过登录的方式在企业内进行备案。

其次是接题的团队性。承接课题任务的是企业的跨职能团队,这是课题的特色之一。制造型企业通常是直线型组织，上级对下级进行直接管控，这种组织形式通常带来管理壁垒问题，也就是 B 部门对于 A 部门的工作漠不关心，导致跨部门的问题扯不清、理不清。顽疾问题常常是需要跨部门解决的问题，因此，课题选定后需要指定跨部门的解决团队成员，通过指定不同部门的成员加入团队，就形成了矩阵型组织。在日常工作上，上级赋予了管理控制的权利，但是在这个课题需要解决的范围内，课题组长被赋予了管理调度的权利。以这样的形式建立跨部门团队常常能够快速解决长期困扰企业的问题，取得令人诧异的成绩。

再次是解题的逻辑性。课题的解决不是即兴的或者需要某个人灵机一闪，而是需要课题小组按照课题的规范步骤执行并完成。课题的解决思路概括起来就是 PDCA，也就是计划—执行—检查—纠正。可将它们再细分成八个步骤，分别是：P 阶段分为明确问题、分解问题、设定目标、把握真因、制定对策五个步骤，D 阶段为贯彻实施对策，C 阶段为评价过程和结果，D 阶段为巩固成果。C 阶段如果发现预设的解决问题的目标没有实现，将要重新进行 PDC 循环，直到目标实现为止。这八个步骤的反复循环是课题解决的标准做法。它脱胎自质量专家戴明博士长期对于质量问题解决的观察，来自于丰田长期进行改善实践的总结。能让每一个普通的参与课题的成员都快速掌握解决问题的方法，具备循序渐进从根源上消灭问题的能力。

最后是结题的激励性。课题不同于提案改善或者合理化建议，提案改善通常都是员工一点一滴的改善成果，而课题往往是由详细的数据分析、数量众多的改善对策所构成，所以，课题凝聚的员工智慧越多，为企业经营做的贡献越大。需要在课题结束后进行财务效果的核算，确定课题所做出的贡献。由于课题工作都是课题成员本职工作之外的额外付出，因此需要进行一些额外的激励，通常采用提成的方式。比如该课题给企业每年节省了 1 万元，企业给课题成员进行总额 100 元或者 50 元的奖励，通过这个方式来激励课题成员持续地参与课题活动。

企业中以课题形式发起的改善活动效果显著，立竿见影，但是各单位同时启动课题活动就会造成课题数量较多，一旦课题数量形成了规模，就意味着企业必须进行重点管理，以实现较高的课题完成率，防止出现滥竽充数、良莠不齐的情况。

  课题的管理包括企业将课题进行归类，如效率类、质量类、成本类等等，并按照课题类别建立课题指导委员会，将企业内的高级管理者和专项改善的专家组织起来。对于难以推动的课题进行指导或帮助，并定期组织优秀课题进行发表分享，激励后进，推广经验。同时，企业内应建立课题的管理岗位，对公司关注的重点课题进度进行点检，防止课题小组懈怠，调研分析和对策不够严谨，不能按照标准步骤执行，导致课题不能达成目标。这些课题管理活动是对整体企业课题的推进，是精益管理体系中的重要部分。

第二节　供水企业课题管理活动介绍

  在这里，我们仍以某供水企业为例，分析课题管理活动是如何开展的。

  推动精益管理是个系统工程，需要循序渐进地构建参与文化，让员工通过精益活动体会到改善带给自身的积极变化，而这种良性的反馈将会促使员工更加积极地参与其中，因此改善的深入是渐进的。如前所述，供水企业课题改善的启动晚于合理化建议活动的启动，前期的小改小革过程必不可少，但这个阶段活动不能解决企业的重大问题，本质是改变员工思维，为后续改善奠定基础，实现破冰。完成了现场5S和合理化建议活动之后，精益管理获得了全体员工的认可，在此基础上，精益团队开始了精益课题活动，借助课题这种解决问题的利器，帮助该供水企业找到了攻坚破难的突破口。

  为此，精益小组和领导班子共同确立了"解决难题，整体提升"的口号，围绕"技术改进、能源优化、管理提升、健康安全"等方面，陆续开展了四批精益课题。每批课题甄选出10个左右亟待解决的问题，设定时限，确立目标，建立跨职能课题组。课题的选题来源于日常工作中的薄弱环节和企业长期技术规划，里面既有二级预案建立、新药剂投加、预防性维护、平流排泥车改造、30万吨中试模型操作标准化等新技术的应用，又有污泥节药节电的能源优化，还有横班设计、全面预算管理、生产施工管理等管理水平的提高。实践证明，课题的确立和实施极大地提高了企业管理水平，为现在乃至以后的安全、高效、无异常运营提供了管理和技术的保障。

在国有企业开展精益课题活动有一个客观的规律,即第一批课题是个新鲜事物,往往大家处在观望状态,响应度不高,甚至课题小组成员的参与度都不高。这个阶段最困难,需要与企业高层管理者一起坚决推动。在第一批课题结束后,员工会发现课题真正地解决了企业问题,而且课题参与者的价值得到了企业的承认,也包括承诺奖金的兑现,这时确立和推动第二批课题就会变得很容易。课题小组成员会踊跃而自觉地开展工作,课题就会进入良性循环的系统。

在供水企业开展第一批课题的过程是相对困难的。为了让管理干部和骨干员工重视课题改善,精益小组特意组织了课题任务授予大会,邀请集团领导进行任务书的授予,强化了该项工作的严肃性和关注度。课题选题都是企业高层关心的或者长期以来困扰大家的问题,但是第一批课题的进展较慢。为了帮助大家解决课题中的问题,精益小组的各位老师和领导一同组织大家现场调研、集中讨论、组织对策。我们清晰地记得,当时为了节约在线监测长流水的水量(为了确保制水过程100%合格,在每个环节设计了在线监测点,监测点中需要加入化学试剂,动态测量水质是否合格,因此,需要连续流动,检测后的清水排到污水管网中),在炎热的夏季,课题小组和领导班子在辅导老师带领下,走遍工厂中的每一个管廊、控制间,用量杯和秒表校定了30多个长流水的水龙头,确保用最少的水量进行检测。夏季管廊里蚊子多,这一天的叮咬让大家印象深刻。就是用了这样的方式,精益小组用了一年时间,推动各个课题组完成了第一批课题任务,第一批课题的结项发表、评比表彰、兑现分配工作按部就班地完成了。

而在之后第二批、第三批、第四批课题的确立和推进中,课题成员积极参与、主动作为、反复论证,基本根据整体目标和阶段性工作计划按步实施。运用精益的方法和工具进行试验设计,建立模型推导,逐步将理论成果转化为有形效益,取得了显著的成效,获得了巨大的经济收益。大家积极性高涨,课题成了公司骨干展现自我能力的平台,成了各部门间相互交流的渠道。通过开展课题管理,该供水企业的内部沟通、工作习惯、价值导向不知不觉地发生了深刻的变化。

第三节 第一批课题活动介绍

第一批课题确定了节水节电、配碱优化、药剂配方改善、办公节约用纸、仓库管理流程改善、二级应急预案的制定、加氯氨合理化、反冲洗节约用水、人员素养的提升等9个课题。具体推进情况及取得效果介绍如下：

一、节水节电课题

在试点供水企业中，水电费占制造成本的50%以上。在该企业运营过程中，大量存在水电浪费。课题立项后，经过多次论证选定了五个突破点，分别是全厂室外闸井检查改造，减少闸井的跑冒滴漏；加药间打碱泵冷却水系统改造，杜绝打碱泵停止工作冷却水浪费；对全厂照明灯进行LED改造，减少照明用电量；维修用电焊机更换改造，加装节能开关；针对工厂内在线监测长流水进行流量标定，减少浪费。

课题组主动担当，逐项完成任务，节水节电课题如表10-1所示。

表 10-1　　　　　　　　节水节电课题

改善主题	改善内容	改造效果
全厂室外闸井检查改造	挑最严重的3个漏水点〔新老送水蒸头管联络闸、泵组之间的联络闸（1~5号有2个）〕进行试点改造	经过调整后漏水量降低为7.61升/分钟，全年漏水量4000吨，全年节约水量16000吨
加药间打碱泵冷却水系统改造	通过对打碱泵控制系统和冲洗管路改造，实现开泵时冷却水自动开启，停泵时冷却水自动关闭	经过改造后耗水量降低为480升/天，全年耗水量降低到153.3吨，全年节约水量3724.8吨
照明节能改造	选取LED型节能灯具进行改造，并选取检验组和滤站休息室为试点。经过改造，电能得到节约，照明效果良好，运行值班人员反映良好	滤站休息室节约电能256W，按照每天开灯10小时计算，每年节省电能256×10×365/1000=934kW·h。检验组节约电能400W，按照每天开灯10小时计算，每年节省电能400×10×365/1000=1460kW·h。两处每年共计节省电能2394kW·h

续表

改善主题	改善内容	改造效果
电焊机更换改造，加装节能开关	将2台电焊机更换为半导体节能型电焊机，并加装节能控制器，实现焊接时导通、不焊接时断开，达到节电效果	预期改造后每台电焊机节能30%左右
长流水管理	公司有25个长流水的水龙头作为水质监测采样点。经与质量安全部反映，质量安全部与集团协商，把集团在滤站设置新滤后水质抽查点取消，将抽查点移至清水库，与公司化验取水共用一个采样点。节省水资源，节省电能	节水5000吨/年 节电10512kW·h

二、二级应急预案课题

集团董事长在参加精益管理启动会时提出，要通过建立二级应急预案从源头到出厂水实现更加可靠的安全管理体系，为此我们在确定课题时加入了二级应急预案。

该课题是运用精益思想中的源头控制方法，通过针对流程中的风险识别，进行潜在失效模式的风险分析和风险解决方法设定的防错体系文件，以实现企业零事故的目标。在前面章节已经详细论述，此处不作赘述。

本课题的推进较为曲折。为了能够系统、完整地建立二级应急预案，一开始就确立了运用失效模式分析的方式，但是课题小组成员在对于这种方法的可行性上存在较大分歧。我们一共花费了两个月时间进行思路讲解和工具方法的培训，最终勉强说服大家按照这个思路推进。实施的过程中也是磕磕绊绊的。由于咨询团队对于供水企业不熟悉，供水企业的课题小组对于工具方法不熟悉，导致配合上不能合拍。尤其课题需要所有部门共同参与，论证过程中不断发现新的失控环节和风险。在描绘过程流程、识别环节风险、评判风险度过程中，几次中断几次推倒重来。幸好领导班子一直给予高度信任，上级部门一直倾力支持才克服了难关。

通过整整一年时间的推进，双方都付出了相当大的心血，最终完成并落地实施了二级应急预案。二级应急预案在一级应急预案的基础上，进一步细化事前预防、事中反应和标准操作。在操作层面上注重实操性和预防性，从宏观着眼微观入手，建立生产全流程的《供水安全二级应急预案》手册，对于水厂各类突发异常事件的及时处置和预防发生建立一系列的执行标准，与一级应急预案相辅相成，形成完整供水突发事件应急预案体系。

三、配碱优化课题

三氯化铁混合液是制水过程中水质净化的重要药剂，也是全年365天不间断投加的药剂。混合液药剂费用占水处理药剂总费用40%左右，所以混合液配制的好坏，不仅关系到出厂水水质的好坏，也关系到生产成本的高低。同时三氯化铁混合液作为主要助凝剂之一，具有低成本高可靠性的特点，但却常常得不到广泛使用，仅仅作为少数企业特有的净水手段。不能推广的主要原因是泡花碱的配置过程较为复杂，原料配置要求精度高，一旦出现配置比例失控就会整批次报废。最稳妥的方法就是采用更加稳定但是成本更高的铝盐。

试点企业前期采用的净水剂就是泡花碱，由于配置困难，企业正在考虑用铝盐来替代泡花碱，而若是能将泡花碱的配置过程标准化，对于供水企业降低制水成本将是非常有利的。因此，在第一批课题选题时，公司领导提出将泡花碱的最佳配置比例和配制方法标准化作为课题，简称为配碱优化课题。

配碱优化课题由工艺、质量、生产单位的骨干管理人员组成，目标是通过对比不同浓度、不同总碱度的泡花碱的凝胶试验和混凝工艺试验，确定生产中所需碱液最佳配制浓度和总碱度，找到最优的泡花碱配方，厘清助凝剂的效果与碱度的关系，形成碱与三氯化铁混合液标准化配制方法。通过改善配制方法，提高水质降低药剂成本，同时可为集团内部横向交流作数据储备。

经过近半年的推进，课题实施情况如表10-2所示。

表 10-2　　　　　　　　　　　配碱优化课题

主要内容	取得成果
1. 针对碱液总碱度与凝固点关系的问题点，进行了恒温同浓度不同碱度碱液的凝胶试验，试验过程中对碱液的变化情况进行观察记录 2. 针对碱液浓度与凝固点关系的问题点，进行了恒温同碱度不同浓度碱液的凝胶试验，试验过程中对碱液的变化情况进行观察记录 3. 针对碱液与三氯化铁混合后混合液凝固点的变化情况的问题点，进行混合液凝胶试验 4. 用以上系列实验得出结论，配制的混合液进行混凝效果实验，用以验证试验结论的正确性	通过实验得出降低碱度可以节省药剂成本，并得出较为合理的配制碱度。这一配置碱度与原来碱度相比每天可以节省 770 元，全年节省 28 万元

四、药剂配方改善课题

在供水企业的日常生产中，要进行多种药剂的投加，药剂成本是自来水生产成本的主要组成部分。各种药剂的功能不同，投加比例不同，交互作用和影响也不同。在供水行业中各个不同的企业采用了不同的药剂组合，药剂组合既是针对不同条件下的源水水质特点，也是代表了不同企业对药剂组合的特性的理解。因此，筛选和研究药剂组合对各种水质净化的影响，以及在同等质量水平下，选择成本最低的药剂组合是当前供水行业的重要课题。

该课题运用 DOE 实验设计的思想，利用水厂中试车间，找到各水质期的最优、最经济药剂投加组合及其投量，以便指导水厂的药剂投加，达到生产上的最合理、最经济运行。该课题取得的效果如表 10-3 所示。

表 10-3　　　　　　　　　　药剂配方改善课题

取得效果	下一步计划
1. 将中试系统改造完毕 2. 进行两阶段的试验，首先对铝盐、铁盐药剂联合投加方式进行了验证。其次对两种药剂单独作用做了比对试验。通过试验发现，改造后铝盐、铁盐药剂较单独使用有较为明显的协同作用 3. 在两种药剂单独投加中，发现达到同等出水水质情况下，铁盐药剂投量要少于铝盐药剂。此外铝盐药剂与铁盐药剂所形成的絮体在性质上也存在一定的差异，即铁盐药剂更加密实，铝盐药剂更加松散、质轻。同时铁盐药剂较铝盐药剂更加经济 4. 得出结论，虽然铁铝联合投加对于水质有一定的作用，但是综合考虑出水水质与经济指标，单独投加铁盐药剂完全可以在保证出水水质达标的情况下更加经济，成本更低	此次实验设备被闲置的时间较长，重新恢复，并按照公司实际改造时间较长，同时设备自动化系统出现了一些故障。此外，也根据实验结果对设备进行了改造。以上种种都缩短了实验持续的时间。所以，建议如有可能，可以利用此套设备在公司进行长时间的运行，并同时找出全年不同水质期内设备出水与水厂生产出水之间的关系，从而使其结果更有指导意义

五、办公用纸节约课题

办公用纸节约课题确立的真实目的是消除办公过程中的浪费。企业办公过程中有许多非增值环节，通常以文件的形式出现，许多非增值活动就是在纸张传递的掩护下发生的。

课题小组针对节纸课题具体工作进展表现在以下几个方面：

1. 电子签名

通过《加班申请表》在"国庆节"加班申请工作中进行试运行，在精益小组的协助和维护部IT管理员的支持下，完成了公司各部门组长、主管人员和部门主任电子签名的制作，电子签名软件的安装及电子签名流程的专项培训工作，使电子签名工作在试点供水企业办公管理上取得了突破性进展。不仅使各部室管理人员在电子化办公方面接触到了较为新鲜、便捷的管理方法，更是为今后节纸、提高工作效率起到了一定的促进作用。课题小组还整理归纳了其他13个管理记录在往后的日常管理工作中实施电子签名流程，以提高工作效率，减少非增值环节。

2. 外部胶印记录表格

课题小组将各部门/班组办公用纸领用量、打印用途进行了统计分析,并与各部门进行了再次沟通确认,最终确定了 23 个管理记录表格实施外部胶印;胶印后的管理记录及时地发送至各部门及班组,并规范使用方法。通过邮件向各部门/班组发布了胶印记录明细及使用要求,并将外部胶印记录统计上报至质量安全部。课题小组落实对网盘管理体系相关记录表格进行及时更新,确保管理记录版本的有效性。

3. 循环纸盒的使用

在精益小组和课题小组的共同推动下,完成了公司全部部室班组的废、错纸张循环利用工作,做到统一收集,统一再利用,统一收集容器。课题小组制定了节纸环保标识,对打印、复印文档制定了标准,对于废/错纸张循环利用收集盒统一配发,并张贴宣传海报,使各部室人员在日常工作中能随时随地看到并做到节纸环保,以点带面提高公司整体节约和环保意识。

4. 用纸管理制度的落实

为规范公司办公用纸管理,按照课题要求,课题小组在精益团队的协助下,制定了《办公文件管理记录打印、复印发放管理试行办法》《公司办公用纸成本费用管理试行办法》《打印、复印标准》《电子签名流程》,召开了各项节纸管理办法和打、复印标准的讨论确认会,并通过公司的局域网进行了发布试运行,以确保公司办公用纸的规范性管理。

同时,课题小组人员按照节纸课题的思路和方法,拓展公司办公用品的管控,将各部门领用的频次、数量和费用等方面进行统计、分类分析,通过精益的方法分解和制定出各类办公用品的管控方法,以提高公司办公费用的合理性和规范性,从而做到公司办公用品的精益化管理。

通过文件/记录双面打印/复印、废(错)纸张循环再利用、公司内部用纸页面标准化、电子签名等改善措施,减少了非增值环节,公司纸张节约了 50%左右。

六、仓库管理流程改善课题

在供水企业中,原材料及备件仓库是集中保存备件和原材料的场所,是重要的物资管理部门。但是，由于长期遵循旧的管理传统，导致仓库管理效率低下，用工多，账目多，管理水平落后，存在较大浪费。具体有以下五个方面：

一是填写的单据有领料单、入库单、退库单、采购申请单等，单据重复填写存在浪费。

二是录入电脑电子账、录入仓库的 GAMA 系统以及制作手工账，库管员要做三次重复工作。

三是仓库中呆滞材料积压严重，由于缺少废料报废制度，一直存放于库房中，保管成本极高。

四是各班组存在很严重的二级库房问题，公司材料及备件管理存在明显漏洞。

五是临时性采购申请非常多，平均每天有 0.8 条临时性采购申请。

本课题利用流程图分析法和价值流分析法对仓库管理流程进行分析，找出非增值环节并进行改善。同时，引入新的库存管理系统，采用条形码录入模式实现准确快速录入。通过一年多的努力，实现了库房翻天覆地的变化，具体实施情况如表 10-4 所示。

表 10-4　　　　　　　　仓库管理流程改善课题

课题内容	取得效果
1. 分析仓库的非增值环节，引入仓库管理软件并对其进行试验。该软件的使用减少了大量因手工入账带来的时间浪费、提高了效率，并提高了出入库和盘点工作的准确性，方便了与财务部的对接工作 2. 针对管理制度上的问题，库房组完善了《物资入库制度》《物资发放制度》《物资退库制度》，加强了材料的日常管理工作，简化了领退料程序，方便了各部门工作。同时退库制度的实施，减少了班组的二级库库存 3. 改变采购模式，持续改善 4. 库房办公区与库区环境进行了改善，使材料库焕然一新；设备库也在公司各部门同事的共同努力下，进行了彻底清理，消除了常年存在的死角	库存降低了 30%以上，资金占用降低了 50%以上。同时采用条形码录入模式实现了快速准确的录入

七、加氯氨合理化课题

试点供水企业以前采取的是加氨点后移,使用的是正压加氨设备。由于运行人员对设备、投加技术的认识和理解不充分,造成当前氯氨投加比例失衡,直接影响出厂余氯、氨氮、细菌、大肠菌等指标,其内控合格率较低,同时由于投加不合理造成潜在安全风险,也造成了相当比例的氯氨浪费,改善空间较大。为此,精益小组确立了氯氨投加标准化课题,旨在提高出厂氨氮的内控制指标合格率,将其合格率从不足50%提升到90%以上;对于正压加氨设备、投加技术全面分析掌握;在保证消毒效果的前提下,合理控制氨气投量。

通过现场调研,课题小组发现加氯加氨标准化课题面临诸多瓶颈,比如氯、氨是危险品,不能进行多频次的试验,且由于设备所限无法进行细致观察,所有改进方向都必须依靠粗放分析和经验分析。经过项目团队研究确立了现场实验验证的方法,增加了在线监测的仪表,突破了课题瓶颈,完成了如下改善内容:

1. 在线氨氮仪

通过购买在线氨氮仪,完成了安装、使用、校对与曲线分析。

2. 加氨投加系统改造

对远程投加设备进行安装,与监控系统连接,建立加氨监控系统,自动投加编程试验,加氨监控系统曲线分析总结。

3. 流速仪的使用

流速仪的使用包括流速仪校正实验及校正误差报告,滤前来水渠流量测定及其分析,滤后堰口井流量测定及其分析总结。

4. 对正压投加设备的改造

正压加氨系统堵塞的改造(包括加装水罐、电热带、保温措施);1#、2#清水库加氨管路改造;加氨投点管道铺设改造。

5. 开展对影响加氨投加因素的实验及改进方案

此部分工作主要为开停泵与滤水闸动作时间实验记录及影响投氨分析;氯氨调整时间与仪表检测显示时间记录;堰口井标高测量;加氨点氯氨混合

时间实验；pH 值对氯氨投加比的影响；温度对氯氨投加比的影响；反冲洗对氨投加的影响；"削峰平谷"方案等等。

6. 开展节约投加药剂的试验

主要针对氯氨切换器压力调整，进行节约氯氨药剂和安全投加方面的试验，建立最佳投加方法。

7. 开展培训资料收集整理

收集整理氯氨设备及投加规范等要求，制定标准文件，并实施培训。

通过上述改善，从 2014 年 10 月份开始，月度超内控指标不合格时间由 9654 分钟下降到 1304 分钟；以内控指标为标准的合格率由 35% 上升到 92%。全年可以节约液氨使用量约 6 吨，全年节约费用 2.5 万元，同时根据课题研究内容，完成了一篇技术论文《氯氨供气管路积液问题分析与应对》的撰写，在对加氨课题研究过程中完成 15 个 "一点经验"。

八、滤池反冲洗节能改善课题

在制水过程中，原水经过净水药剂处理，水中杂质包括水藻、悬浮物等将会形成絮体，实现了形态上与水分离。这种絮状物和水混合在一起，通过滤池过滤予以分离。滤池过滤是利用池中的滤沙进行絮体过滤，絮状物停留在了滤沙表面，净水通过了滤沙缝隙进入清水库。由于滤沙表面覆盖了絮体，随着絮体量增加会导致滤沙效率的降低，因此，需要对滤池进行反清洗，即清水自下而上经过滤沙将各种沉淀物冲起，并通过特定管道进入污水处理站，这样滤沙就恢复了过滤的功能。

当前供水企业的滤站共计使用滤池 28 组，每组洗池反冲洗时间是 8 分钟，每次反冲洗的间隔是 12~16 小时，单组反冲洗耗水约 480 立方米。按照滤池运行时间为 12 小时计算，每日耗水量为 26880 立方米。这些反冲洗后的水都需要进入污泥车间进行处理，使用反清洗的清水量越大，进入污泥车间处理的水量就越大，过多地消耗清水属于双倍的浪费。目前，运行部污泥车间处理污泥需要耗电成本为 0.229 元/吨，耗能较大。因此，项目组决定在保障工艺要求的前提下，减少反冲洗时间、减少洗池泵的运行时间，实现节能降耗的目的。本课题具体实施情况如表 10-5 所示。

表 10-5　　　　　　　　　滤池反冲洗节能改善课题

改善内容	改善效果
1. 测定评估滤池负荷 2. 测定滤池穿透深度及洗净程度 3. 测定实际反洗过程中，每分钟洗净状况人工检验、在线仪表反馈，时时监测 4. 持续跟踪滤床结泥状况，视接受程度中止该运行模式	通过了缩短滤池洗池时间的论证，实际按照 6 分钟洗池时间进行运行，目前依然在对滤后水进行监测，效果良好；洗池时间更改为 6 分钟后，28 组滤池每次洗池将会节水约 3360m^3，每日洗池节水约 6720m^3。同时优化了滤池运行，减少了洗池泵开启时间，节水节电

第一批课题本质是做了一次尝试。经过大家的努力，课题大都顺利完成，比如滤池反冲洗时间优化课题实现了反冲洗时长的增减随滤池负荷的变动而调整。每月节省洗池水 169.344 千吨，以每千吨节省 338 元计算，合计为每月节省 57238.27 元。碱和三氯化铁混合液配制标准化确定生产中所需碱液最佳配制浓度和总碱度，形成碱与三氯化铁混合液标准化配制方法。与改善前相比，按日均送水量 32 万吨估算，每年平均节省 14 万元。节水节电管理课题每年平均节省费用约为 11.44 万元等。

第四节　第二批课题活动介绍

第一批课题取得了丰硕的成果，获得了全厂职工的一致肯定，因此供水企业领导班子利用仅有的能够使用的绩效额度，对所有课题按照评价级别进行表彰，这是公司对课题贡献的极大肯定。同时，课题改善活动在各级员工群体中都带来了积极的反响，这些都鼓舞了课题小组以更高的热情投入下一期的改善中去。因此，当公司开始征集第二批课题时，各部门踊跃提报，氛围令人欣喜。

本着"课题缩小，切中要害，解决难题，整体提升"的思路，试点供水企业经过多次讨论，在精益小组辅导下选择了第二批课题，确立了 3 个效率提升类、2个成本降低类、7个管理提升类课题，如表10-6所示。

第二批精益课题的开展，基本由试点供水企业主导，按照整体目标和阶段性工作计划有序推进，运用精益的方法和工具进行分析论证和实践，逐步将理论成果转化为有形效益。

表10-6　　　　　　　　　第二批课题活动

类别	课题
效率提升类	污泥沉淀池刮泥板效能改善
	单向阀与泵组节能效益的最佳化
	办公局域网系统优化
降低成本类	提高能源利用率
	引江水药剂的筛选和处理方法
管理提升类	建立水厂生产运行管理系统
	建立定岗定编管理模式
	提高精益管理的组织活性
	物料管控精细化管理
	建立闸阀精细化管理系统和电动开闸装置
	设备预防性维护的优化
	食堂标准化管理

通过第一批课题的磨合、训练以及示范，第二批课题活动中企业员工展现了很强的主动性和改善能力，令人赞叹。说句题外话，只要机制设计得当，国有企业是能够实现深刻变革的，是能够实施全员改善的。当然了，一个支持精益的坚强的领导班子和一支正向积极的精益核心队伍也是非常重要的。

第二批课题由于执行有序，因此取得了显著成果，具体介绍如下。

一、污泥沉淀池刮泥板效能改善

该课题通过对污泥车间斜管沉淀池刮泥机进行原理分析及效率评估，找到效能存在的不足，设计出升级改造方案，对刮泥机进行性能提升，提高沉淀池出泥效果，使出泥浓度提高25%，达到离心机直接处理的水平。同时，实现上清液浊度达到排放要求，升级改造同时实现了设备故障率降低，节约运行及维护成本。平均用电量降低19%，平均用药量降低44%，节省费用约为19.8万元，其中月均使用药耗量：1吨×2元/吨=2万元，月均降低电耗：1.2万度×0.8元/度=1万元。

二、单向阀与泵组节能效益的最佳化

课题小组通过对送水泵组的水锤进行研究，提出更新10组单向阀以实现降低电耗的目的。原理是通过采用单向阀减少水锤对送水泵组的反冲击，减少以往通过变频泵组加速运转对冲的耗电量。单向阀设计研究周期较长，需要经过反复多次试验和评测，过程中一直未能通过数据验证，直到项目末期论证通过后正式更换。单向阀更换之后运转状态良好，经过课题组现场验收，获得了良好的财务效果。由于送水泵组运行工况与外网需求的水量、水压变化关系很大，故使用仅有的两组运行工况近似的数据进行计算，投入成本为#1~#5号单向阀，设备费为79万元，人工安装费为12万元；#6~#10号单向阀，设备费为63万元，人工安装费为19万元，设备折旧年限为20年，年投入成本为8万元，而两组设备平均节电为$1.4kwh/km^3$，年节电约为15万度，年节省成本为11万元。

三、办公局域网络优化

该课题立项来自企业长期受困扰的顽疾问题。由于种种原因，该试点供水企业的网络速度非常慢，严重影响了职工的工作效率，尤其进行查询资料、对外报送数据、下载上级单位文件等活动时，效率非常低，管理人员经常对网络速度进行投诉。为此，公司专门设立了网络优化课题，力争通过课题的形式，找到问题根源进而解决，提高职工的满意度。

课题小组以IT人员为主，联合相关部门共同发掘问题、研究问题。课题小组设计并发出了计算机使用调查问卷，以了解目前办公局域网终端计算机的现状。通过各个岗位对网络问题进行收集总结，获得了全面的第一手资料进行统计分析，找到了造成职工使用网络满意度低的主要因素。包括访问互联网出口带宽不足；局域网网络用户带宽占用没有限制，造成带宽分配不均

衡；用户计算机 IE 浏览器版本低；计算机终端软硬件系统故障等几个方面的问题。如表 10-7 所示。

表 10-7　　　　　　　　计算机使用情况调查表统计

	比率
【使用本地硬盘和网络硬盘】	
1. 无法打开某些 Office 文档	23.44%
2. 无法打开 K、P、Q、S 网络硬盘的文件	4.69%
3. 无法播放存放在本地硬盘或网络硬盘的视频	18.75%
【使用邮箱】	
4. 无法收到或发送任何电子邮件	4.69%
5. 电子邮件附件太大无法发送出去	42.19%
【使用内部网站】	
6. 无法打开 GAMA、Vector 等威立雅内部网站	4.69%
7. 访问威立雅内部网站时网页打开比较慢	23.44%
8. 无法使用生产信息管理系统填报数据	0.00%
【登录外网网站】	
9. 所有 Internet 外部网站的网页都无法打开	4.69%
10. 部分 Internet 外部网站的网页无法打开	34.38%
11. 互联网网页可以打开，但是打开的速度慢	71.88%
12. 无法播放 Internet 外部网站的视频	17.19%
13. 无法下载 Internet 外部网络文件	37.50%
【计算机系统故障】	
14. 无法正常开机、关机	4.69%
15. 计算机噪声太大	14.06%

找到了问题的症结所在，课题小组分别针对问题逐一采取对策。通过增加网络设备，对终端计算机软硬件的优化，改善网络运行环境，达到系统优化的目的；通过对所有计算机进行软件升级并开展公司办公局域网域迁移工作，实现设备更新，加强了办公网络的安全性，减少了由网络限制带来的工作不便；通过合理的带宽分配以及有效的网络管控，有效监督了员工工作中的上网行为，同时保证了必要的网络使用速度。通过安排专门的计算机清洁

改善了计算机的通风效果，降低计算机设备运行温度，维持正常的计算机运行环境。通过购买上网行为管理设备并投入使用，更好地实现了对 Internet 访问进行控制。通过与网络服务商进行交流，免费提高网络出口带宽，由原来的 2M 升级到 4M。通过对部分配置过低的服务器和计算机终端进行淘汰和更新，改善了办公局域网硬件设备。

上述工作极大地改善了办公环境，提高了员工的工作效率，减少了由网络限制带来的工作不便，提升了员工满意度。同时，延长了电脑的使用寿命，为公司节省成本，有效监督了员工工作中的上网行为，加强了电脑的安全性。

四、提高能源利用率

试点供水企业的设备比较老旧，能耗较高，虽然第一批课题中确立了节水节电项目，也取得了较好的改善效果，但是仍有提升空间。因此，第二批课题中围绕能耗降低再次确立该课题，继续寻找挖掘节能空间，意图是通过使用新型低能耗设备代替老旧高能耗设备以达到提高能源利用率的目的。

课题小组努力寻找公司在能源节约方面的潜能，通过调研、访谈、讨论，确定了大力推广绿色照明、老旧高能耗设备更新改造、提高员工的节能意识等措施。具体来说做了如下改进：

1. 厂区路灯改造项目

更换新型路灯灯杆，提高安全性，同时采用新型 LED 光源，在小幅降低原有功耗的基础上，实现路面照度的大幅度提高；在部分区域，尝试性地安装了太阳能路灯，改善了个别区域照度较低的问题。

2. 产水构筑物内照明改造项目

更换新式灯具，采用 LED 灯管，在降低二分之一光源能耗的前提下，基本维持原有照明度。同时，根据现场条件更新部分老型高能耗金卤灯，安装高亮度 LED 投光灯。

3. 根据冲洗泵组中电机功率匹配情况，进行优化更新，通过购置、安装高效泵组，降低综合能耗

上述工作完成后取得了一定的经济效益，如厂区路灯改造项目，预计年节电 0.4 万元；产水构筑物内照明改造项目，预计年节电 0.6 万元；冲洗泵

组更新项目,预计年节电 4 万元。每年总计平均节省费用约 5 万元。

五、引江水药剂筛选和处理方法

2014 年底南水北调工程即将投入使用,长江水即将作为主要水源进入试点供水企业。为保障水厂切换期间平稳过渡、确保水处理质量可靠,将优质水安全、快速地输送到本市的千家万户,该试点企业特别成立引江水药剂筛选及处理方法专项课题小组。这是一个典型的知识积累型课题。课题小组围绕着基础制水业务活动进行研究,目标是提前做好长江水流域水质的分析,搜集各种水处理药剂,筛选出适合的水处理药剂和水处理方法,确保长江水切换前后的供水安全,并在保证长江水水处理效果的前提下,确定成本较低的混凝药剂和投加量,降低制水成本。

在为期一年的课题改善活动中,课题小组根据不同季节确定了详细的工作计划,包括制订试验方案、混凝药剂收集、采集长江水进行切换前水质分析、模拟实际切换方案比例、进行不同比例配比混凝试验、根据混凝效果和成本分析以确定最佳混凝药剂及投量、对长江水使用过程中出现的各种可能水质状况制定预案等。通过分析试验数据,确定最佳处理方式,为未来实际生产中各种水质难题奠定了基础。

在课题改善过程中,课题小组首先对水源切换至长江水的药剂投加进行了研究,在不同水源配比下进行药剂筛选,共做 59 组工艺试验,积累了 708 个混凝数据。同时建立水质切换过程中的药剂投加实验模型,通过实验数据选定最佳药剂配比,最终确定了 1∶1 的铁碱混合液作为切换药剂。混合液试验过程如表 10-8 所示。

表 10-8　　　　　　　　混合液试验过程

	试验 1		试验 2		试验 3		试验 4		试验 5
水源混合比例	长江水	滦河水	长江水	滦河水	长江水	滦河水	长江水	滦河水	长江水
	20%	80%	40%	60%	60%	40%	80%	20%	100%

续表

	试验1		试验2		试验3		试验4		试验5	
	药剂名称	成本元/km³	药剂名称	成本元/km³	药剂名称	成本元/km³	药剂名称	成本元/km³	药剂名称	成本元/km³
优选药剂及成本对比	1:1铁碱混合液	××	1:1铁碱混合液	××	1:1铁碱混合液	××	1:1铁碱混合液	××	1:1铁碱混合液	××
	聚氯化铝和铁碱混合液	××	聚氯化铝和铁碱混合液	××	聚氯化铝和铁碱混合液	××	聚氯化铝和铁碱混合液	××	聚氯化铝和铁碱混合液	××
选定药剂	1:1铁碱混合液									

为了能够预测长江水在四季变化中的水态,课题小组前后四次现场采集长江水样,进行理化项目分析。共进行了物理、化学分析检测18项,积累了54个有效的理化分析数据,尤其对浊度、氯化物、叶绿素及藻类等变化较大项目进行密切关注,为切换前掌握水质信息提供了准确的数据。同时针对不同水质建立药剂投加的方案并进行了成本对比,为以后此类事故处理提供了准确的对策方案。采样长江水样分析如表10-9所示。

表10-9　　　　采样长江水样分析

原水异常状态	结论总结			
	选定药剂	成本（元/km³）	对比药剂	成本（元/km³）
原水中丝状物进行的药剂筛选	聚氯化铝+三氯化铁	××	聚氯化铝+1:1铁碱混合液	××
低温低浊期药剂筛选	1:1铁碱混合液	××	聚氯化铝+1:1铁碱混合液	××
去除原水中异味,活性炭投量的确定	投加活性炭30mg/L以上,去除嗅味效果明显,低于30mg/L去除嗅味效果不理想。35mg/L以上去嗅味效果与30mg/L效果相差不大			
药剂切换相关试验	硫酸铵	通过投加（瑞田）硫酸铵,对水中余氯、氨氮的衰减试验,可以看出硫酸铵与原有消毒模式氯、氨衰减的情况基本相同		

续表

原水异常状态	结论总结			
	选定药剂	成本 （元/km³）	对比药剂	成本 （元/km³）
	次氯酸钠	用次氯酸钠和液氯进行需氯量反复比对的试验，通过试验数据，最后确定投加次氯酸钠与液氯的消毒效果一致，同时确定次氯酸钠的投加量，运用于正常的生产运行		

备注：对比药剂是指与选定药剂处理效果相当的药剂组合，其他水处理效果不佳的药剂未做成本统计

为了对应长江水可能出现的高藻水质，采集叶绿素较高的滦河水，进行长江水高藻应急处理预案的试验，对比硫酸氢钾、PAM、HCA等药剂的效果。通过对成本以及混凝效果的综合评定，确定 1∶1 铁碱混合液+HCA 为最优选择。

课题小组通过大量实验获取了长江水水质处理信息，确定了不同比例长江水的最佳水处理药剂及投量，为长江水顺利切换奠定基础。在长江水使用过程中，课题小组积极解决一些未知的困难，针对不同水质状况和发生的新问题，不断地增加新的课题内容。调整和制订多种试验方案，并分析试验数据，筛选出适合的水处理药剂和水处理方法，解决了未来实际生产中出现的各种水质难题。课题成果为安全供水提供了准确的科学依据，保证了原水切换前后的供水安全。通过药剂成本分析，降低了产水成本。2014 年净水药剂费 700 余万元，单位成本 57 元/千立方米；2015 年切换长江水后净水药剂费 400 余万元，单位成本 40 元/千立方米。基于长江水水质原因以及课题成本分析的成果，2015 年药剂成本共节约近 300 万元。

六、建立水厂生产管理系统

由于供水企业信息化建设较为迟缓，造成制水过程信息流不畅，各部门间的数据信息不能共享，信息需要重复多次的输入，过程中存在很大的信息冗余，常常出现数据错误。对于制水过程最核心的自控系统，当前使用的生产运行软件以监控和自控为主，相关信息需要人工录入在管理电脑上，对人

工数据采集分析存在盲区。企业没有有效地利用庞大的数据信息，缺乏对数据的专业化处理及分析，不能够对制水过程进行优化决策，或进行整体优化改善。因此，建立水厂生产运行管理系统刻不容缓。

在运行部门申请下，精益办公室确立了水厂生产管理系统课题，建立了跨部门的课题小组。希望通过信息化和管理自动化两方面的改善，帮助水厂实现监控、自控、化验等数据采集监控系统的信息共享。进而通过自带分析功能软件完成相应数据的对比分析，指导生产运行，目标是通过该课题的改善可以构建信息化平台，帮助企业提高技术、管理水平，降低成本，促使自身不断创新，并实现较好的经济效益。

课题从以下几个方面进行了改进：

1. 数据收集

公司统一调查了化验和检验日报、生产运行日报、巡检记录，通过实施记录电子化、信息化，自动生成专项设备、设施档案；对于电力、生产监控数据使用移动硬盘，由专人定期导入管理系统；运行巡更信息和设备点检记录全部实现信息化，统一录入系统。如图 10-2 所示。

数据录入时效考核日报

版本：A

编号：RD-OPD-15　　　　　　　　　　　　　　　　　　　　　　　　NO. 2016-05-24

按日期查询：20160524　查询　（查询格式应为8位数字"YYYYMMDD"，如"20120101"）

<<向前两日　<向前一日　前日　昨日　今日　向后一日>　向后两日>>

所属班组	工单ID
生产运行部（变电站）	4501010199 - 生产运行部 变电站 生产信息录入(1H)

序号	工单ID	工单时间	完成时间	完成人	工单历时	超时标记	备注
1	4501010199	2016-05-24 00:00:00	2016-05-24 00:06:32	电站公共	6:32		
2	4501010199	2016-05-24 01:00:00	2016-05-24 01:02:15	电站公共	2:15		
3	4501010199	2016-05-24 02:00:00	2016-05-24 02:01:45	电站公共	1:45		
4	4501010199	2016-05-24 03:00:00	2016-05-24 03:06:17	电站公共	6:17		
5	4501010199	2016-05-24 04:00:00	2016-05-24 04:01:24	电站公共	1:24		

图 10-2　数据收集

2. 数据分析

通过增加管理系统模块，建立科学筛选数据的方法以及统计分析手段，为操作人员提供分析工具，并可进行标注、下载、上传、存档等功能操作。该信息处理模块对导入的数据进行初步分析，提示哪些数据超出控制指标，属于哪个岗位职权范围，超出控制范围需要填写记录。该模块对数据构建成链式结构，将生产、控制过程组合成有机整体，当一个控制点出现问题需要搜索解决方案设置条件后，其他控制点同时指向事件发生那段时间，体现后续发展数值曲线和相应时间段工作记录；该模块可以对实验数据组织搜索，对于突发事件，来不及进行混凝实验的情况，可以通过内部数据搜索结果、通过输入目前监控数据和一些相关条件，系统自动生成历史实验结果数据。

3. 制水过程管控

通过建立信息化模块，制水过程全部采取无纸化办公。所有生产调整通知、通报等通过信息管理系统下发，并形成档案保存；对录入数据和情况分析等带有规定性要求和警告提示，未能按照规定进行录入，管理系统会自动判断形成报表。管理层通过查看报表，按照规定进行相应处理或督促完成，系统根据情况进行打分，达到全面监控测量运行人员和管理人员的目的；对于制水设备点检巡更和点检记录也进行信息化管理，巡更记录信息化有助于对设备的情况分析，巡更管理日报化有助于管理层对巡更情况的监控测量。同时，设备点检异常信息由点检人通报中控室，中控室确认后电话通知抢修人员或选择使用短信通知厂外人员进行技术支持，确保了维修进度的控制。

4. 构建企业应急管理

通过提升制水过程信息化水平，将水质报警信息录入管理系统，通过管理系统软件以短信方式将报警信息发送相关人员手机，实现快速响应、快速处理；事后对数据进行分析、总结，并记录到系统中，以档案形式保存，为日后此类事件处理提供决策依据。应急管理系统具备以下功能：（1）当应急突发事件发生时，中控室可以通过管理系统发送给使用管理系统人员报警信息，管理系统界面有明显提示和报警声音。（2）应急事件发生后，系统提供应急处理预案、二级预案相关响应流程。（3）全系统事件搜索。

5. 构建成本指标管控模块

通过构建成本模块，系统自动生成统计台账，生成各部门或集团要求的各统计表格。通过对比全年月成本指标，系统自动以班组为单位统计达成情况,让每个岗位了解当前成本控制水平,部门主管可以随时查看各班或个人目标指标完成情况,便于跟进考核。

通过上述系统功能的开发,实现了供水企业工艺管理、水质管理能力的提升。主要有以下几个方面的效果:

1. 节电应用

通过整体大跨度分析电力监控数据,预沉池、平流沉淀池水位和进水泵使用,找出进水泵组使用的节电模式,降低进水电耗。通过分析清水库水位、出厂压力等,找出送水泵组匹配节电模式。通过变频器微调高峰末期高点压力,尽量减少高压时长,达到增加水量、不增电耗,从而节约送水电量。2016年前5个月送水量增加10.99%,而电耗仅比上年同期增加0.03%。

2. 节约氯氨投加剂量应用

根据化验数据和在线监测数据建立氯氨投加关系分析,控制氨氮投加量,来达到减少氯气投量、降低氯氨消耗及稳定水质的目的。2016年前5个月氯耗与上年同期比减少21%。

(3) 过程水质的提升

通过分析监控和采集的叶绿素、总碱度、pH值、浑浊度与药剂投加的关系,建立应对原水变化的药剂投加方案,达到节约药剂稳定水质的目的。2016年一季度在线出厂水质各项合格率均为100%,上年同期余氯为96%,氨氮为84%。

七、建立定岗定编管理模式

由于试点单位具有60多年的历史,属于"老水厂",而在岗150余人,平均年龄48岁,每年均有10人左右的自然减员,正处于"老龄化"。按照现代化水行业标准核算公司仍然处于超员状态,在工作量不减、员工不增加的情况下,定岗定编显得尤为重要。2014年通过与各部门不同级别的面对面的访谈、工作负荷度的测算、工作写实的填报,完成了定岗定编说明书及定岗定编方案初稿。从2014年10月开始,在定岗定编方案的基础上,结合公司人员逐年减少的实际情况,确立课题,成立改善小组推动实施。

课题首先建立了定岗定编的管理模式。对公司岗位进行逐一分析,围绕岗位职责进行定量确定，根据相似度进行定岗，依据工作量进行定编，确定岗位要求，做到岗位精简。岗位与人员科学合理地匹配，提升工作效率，提高员工工作热情，达到了降低人工成本的目的。其次，课题确定了运行横班制实现一线员工缩编。制水过程原有15个班组，班组之间相对独立，工作配合度不高，员工技能较单一。为了提高整体效率，由纵向专业管理变成横向整体管理，培养员工多岗多能，合理地优化人员配置，有效地降低人工成本，同时也便于进行各班之间的绩效考核，最终达到减员增效的目的。再次，公司要进行部门压缩，提升管理效率。单位原共有8个部门，忙闲不均较为严重。有的部门极忙，有的部门极闲。人均饱和度高低不均衡，最低达到20%，高的超过100%。鞭打快牛，整体工作效率低。

在精益小组帮助下，课题小组完成了人力资源优化，对部分人员进行岗位合并；实施制水运行横班制，整合了制水班组和维护班组；逐步优化了单位组织架构，将人力资源部与办公室合并成立综合办公室；将质量安全部与采购部合并成立安全采购部；将库房组与采购组合并，保留健康安全管理及原采购部职能；将质量安全部负责的化验组与检验组合并归运行部负责；更新人员及架构信息，进行岗位任职要求及备忘录的修订。

运行部实施横班制所做的工作是：6月运行班组长进行班组轮换；7月以净水组为试点，对员工技能进行识别，对班组成员进行搭配，进行师带徒培养；11月整合维修班组，编制调整方案，发布自愿报名通知，组织召开竞聘，公布竞聘结果，进行组织架构调整，更新人员及架构信息，修改岗位任职要求及备忘录。自2014年10月至2015年底共有30名员工进行了公司内部的岗位变动。2016年3月召开第二批后备人才总结表彰会，同时启动第三批后备人才培养计划，培养一岗多能的综合技能人才，同时通过一对一的专项培养，使部分工作岗位调整的人员和担任重点岗位的人员尽快成为骨干力量。2016年4月对运行班组进行定员分析，并进行岗位及人员的综合评价，编写运行横班制的实施方案（草案），并制定了实施日程表。

自2014年至今，通过组织架构的优化，对部门重新进行整合，由原8个部门缩减到6个部门，15个班组整合到12个班组，做到部门、班组精简，提高部门、班组间的配合度，从而提升工作效率。同时，在岗员工由175人减员到155人；管理人员由38人缩减到28人；通过员工内部调整满足工作需要，做到合理配置人员，达到降低人工成本的目的。

2015年11月，整合维修班组，做到员工与岗位的能职匹配，达到岗位精简；岗位与人员科学合理匹配，提升工作效率，提高员工工作热情。截至2016年1月，课题总体节省12万元。

八、提高精益管理的组织活性

精益管理是优化企业管理的工具，也是企业日常管理的重要构成内容。该课题通过多种形式、员工喜闻乐见的活动，提高职工队伍凝聚力，激发员工参与热情，打造积极向上的工作氛围，提高员工对精益管理的深层认识。

九、物料管控精细化管理

通过取消各部门的二级库，并将一级库物资形成最高最低库存，将多余物料退回厂家处理；同时清理设备库的废旧设备及长期堆放库内的废旧材料，让物资进行流动。使用物料管理软件管理出、入库的设备、工具及备件、办公生活用品等，实时关注库存状态，同时月底对账也非常便捷；通过退库培训，增强员工退库意识，做到节能增效；减少非增值性环节，提高了工作效率。2015年工具采购总额与2014年同期相比，节约比例为20%，每年平均节省费用约为2万元。

十、建立闸阀精细化管理系统

阀门作为供水管网中的重要控制设备，不仅是保证管网抢修、维护改造等制水运营的重要设施，也是保证供水安全的重要设施。由于阀门故障，损坏或无法动作等问题会造成管网突发事件，进而造成社区停水、城区停水的重大事故，给供水企业带来重大经济损失和社会负面影响。由此可见，建立阀门运行管理体系对阀门保护预防事故至关重要。正因如此，精益小组专门在第二批课题中增加了闸阀精细化管理的课题，目标是通过建立闸阀管理系统以及相关制度规定，提升闸阀使用效率，缩短停水时间，降低安全隐患。

跨部门的课题小组成立后，小组成员进行了现状调研，发现闸阀管理中存在的缺陷令人震惊：老旧闸阀操作需要 8 个人同时作业，且需要半天的时间进行开关，费时费力；闸阀钥匙信息不全，甚至需要现做现用；闸阀管理目前只有闸阀操作规范，其他如保养、修理等制度不全；闸阀信息存在于各个相关部门，形成了信息孤岛，零散不全；闸阀图纸不能体现闸阀目前的变动情况。为此，小组确立了如表 10-10 的改善目标。

表 10-10　　　　　　　　　　管理改善目标

改善前水准	目标水准	最佳水准
信息管理档案不全	完成全面系统管理体系	具有推广应用价值
闸井水泥面脱落、井内锈蚀、标示不清	闸井整齐，方便操作，标示清楚	同目标水准
无	指导闸阀管理	全面指导闸阀管理，并按规定实施
人为手动推磨形式	电动开闸	推广，并取得专利

课题在推进过程中，围绕闸阀管理系统，小组制定多项任务，包括闸井管理、工艺闸管理、手动闸钥匙、高压水管理、闸阀标识管理等，课题体系的组成如图 10-3 所示。

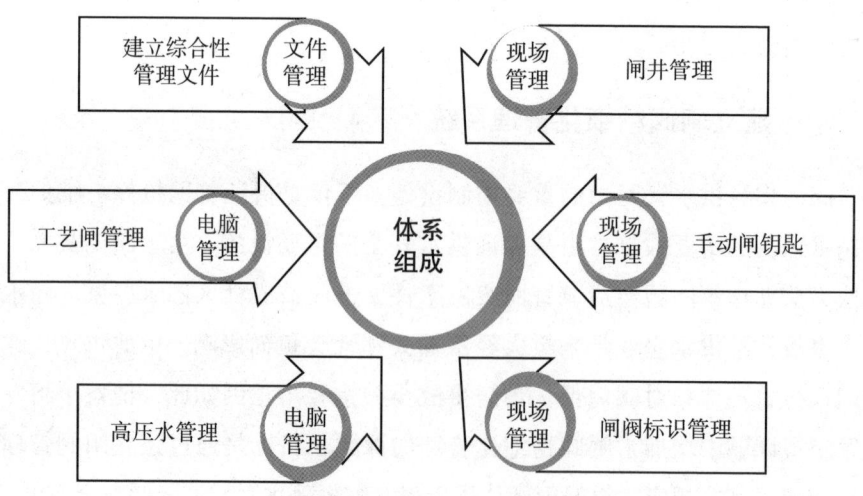

图 10-3　课题体系组成

任务确定后，课题小组根据成员的职责进行了内部分工，确定了如表10-11所示的工作项目。

表 10-11　　　　　　　　　　具体工作项目

序号	项目	内容	输出
1	建立闸阀管理系统	建立管道信息地图	将管道闸阀图绘出，包括高压水、反冲洗，以及工艺管道
		收集整理信息	闸阀图片、设备档案、运行维护使用记录整理和链接
2	闸井管理	闸阀编号，制作标示，安装	建立编号原则，进行编号，制作标示牌样板，外委制作，完成安装
		闸井改造	对每个闸井进行摸底，制订改造方案、完成改造
		闸钥匙管理	对不同闸阀使用的闸钥匙进行标准化管理，制作一部分闸钥匙，建立管理库房，方便管理
3	建章立制	完成闸阀管理规定	对闸阀采购、安装、使用、维护，建立系列准则
4	部分闸井提升&改电动	设计电动开闸装置功能、批头样式，找厂家制作	设计一个电动二人抬开闸装置便于移动，开闸装置头部可以锁住不同类型批头，带正反转、离合系统、快速档位转换、双转速、照明、转数器，有安装固定支脚，适合所有手动闸阀的最大扭矩、最小电机重量。在手动闸井制作固定支脚平台

围绕闸阀管理系统，我们先后建立了《闸阀管理规定》《闸阀使用须知》《管网阀门保养和维护》《阀门巡检规定》《常见故障及处理办法》《工艺闸阀的编号方法》《高压水闸牌编号方法》《动闸操作流程图》，将这些闸阀使用须知、维护、保养、巡检、故障处理等规章制度汇编成册，成为了企业闸阀安全运行的重要保证。

根据上述制定的闸阀编号方法，课题小组对公司所有闸阀进行编码。闸牌编号包含厂区道路、管线新旧、直径尺寸、开关方式等信息。应急时通过闸号就能快速了解所处位置、闸阀性能及用途，提前了解闸阀是手动还是电动，能够对应地准备相关工具，如手动闸阀就能够对应对没带闸钥匙，并提前判断闸阀尺寸、影响方位、需要的操作方法等等。

闸阀编号完毕后，课题小组根据日常管理需要制作了闸牌，对编号、名称、状态进行目视化,方便管理。闸牌分为闸井牌和闸外牌,闸井内标识牌放在闸井内,用防腐材料制作,防止高压水误操作,引起药剂投加困难,影响生产;闸外牌采用蓝白标示牌,便于施工停水和构筑物施工跑漏、应急处理。如图10-4所示。

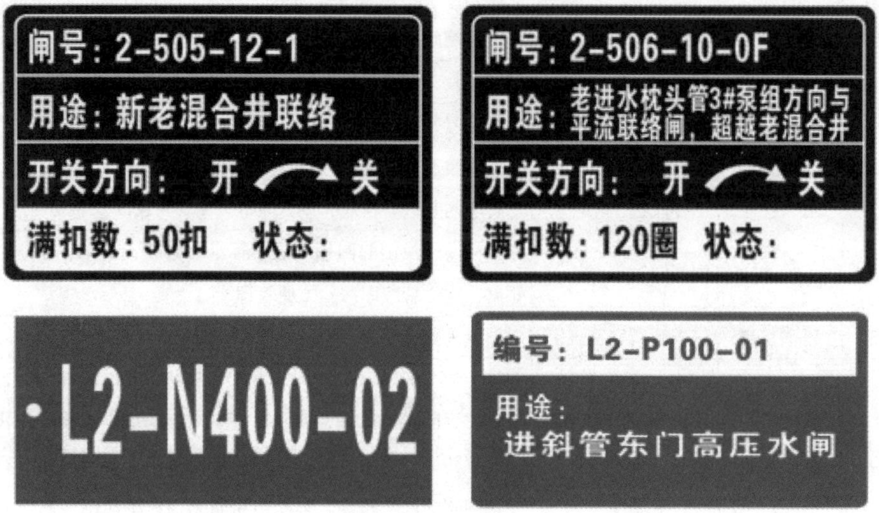

闸号:2-505-12-1
用途:新老混合井联络
开关方向: 开 关
满扣数:50扣 状态:

闸号:2-506-10-0F
用途:老进水枕头管3#泵组方向与平流联络闸,超越老混合井
开关方向: 开 关
满扣数:120圈 状态:

·L2-N400-02

编号:L2-P100-01
用途:进斜管东门高压水闸

图10-4 闸阀编号

闸井管理完成后,课题小组将所有闸井信息汇总成建立管道信息地图和闸图,将管理卡、操作记录、照片资料、备注信息等统一进行了录入。

针对部分闸井提升难度较大的问题,课题小组将开闸工具改善为电动开闸装置,并做了大胆的尝试,应用中得到现场工人的一致好评,如图10-5所示。

课题小组在工作中,对阀门井进行了清理,并制定了定期对阀门井检查的规定。通过逐步改进阀井,建立准确的阀门操作孔位,对工艺闸阀巡查维护、保养周期进行了论证,完成阀门传动系统零配件检查,保证其正常运行。重新校正了阀门关闭与开启的正确位置,并调整更新了每个阀门的档案记录。

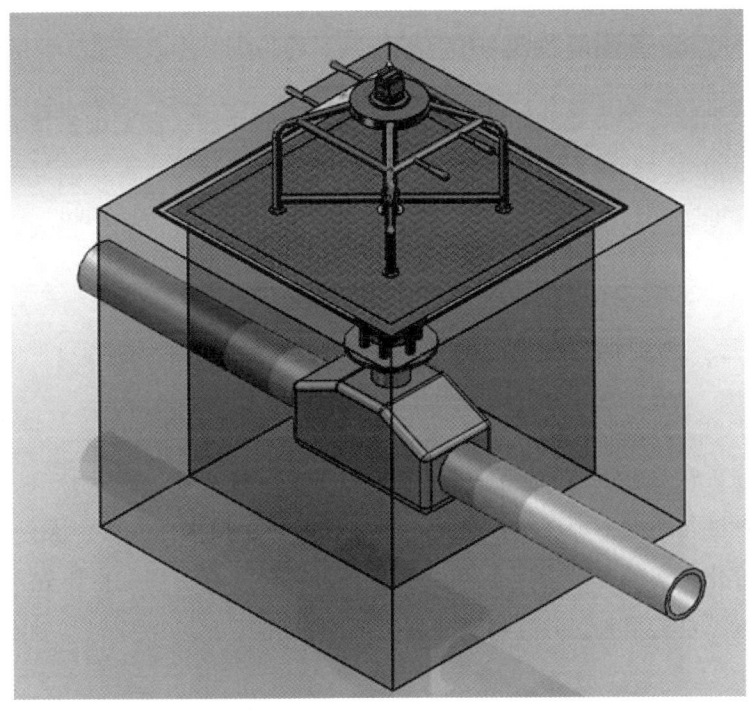

图 10-5　闸井装置

通过闸阀精细化管理课题，对全厂 145 个工艺闸阀、闸井进行检查、测量、摄录，安装闸牌，整理文件。完成了故障闸井维修 35 个，核对闸钥匙 15 把，对全厂 122 个高压水闸阀逐一进行检查，核对位置，安装闸牌，整理画图，建立管理体系。取得效果如下：

一是建立管理体系和管理规范，保障生产活动安全高效进行。

二是减少闸阀误操作，避免了跑水、高压水中断等影响生产的重大生产事故。

三是收集 270 多个闸阀分布在各个部门的零散资料，整合了信息，能够显著提升维修速度、操作速度。旧闸阀原来由 8 人 4 小时才能完成，改造更新后手动操作只需要 20 分钟。一般闸阀手动操作时间原来为 2 小时，改造升级为电动闸阀只需要 10 分钟。

十一、设备预防性维护的优化

围绕消除设备失效和生产计划外的设备运转中断,制定维护措施,从预防的角度出发,利用先进的仪器设备对设备的异常状况进行早期发现和早期维护,预防设备故障的发生,提高设备可靠性。第三批课题中将进行详细论述。

十二、食堂标准化管理

鉴于员工满意度测评中,对原来食堂存在较多抱怨。在第二批课题中,专门确立了食堂标准化管理项目,通过对食堂硬件更新,服务升级,进行食堂五个标准化建设,即现场标准化、采购标准化、操作标准化、服务标准化、卫生标准化,实现食堂管理水平大幅提升。在食堂总费用保持原先水平的基础上,增添员工早餐,并且每年节省金额约为10万元。

第五节 第三批课题活动介绍

第二批课题取得良好的成绩,课题完成率较高,创造了较高的价值。在结项阶段,精益办公室组织评比,并进行了奖金的发放。第二批课题对于供水企业的过程管控能力起到了助力作用,确保了企业当年各项指标的顺利完成。精益小组趁热打铁,启动了第三批课题,具体内容如表10-12所示。

表10-12　　　　　　　　　第三批课题清单

序号	类型	课题项目	课题目标
1	质量提升类	新药剂精准投加控制改善	在新老混合井处安装液位计,监视进水开停泵瞬时的液位变化。通过容积测量法,为次氯酸钠的投加提供准确数据
2	成本降低类	污泥节电改善	在斜管沉淀加铁(铝)处理,提高出泥浓度,达到停用气浮池直接进离心机处理来降低电耗的目的

续表

序号	类型	课题项目	课题目标
3	质量提升类	降低投加次氯酸钠及铝盐后对出厂水 pH 值的影响	通过调值药剂与混凝剂的配合使用进行烧杯试验，积累方法，最终寻找出能够有效降低高藻水 pH 值和余铝的药剂组合
4	技术研发类	30 万吨中试模型操作标准化	实现 30 万吨中试运行操作标准化、问题对策标准化，最终形成标准化运行预案
5	效率提升类	预防性维护方法应用	运用前期课题的成果，深化应用预防维护方法，检验效果，逐步减少故障，实现故障率再降低 20% 的目标
6	管理提升类	横班运行模式的预先设计	通过岗位编制、职责分配、流程梳理、编制标准及点检要求，达到有效降低人工成本、合理优化人员配置的目的
7	管理提升类	全面预算管理的深化	通过预算来监控公司战略目标的实施进度，对各部门的资源进行分配、考核、控制开支并预测企业的现金流量与利润，完成既定的经营目标
8	管理提升类	30 万吨精益化设计	配合设计院进行现场 6S 设计，编制方案预算，为实现精益化运营奠定基础
9	成本降低类	平流排泥车和污泥排水池改造项目	通过排泥车和污泥排水池的改造，实现电机功率减小、排泥效果提高、排泥时间减少、排泥均匀和无人值守的效果

一、新药剂精准投加课题

供水企业药剂消耗是仅次于电耗的主要资源消耗。在药剂自动投加过程中，由于结构和设计原因无法加装流量计，致使净水药剂主要依靠水泵设计铭牌水量计算投加量，消毒药剂的投加主要依靠监控仪表进行调整，这种投加方式导致投加准确度低，药剂浪费情况较为突出。因此，精益小组确立了通过技术手段降低药剂消耗的课题。

课题小组在对现场进行调研时发现，泵组单独工作时的流量大于并联工作时每台泵的出水量,也就是说并联水泵台数越多,并联运行时每台泵的流量就越小。而加药控制主要以单泵流量和开泵组数乘积计算水量,这样会造成投加不精确;同时,消毒药剂的投加主要依靠监控仪表进行调整,监控仪表是间隔测量,氨氮仪表测量时需要加温,间隔时间较长,所以按照氨氮仪表数据调整将会出现滞后现象。

综上所述,课题小组利用水力学原理,根据构筑物设计图纸建立的水力模型,以此计算构筑物分量分配数值。同时,通过工艺流程中计量泵、水质监控仪表、液位计、出厂流量计等现有监控系统验证水力模型的正确性。最后将水力模型编程写入监控系统,使监控系统自动间隔计算水量。

根据水力计算需要,完成混合液位计安装和混合井测流方案,并对水库计算水量进行跟踪,编制水库水量模型使用说明即混合井数据整理和逻辑梳理,最后设计水库水力模型在监控系统的显示界面,对水库水量计算结果进行生产投加外的分析。如图10-6所示。

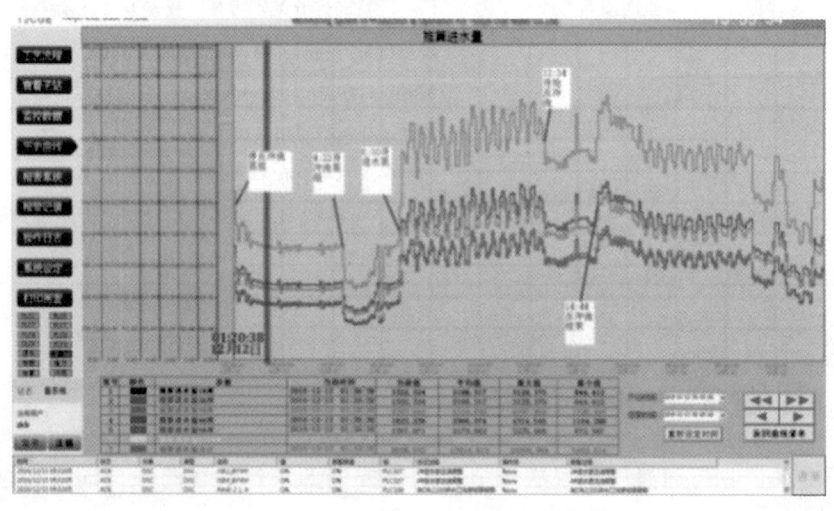

图 10-6　生产运行监控系统模型

课题改善效果很明显,课题成果验证中发现4个水库测量点的氨氮值准确无误。2016年8月下旬新安装硫酸铵计量泵对数据进行核定,发现5个水库进水量与投加量全部吻合，水量计算符合生产规律。

二、污泥节电的改善课题

供水企业的污泥车间的功能是将大量反冲洗水实施处理，回收利用水资源，防止水源污染。污泥车间的污水在处理前需经过斜管沉淀池进行初步加药处理和沉淀，然后通过气浮池让絮体上浮，收集的上层絮体污水的污泥浓度较高，具备了离心处理的条件。如图10-7所示。

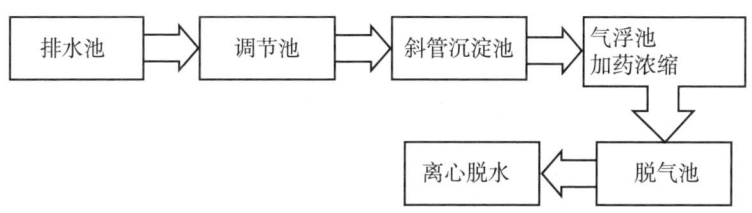

图10-7 改善前污泥车间处理工艺

通过长期实践，基层员工发现气浮池的加药浓缩操作，不仅工艺多余，而且产生药剂成本、能耗成本、人力成本等损耗，因此成立课题予以改善。目标是省去气浮池工艺，如图10-8所示。

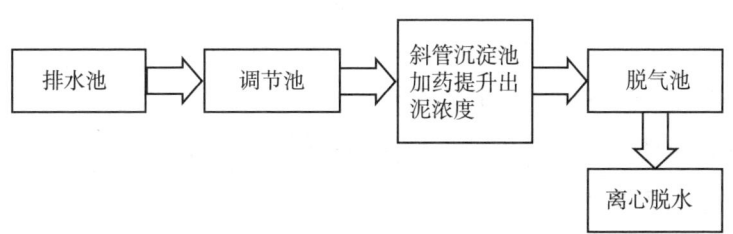

图10-8 改善后污泥车间处理工艺

课题小组经过讨论，提出简化污泥处理流程，省去气浮池的处理工艺，使离心机能直接处理斜管出泥的方案，但是斜管出泥浓度较低，不经气浮池的再次浓缩便无法让离心机直接处理，因此设想通过在斜管进泥口处投加铁盐并进行药剂实验，提高污泥的沉淀效果以及改善出泥浓度，省去气浮池的处理工艺。其改善路径如图10-9所示。

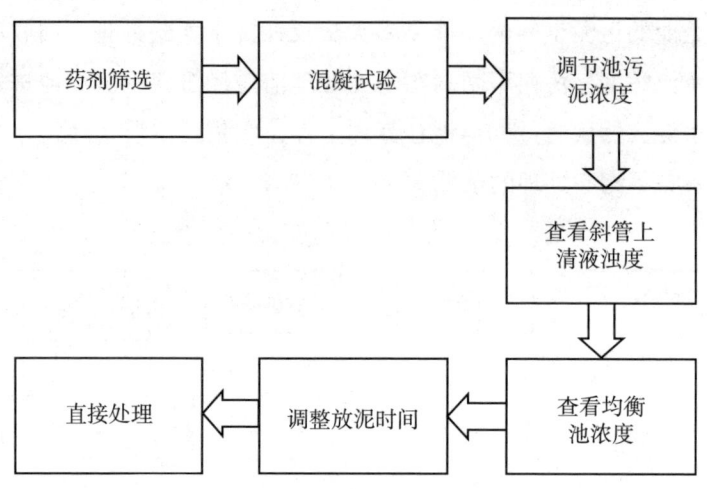

图10-9 课题改善路径

课题小组首先通过3个月的观测测试，初筛3种药剂，分别是铁盐、铝盐、铁铝混合盐作为实验对象，并进行进一步的实验，确定最终药剂选择与投加量。其次，小组通过实验设计的方法进行筛选最终方案，考虑了8个变量，包括混凝絮体的大小、上清液的出水浊度、絮体的紧密程度、药剂的成本、絮体凝结的快慢、药剂投加的难易程度、絮体沉降速度、药剂的投加量等，根据这些变量的变化，改变药剂的类型和投加量进行验证，最终确定合适的药剂。总计设计了12种试验方案，共进行24次试验，每次试验超过6小时，实验结果如表10-13所示。

最终找到合适药剂配比A，A药剂的投加可以实现出水上清液浊度降低83%，提高出泥浓度54%，完全可以省掉气浮池的浓缩过程，达到离心机直接处理的要求。去掉气浮池的浓缩处理后，不仅水质达到要求，而且全年节药10万元，节电8万元，节约维修更新设备5万元及其他人力成本、水耗等费用。

表 10-13　　　　　　　　　　　课题实验数据

斜管加药实验数据				
前提条件：进泥浓度相对固定（0.60g/L）、进泥量相对固定（550 立方每小时）、放泥时间固定（60s）、加药量 4mg/L				
		加药前上清液浊度（NTU）	加药后上清液浊度（NTU）	出泥浓度（g/L）
实验 1	起始	10.5		6.27
	2 小时		7.24	
	3 小时		5.21	
	4 小时		4.09	
	5 小时		3.38	
	6 小时		2.44	7.69
		加药前上清液浊度（NTU）	加药后上清液浊度（NTU）	出泥浓度（g/L）
实验 2	起始	17.9		6.95
	2 小时		12.43	
	3 小时		7.36	
	4 小时		5.19	
	5 小时		4.27	
	6 小时		3.04	8.91

三、降低投加次氯酸钠及铝盐后对 pH 值影响研究

2016 年根据相关安全生产的要求，供水企业结束了传统的液氯、液氨消毒剂的使用历史，正式开始采用次氯酸钠和硫酸铵作为消毒剂。由于液氯在消毒的过程中还兼有降低 pH 值的作用，而次氯酸钠在消毒过程中几乎对降 pH 值没有影响，这时企业面临一个难题，即使用次氯酸钠和硫酸铵将会造成清水 pH 值高于指标上限。如何进行调整以保证出厂水 pH 值达到企业标准呢？为此，精益推进小组确立专项课题，通过建立处理方案为生产保驾护航。

课题成立后，小组成员通过现场调查发现如下问题。首先，在使用硫酸铵、次氯酸钠消毒药剂过程中，对出厂水 pH 的影响程度缺乏了解，对于降低 pH 的最佳配比混凝药剂缺少研究；其次，在保证出厂 pH 值合格的前提下，对常规工艺处理原水 pH 波动的能力缺少研究；再次，大剂量投加混凝药剂对

于降低 pH 与混凝后余铝、余铁值是何种关系缺少了解；最后，对于调值用酸的种类及对用酸调值的投加量缺少实验研究。

通过课题小组共同讨论，确定了如下解决问题的路径：（1）通过烧杯试验的方法，设计药剂与混凝剂的配对使用，掌握硫酸铵、次氯酸钠对 pH 的影响程度，通过实验验证，寻找出能够有效降低 pH 值的药剂组合，保证出厂水 pH 在 7.2~8.5 的范围内。（2）通过混凝试验确定各种常规药剂对 pH 的影响程度，确定降低 pH 效果最好的混凝药剂。（3）确定常规工艺处理无法保证出厂水 pH 合格时原水 pH 的上限。（4）确定大剂量投加混凝药剂降低 pH，混凝后余铝、余铁是否合格，确定最适合的调值用酸的种类并通过混凝试验和调值试验，确定原水不同 pH 情况下酸的投加量。

在课题改善中，我们做了大量实验，对于新药剂使用中出现的各种情况的处理积累了较多数据，并制定了各种预案。其中一个实验积累的数据如表 10-14 所示。

表 10-14　　　　　　　　　　课题采样数据

采样日期：2016.11.1		浊度 NTU：1.3	pH：8.15	
	1∶1 铁碱混合液	2∶1 铁碱混合液	聚氯化铝	单　铁
投加量 mg/L	10	10	10	12
沉后浊度 NTU	0.6	0.6	0.59	0.7
pH	7.81	7.78	7.98	7.71

对比各种常规混凝药剂，在混凝效果相当的条件下，使用单铁混凝剂时，混凝后 pH 的降幅最大，但混凝效果欠佳。使用 2∶1 铁碱混合液和 1∶1 铁碱混合液，两种药剂效果相当，混凝后 pH 的降幅较大，且混凝效果更佳。因此降低 pH 的优选药剂为：2∶1 铁碱混合液或 1∶1 铁碱混合液。从多组混凝试验结果可以得出：每投加 2mg/L 铁碱混合液，pH 值可以降低 0.1。

通过一年多的努力，课题顺利完成。本课题通过 18 组的混凝对比试验，掌握了各种常规药剂对 pH 的影响程度，优选出降低 pH 的最佳混凝药剂。通过多组混凝试验，确定硫酸铵、次氯酸钠两种消毒药剂在使用过程中对出厂水 pH 的影响程度，确定了常规工艺处理无法保证出厂水 pH 合格时原水 pH 的上限，对投加混凝药剂沉后水余铝、余铁进行检测，提出了合理投加量，避免大剂量投加药剂时出厂水余铝、余铁超标。同时，确定了最适合的调值用酸的种类以及不同 pH 原水情况下酸的准确投加量。本课题没有任何的成本节约，但是对于企业却非常关键，对于未来制水过程的品质保证奠定了良好基础。

四、30 万吨中试模型操作标准化

试点供水企业在集团公司的支持下，准备对制水生产过程进行升级改造，采用了预臭氧—混合—上向流炭吸附澄清—超滤—紫外消毒的处理工艺。这是一个全新的生产工艺，在历史上没有运行经验可以借鉴。因此，新生产线正式投产前需对各处理单元的运行参数、药剂组合、药剂投量、水质应急处理等进行全面的摸索总结，形成标准化的操作规程和运行预案，以弥补经验不足。为此，精益小组确定了 30 万吨中试模型操作标准化课题予以专项解决。

课题小组成立后，确立了运用中试系统建立处理方案，提前掌握工艺运行方法，熟悉工艺操作，并对各种异常情况进行总结，提高水厂原水水质突发污染情况的应急响应能力。具体包括以下四项内容：（1）探索机械混凝、脉冲澄清池、超滤膜、紫外线消毒等设施的优化运行参数和运行经验；（2）探索原水在不同水质期预氧化方法的优化选择、各种水处理药剂的最佳搭配组合及合理的投加量控制；（3）探索各主要水处理单元对相关主要水质指标的处理效果；（4）探索原水水质可能突变情况下的水厂应急技术措施，提高水厂的应急能力。

在课题实施的过程中，小组成员熟悉中试设备，并能够熟练操作，然后通过搜集整理设备技术说明，并按照整理汇总的资料编写具体操作规程。同时，通过专业工作人员对各处理单元的运行参数进行研究，对组合工艺去除水中污染的效能进行研究。最后，总结运行过程的注意事项、常见故障及修理办法，并汇编成册。通过一年的摸索研究，共收集整理设备使用操作和维护规程 6 类 13 项，具体情况如表 10-15 所示。

表 10-15　　　　　　　　设备使用操作和维护规程

编号	类型	项目
1	臭氧投加系统	气源系统
		臭氧发生器
		臭氧破坏器
2	计量系统	计量泵
3	泵阀系统	水泵
4	取样系统	取样泵
5	混合处理系统	搅拌电机
6	在线监测仪表	余氯分析仪
		在线浊度仪
		水中臭氧分析仪
		臭氧浓度在线检测仪
		臭氧泄漏检测仪

同时，小组成员对于中试设备采用的 PLC 自动控制系统，归纳总结编写了对应的自控设置操作方法、参数设置、运行方法以及注意事项；并且针对可能发生的故障，标准化小组进行分析总结以对各种可能发生情况的处理办法进行预先设定。除此之外，利用中试装置研究了四种工艺运行模式的对比分析，分别是混合—澄清—超滤、预臭氧—混合—澄清—超滤、混合—炭吸附澄清—超滤、预臭氧—混合—炭吸附澄清—超滤四种工艺运行模式，并通过向原水中配入苯酚、土臭素等目标污染物，分别考察了四种工艺模式对水中污染物的去除效能，形成了良好的工艺总结。

五、预防性设备维护降低故障率

供水企业以设备生产为主，要求设备故障为零，一旦出现故障造成外部供水中断，将会造成较大社会影响。而随着设备自动化水平不断提高，设备预防性维护需求愈加迫切，要求隐患及时发现、提前维护并杜绝设备故障。因此，精益小组专门确定了预防性维护的课题，提升供水企业的设备管理水平。

课题小组经过认真分析，结合公司实际情况，发现当前设备管理存在以下问题：公司大部分重要程度较高的设备服务年限较长，故障风险与日俱增，公司预防维护工作未形成系统化、科学化，对于故障的统计和分析所做工作不足，预防维护手段当前主要靠人为经验，如看、听、摸、闻；没有先进的设备故障检测手段，员工年龄偏大，对预防维护理念了解不是很深入。这些问题都是本次课题需要进行解决和提高的，为此，课题小组制作了如下解决计划：（1）维护部及工段召开预防维护专题研讨会，确定预防维护工作方向。（2）员工共同商讨预防工作的内容，全员参与确定预防维护部位、维护点、维护项目及标准。（3）通过一段时间的运行，在有了实践经验之后，制定了预防维护制度、文件及相关记录表格；涵盖了公司全部生产部位。（4）为提高工作效率，结合每位员工不同特点，将公司生产部位进行划分，由4个小分队负责。（5）在原有人工判断的基础上，采购了测振仪及热成像仪进行设备检测。

在课题实施过程中得到了维护和运行员工的积极参与，大家集体开动脑筋，自主创新，完成了如下工作：公司原有液位计标定设备性能下降，对生产运行造成一定影响，工段员工集思广益自己制作了标定设备，确保运行安全，节约维修费用；载入滤站17组PLC机架损坏，库存备件的电子元件保存时间较长，更换几台后仍不能正常使用，工段员工利用自己的技术将几台不能使用的备件重新组合成一台，正常使用。

最终，在课题结束后，发现通过预防性维护，累计查找解决设备隐患故障180余件；供水企业建立了一套完整的预防维护体系，使预防维护工作系统化、常态化；根据系统导出数据显示，自预防维护实施以来纠正性故障提报率下降30%左右。更重要的是，工段员工预防维护意识逐渐增强，逐步转变为由被动抢修到主动维护。

六、横班运行推进预先设计

供水企业以往的运行管理采取纵向专业分工的方式，随着少人化的要求，这种分工方式造成人力资源浪费的现象愈加突出。为此，精益小组确定了从纵向分工向横向分工转化的改善目标，确立了横班运行设计课题，实现员工一岗多能。通过合并班组形成工段，打破专业限制，实现班组为制水结果负责的无缝管理；同时设立横班长，可以达到全天候管理效率提升、反应快速的效果。

课题小组在实施过程中，根据前期的组织架构设计，需增加运行段长、副段长，经过公司领导、课题组以及精益团队的讨论，制定内部竞聘评价标准，依据标准进行内部公开竞聘。同时进行了一线人员编制设计，最终确定4个横班；经测算，共需48人，较之前减少5人，年节约人工成本48万元。

七、全面预算管理深化课题

全面预算管理是一种现代企业的管理模式。供水企业已经具备一定基础，但是希望借助精益小组实现预算管理的全面覆盖。为此，公司精益办公室确立全面预算管理课题，并确立如下目标：（1）通过全面预算管控可以结合实际，帮助水厂设置预算管理机构，形成完善的预算管理制度。（2）根据水厂生产、经营流程，梳理责任中心，分解关键绩效指标，落实到责任主体，建立与之相适应的预算管理体系。（3）指导水厂实施全面预算，做好预算实施过程中的监督与控制工作，定期分析差异，并与考评制度相结合，以完成水厂的经营目标与集团水厂的战略目标。

在改善过程中，课题小组积极与天津大学预算专家接触，获得了智力援助，学习并引入了ROE考核指标、杜邦分析法体系，将企业2016年ROE与行业标准对比分析，从2015年、2016年ROE值变动中识别出成本可控项目，并作敏感性分析，明确2016年ROE值的重要影响要素，为下一步企业经营水平提升打下基础。

结合集团下达的供水企业2016年各项指标和水厂2016年生产经营的实际情况，课题小组将各项成本、费用进行分类，细化其子项目。同时，在单位内部召开领导层和部门主任会议，共同划分可分解项目和不可分解项目，确定其责任部门和归属部门，标记各个项目的预算确定标准及可考核项目，为制定2017年的预算指标夯实基础。

八、30万吨精益化设计

由于供水企业未来规划了30万吨膜处理生产线，为了实现精益设计，企业需要在30万吨生产线设计阶段融入6S管理方法和精益管理思想。为此，专门确立了30万吨项目精益化设计课题。

课题基于行业内领先企业对标学习成果，总结出30万吨设计时的重要关注点。如设备方面：（1）特殊资质的物料或者设施进行外包管理；（2）国外备件的可替代性研究；（3）重点设备要注意设备干燥处理（干燥剂、空气抽湿等）。开关阀门方面：（1）电极开关要进行防尘处理；（2）位动开关的寿命需要明确；（3）气动阀的高压气须有干燥措施；（4）管道阀门要带有编号。电气设备方面：（1）控制柜、配电柜内的线缆必须挂标签，线色分开，捆扎成束；（2）重点设备现场，在条件允许下设置备件；（3）易坏零件设置备件，重点备件必须建立清单；（4）PLC的能力要做好预留，富裕1/3容量和控制点等。

30万吨生产线精益化设计课题一共完成了外出对标4次，现场预先设计规范81项，设备及构筑物的设计要求达到100多项，为30万吨生产线正式开工建设制定了标准，为后续低成本运行奠定了基础。

九、平流排泥车和污泥排泥车改造

供水企业当前排泥车虽然实现自动控制功能，当遇水质变化或特殊情况，需值班人员进行人工操作，才能达到理想效果。同时，Z字形行车吸泥效率低，造成排泥周期长，属于作业的浪费。为此，精益小组确定了排泥车改造提升的课题。试图通过平流和污泥排泥车的改造，达到排泥效果提高、排泥时间减少及排泥无人值守的效果。

课题小组通过调研发现，当前排泥车的运行轨迹为Z字形，有排泥死角且排泥泵往复两次吸取污泥导致污泥浓度低；由于一个排泥泵作业时间长，现场作业需要三名员工值守。小组成员通过讨论确定如下改进方案：通过改造污泥处理车间排泥车，排泥模式由单泵Z字形变为横排一字形，消除排泥死角；通过增加吸泥泵数量，实现多泵组同时吸泥；添加刮泥板，提升吸泥浓度。

课题小组设计并论证方案后，自主进行了设备改造。将排泥车的程序设计由单泵往复扫描式变为多泵横排一字扫描，减少了排泥时间，并实现多泵组同时吸排泥,加装刮泥板,提升吸泥浓度。

经过上述改善,沉淀池排泥效率得到提升。排泥车从每天工作6小时降低到2.5小时。排泥浓度大幅提高,冬季从0.3%提升至0.6%,夏季从0.4%提升至0.80%。工作员工由原始的3人值守,变为无人值守。

第三批课题与第二批课题略有不同,一部分课题是为了"拧干毛巾的最后一滴水",一部分课题是围绕着制水技术进行深入的研究和探索,一部分课题是围绕着未来的变化进行准备,这些课题或许在经济效益上比前期课题略有减少,但是对于供水企业现在乃至未来的安全、高质量供水至关重要。

第六节 第四批课题活动介绍

第三批课题取得了较好的效果,帮助供水企业在日常管理、设备维护、水质控制、安全生产、成本节俭方面取得了进步。在对第三批课题进行表彰之后,企业又一次组织了第四批课题的提报和确立活动。根据企业的实际情况,针对顽疾问题确立8项课题,围绕着管理效率提升、制水过程控制、成本降低、人才培养方面展开,如表10-16所示。

表10-16　　　　　　　　　第四批课题清单

序号	类型	课题项目	课题目标
1	成本降低类	提高离心机出泥含固率	通过筛选药剂配比和投加标准,出泥含固率从不足18%提高到20%以上,使之更符合环保要求
2	质量提升类	解决沉淀池表面浮泥上漂的方法	通过工艺改进,将当前平流池表面80%覆盖降低为不足30%
3	质量提升类	水质检验全能工的培养	通过水质检验全能工的培训,化验室人员技能重新上岗人员占比70%,到80%以上人员具备化验全技能

续表

序号	类型	课题项目	课题目标
4	成本降低类	降低滤池滤料的损耗	通过研究滤料流失的原因,进行工艺调整和改善,杜绝滤料的流失,同时建立滤池等相关设施维护标准
5	效率提升类	应用预防维护技术手段延长设备大修周期	通过制度文件固化预防性维护系统,将故障隐患消灭在萌芽阶段,将泵组大修台时由1万小时延长为2万小时
6	质量提升类	后加氯工艺管道的优化	通过工艺路线优化,将加氯管道堵塞频率每年2次左右,到堵塞现象彻底消除

一、提高离心机出泥含固率项目

供水企业的污泥车间是费用大户,也是环保监管的重点部位,按照企业污泥处理规定,污泥含固率需达到18%~22%才可以交由污泥处理单位进行下一步处理,而当前污泥车间离心机出泥含固率常常由于泥质偏差造成出泥含固率偏低(低于18%)现象,给企业造成环保风险以及处理费用的升高。为了解决这个困扰企业的难题,精益小组确立了提高离心机出泥含固率课题。

经过课题小组全体成员的观察和研究,决定采取如下的技术解决路线:通过试验药剂效果及验证不同药剂配比,筛选出投加药剂标准,确保无论遇到何种性质的污泥,都能达到出泥含固率20%以上,使之更符合环保要求,从而达到提高节能降耗的效果。

课题的研究过程经历三个阶段。首先是污泥药剂筛选实验阶段,从众多的污泥处理药剂中筛选最优的药剂组合,最终筛选了三种药剂作为主要实验观察对象。如表10-17所示。

表 10-17　　　　　　　　　　实验观察对象

药剂名称	样本污泥浓度（g/L）	加药量（mg/L）	沉降比（%）	上清液浊度
PAM934	6.1	2	25	3.97
PAM016297	6.1	2	15	4.33
AN923589	6.1	2	15	4.78

其次是通过反复实验确定药剂最佳投加量。通过选取均衡池 6.1% 浓度的污泥，进行药剂实验数十次，在同等药剂投加量的条件下，通过实验得出最佳药剂配方。具体实验的部分数据如表 10-18 所示。

表 10-18　　　　　　　　　　最佳药剂配方数据

离心机进泥量	药剂投加量（L/H）	药剂浓度	含固率（%）	含水率（%）
30m³/H	550	1.5‰	16.829	83.17
30m³/H	600	1.5‰	17.579	82.42
30m³/H	650	1.5‰	18.01	81.99
30m³/H	700	1.5‰	19.21	80.79
30m³/H	800	1.5‰	21.108	79.89
30m³/H	850	1.5‰	20.761	79.24
30m³/H	900	1.5‰	22.833	77.17
30m³/H	950	1.5‰	23.128	76.87

最后，经过一年的改进和观察，课题小组掌握了不同季节污泥泥质变化下的规律，通过污泥药剂投加验证，确定具体的不同投加预案。

课题取得的效果很显著，从最初的污泥含固率仅为 17% 到实验完成后测试最高 23%，污泥含固率提高了 38%。该供水企业的污泥既符合行业处理要求，又节省了处理费用。

二、解决沉淀池表面浮泥上漂的方法

供水企业在原水切换为长江水后，投加混凝剂后沉淀池出现了严重的絮体上浮的现象，甚至将整个沉淀池表层覆盖。经过行业内调查，发现凡是以沉淀池为主要泥水分离单元的供水企业都存在此类问题，可见浮泥上浮是一个行业顽疾。该现象的出现带来很多问题，如沉淀池的外观较差，池面被浮泥覆盖造成市民对水质产生怀疑，同时含有大量气泡的浮泥进入滤池后被滤料表层截留产生气阻，使得滤速严重衰减，滤水量快速下滑。必须对滤池增加反冲洗频率来恢复过滤能力，一旦反冲洗不及时，当滤速升高时浮泥易穿透滤料层，进入清水库，导致浊度升高。另外，由于沉淀池表层的浮泥需及时清除，增加了人工和动力成本，排出的浮泥需要在污泥处理系统进行处理，启用气浮系统，从而增加了额外的药剂和动力成本。可见，该问题是当前制水过程的重点问题，需要确立课题予以解决。

课题小组成员以制水工艺人员为主，希望借助技术人员的经验进一步对浮泥的机理进行研究。小组成员通过现场反复观察和数据记录，查阅相关资料，对问题初步分析，得到絮体上浮的原因，主要是在水中含有气体，气体来源于池底沉泥厌氧发酵、水中藻类呼吸及光合作用产气以及水泵管路系统漏气，同时猜测絮体的产生可能是藻类分泌代谢物形成了油性物质上浮。对于絮体上浮的控制，从投加药剂的角度需要对不同药剂的组合进行研究，考虑黏土投加对于上浮的抑制作用，也要对投加量进行研究，同时要对浮泥打捞设备进行设计，以便对浮泥及时打捞处理。

综上所述，课题确定改进分成三步走：首先，降低浮泥产生的数量，要对各种药剂组合进行实验，尤其对投加黏土进行验证；其次，要研究清除表层浮泥的方法措施，实现浮泥打捞的自动化；最后，要探究絮体上浮的原因，找到根源并解决。

课题小组首先围绕药剂投加进行了实验，确定了铁碱混合液、聚合氯化铝和有机聚合物三种药剂作为实验对象，根据不同配比和投放顺序确定了实验方案。经过大量实验得出了两个结论，投加模式为先投铝盐后投铁盐的组合，在投加过程中应以铁盐为主，要控制投量并减少铝盐投加量。

课题小组对于沉淀池絮体上浮的打捞方式进行了改善，从以手工打捞为主，切换为自动控制的排泥车。在对絮体产生的机理研究上，经过一年的观察得出结论，絮体上浮主要是水中气泡增加，气泡来自预沉池底泥发酵，通过观察发现预沉池进水口处有超大体积泥块上浮现象，推断水中厌氧发酵产生甲烷、二氧化碳和少量硫化氢。另外一个气泡的来源是引江水中藻类较多，通过呼吸作用、光合作用会有产气现象，大量气泡融入水中造成絮体上浮。

本课题虽然没有完成课题目标，但是面对困扰整个行业的难题，课题小组进行了大量观察、对比研究、资料查阅、分析化验等工作，对于絮体上浮有了更深刻的认识，对于未来消灭浮泥提供了理论依据。同时，课题中进行了较多的改善，实现了浮泥的减少和打捞的便捷。

三、水质检验全能工的培养

试点供水企业由于前期进行了定岗定编活动，将质量人员全部并入化验室，导致化验室中出现了大量新员工，而随着化验室老员工退休高峰的出现，化验室进入了新老员工交替的阶段，技术力量出现断层。与此同时，随着城市供水要求的提高，化验工作量却与日俱增，在这种供需矛盾之下，急需对化验员进行技术培训，提高整体实验室技术水平，以便圆满完成各项水质检测工作。为此，精益小组确立了"水质检验全能工培养"的课题。希望通过课题活动提高化验室所有员工的基本业务能力和业务素质，使化验人员能够较为全面地掌握水质检验理论和操作基础知识。

通过调研，课题小组发现化验室新上岗人员占70%，这部分人员水质检验技能薄弱，大部分检测项目的技能不达标，需要从基础开始进行培训和训练。同时，新上岗的实验员基础理论知识也十分匮乏，无法通过检测进行结果的判定，需要进行学习和培养。为此课题小组确定了一个目标，即通过水质检验全能工的培训，实现80%以上人员具备化验全技能，并制订了三项工作计划。首先是综合每项工作技术含量、技术要求，以及个人的技能水平，有针对性地开展培训。快速提高员工的技术水平，提高化验室整体的化验能力和技术水平，满足当前制水单位的化验需求。其次，通过理论与实践相结合的方式，以化验员轮岗和师带徒的方式为手段，促进化验员掌握不同岗位的检测方法。同时通过组织专项培训提高基础理论知识。最后，通过现场考试和化验员实践操作打分等方式对化验员技能进行评定，并授予企业内全能工证书。

课题小组按照工作计划，在第三季度组织了生活饮用水标准检验方法总则、水样采集及保存、质量控制等专业知识的学习，培养化验员工掌握化验室基础理论知识。在当年第四季度，通过考核员工对生活饮用水标准检验方法理论及操作知识的掌握情况，提高了化验员知识应用熟练度。在次年的第一季度，通过对生活饮用水标准检验方法（微生物指标）理论及操作的学习，使化验员深入掌握微生物指标的项目检测，同时完成了化验员的工艺及生产药剂检测理论及操作。在次年第二季度，完成了在线仪表维护校准理论知识和给排水基础知识的培训，同时考虑到新化验员占比较多，水质检验理论知识相对薄弱，又专门组织水质检验相关基础理论知识的专项讲座。从当年的二季度开始，围绕《生活饮用水标准检验方法》中分析实验室基础理论知识解析、水样采集和保存、质量控制等方面进行了多次专项讲座，提升了化验员的基础理论水平。化验室培训项目清单如表10-19所示。

表 10-19　　　　　　　　　　化验室培训项目清单

分类	项目	培训内容
感官性状和物理指标	色度、浑浊度、臭和味、肉眼可见物、pH、硬度	检测方法、原理、注意事项
无机非金属指标	氯化物、氨氮、亚硝酸盐	检测方法、原理、注意事项、计算、曲线制作
金属指标	铁	
有机物综合指标	耗氧量	检测方法、原理、注意事项、计算
非国标项目	碱度、蛋白性氮	
微生物指标	菌落总数	玻璃器皿消毒、水样采集、保存、规范性操作、培养温度控制、培养基质量控制、环境控制
	总大肠菌群	
	耐热大肠菌群	
消毒剂指标	余氯	检测方法、原理、注意事项、计算
工艺试验	需氯量	检测方法、原理、计算、注意事项
	需矾量	
生产药剂	三氯化铁、铝、次氯酸钠、硫酸铵	
出厂水在线仪表	1720E　浊度仪	标定方法、仪表维护、仪表结构、管路走向
	AN12、蓝点氨氮仪	
	CL17 余氯仪	
	HACH pH 仪	

在本课题实施过程中，供水企业为了提高化验人员的学习积极性，专门出台技能考核的激励制度，并组织公司内部专家作为培训讲师支持课题的推进。经过一年的努力，取得了较好的效果。能独立完成化验室全部项目检测的实验员，由原来的28.6%提升为85.7%，达到了课题的预定目标。

四、降低滤池滤料的损耗

由于试点供水企业的建厂时间久远，滤池等附属设施老化严重，因此，滤池使用的滤料（细沙和煤炭颗粒）常常因为反冲洗造成丢失，滤料的减少会造成滤池负荷能力降低。同时，因为需要频繁补充滤料造成成本升高。针对以上问题，精益小组专门成立课题，选取净水经验丰富的骨干组成课题小组进行攻坚克难。

课题改善目标是通过研究滤料流失的原因，进行工艺调整和改善，杜绝滤料的流失，同时建立滤池等相关设施维护标准。

课题小组通过反复观察滤池反冲洗的全部过程，利用检查表和录像进行记录分析，测定了所有滤池的跑料情况以及膨胀度，并进行了滤池池壁冲洗实验。通过安装实验装置，对煤滤料流失的密度和筛分曲线进行了测定。为了能够快速检查，设计制作了取料器和塔尺地角，利用水准仪进行滤池跑料测量，减少因测量需要进行排水而造成的浪费；调查部分滤站排水排不净问题，以及测定了滤池反冲洗强度。这些工作既是对滤池运行的数据测量方法进行的改进，也帮助企业建立了准确的滤池数据记录。反冲洗强度与跑料比例如图10-10所示。

通过前期观察对滤料流失的原因进行分析，形成特性要因图，并制定形成检验相关指标，分析对比来料、跑料和滤池剩余料。分析结果具体参考图10-11。

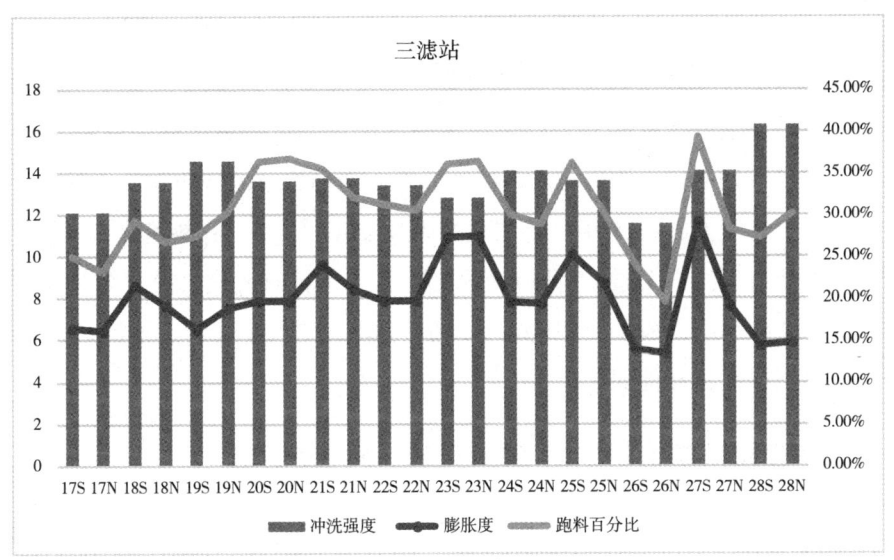

图 10-10　反冲洗强度与跑料比例

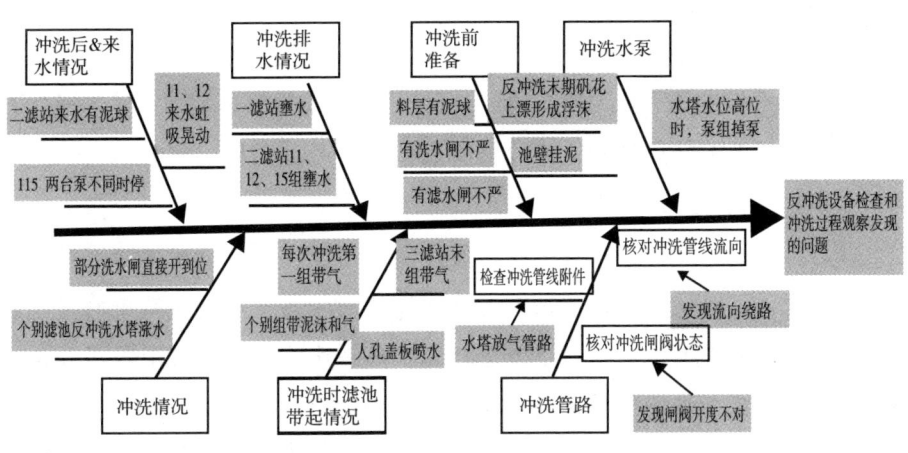

图 10-11　跑料分析鱼骨图

课题小组针对上述要因分析，做了大量改进工作，制定了全面的管理标准，如为了确保滤站冲洗强度和合理，调节了联络闸和出水闸开度；为了避免反冲洗过程水塔水位过高，造成溢流掉泵，调节了三滤站上水泵出水闸，减少水量；逐组分析了冲洗管道的问题，更换了部分滤站水塔放气管；检查了全部滤池的排气管及人孔盖板并进行了部分滤池的维修，改造滤池人孔放气管；解决了部分滤池的来水虹吸问题；调整了部分滤池洗水开闸间隔，改造滤池最后一组停洗泵时间，避免因水塔水位下降过快造成的滤池带气。提升排水槽出口处的排水槽底与滤料层间高度，增加滤池池壁的表冲装置等。

通过上述改善，2018年全年测量数据比2017年减少滤料流失78吨。从污泥排水池清理滤料上看，从原来最短60至75天清理一次，提升至180天清理一次。课题小组形成了《滤池运行维护规范》，进行了滤料、滤池运行、维护、点检等标准化文件的制定。

五、应用预防维护技术手段延长设备大修周期

随着供水企业设备自动化水平不断提高，设备的预防性维护愈加重要。因为隐患不能及时发现而造成设备故障，将影响正常生产运行，造成社会影响，并增加维护成本。而对设备进行预防性维护是提高设备开机完好率和运行完好率的最有效办法，因此，通过技术手段进行预防性维护延长设备大修周期成为了供水企业降低维护和人工成本的重要课题。为此，在第四批课题中确定了《延长设备大修周期课题》，目标是变被动抢修为主动维护，通过制度文件固化员工的维护理念，将故障隐患消灭在萌芽阶段，将泵组大修台时由1万小时延长为2万小时。

课题小组通过调查，摸清了公司设备实际情况，当前公司预防维护工作未形成系统化、科学化，公司泵组大修周期相对较短，相对花费维修费用较高。为此，课题小组确定了以下改进计划：第一步，维护部及工段召开预防维护专题研讨会，确定延长泵组大修周期的可行性。第二步，发动员工共同商讨提出延长大修周期的方法和措施。第三步，在前期工作基础上制定了制度、文件及相关记录表格。第四步，在前期预防维护的基础上，加强检测频率及技术手段延长设备大修周期。比如利用仪器着重对泵组运行进行振动、压力、温度、电流、声音监测，并通过手动和电动注油工具使用更好的轴承油脂定期补油，以及将轴承逐步替换为性能更佳寿命更长的进口轴承，使用专用加热工具和电动力矩扳手节省大修时间。

在课题改善过程中，员工开动脑筋自主创新，如公司原有液位计标定设

备性能下降，员工自主制作了标定设备，确保运行安全，节约维修费用；滤站 PLC 机架没有库存，员工自主将报废备件重新组合成一台正常使用设备等。

通过预防维护体系的推进，工段员工预防维护意识逐渐增强，逐步转变为由被动抢修到主动维护。工作的改进带来了设备临时故障率的下降和供水安全系数的提高。通过预防维护手段，泵组大修周期延长，已经具备了 20000 台时大修的条件。

六、后加氯工艺管道的优化

供水企业清水库的后加氯管道经常出现积垢堵塞的现象，造成清水库水质出现隐患。为此，精益小组专门确立课题，对加氯工艺管道进行优化。经过改善小组的论证，确定了将加氯点改为清水库末端的工艺路线，并制订了加氯管道重新施工的计划。当年完成了 2#水库管道的改造，并进行试运行。经过一段时间试运行，效果良好，能满足生产需要，开始对其他水库进行改造。年底完成了所有水库的管道改造任务。自改造完后补氯管道以后，经过近半年的使用情况来看，水库后加氯运行良好，堵塞现象彻底消除了。

>>> 本章小结

五年时间，试点单位完成了四批课题，从第一批课题简单地通过寻找现场浪费进行改善，到第四批课题围绕着制水过程的工艺方法进行深入研究改善。改善的深度在不断加强，企业改善能力不断提升，证明课题这种载体对于企业解决难题、提升管理是非常有效的。

课题改善从质量、成本、管理、工艺、效率、安全等方面对企业流程进行了重塑，企业对整体运营的把控能力得到了质的提升；课题以小组形式组织改善，调动了企业中大多数人员的能动性，激发了员工的智慧和创造性，培养了员工改善的能力，为企业后续的自主持续提高奠定了基础。

第十一章 目标绩效管理

"没有衡量，就没有管理"是管理学中的经典名言，任何一个成功的企业都必须具有以业绩为导向的考核评价体系、奖励优良业绩的管理体系。只有通过考核，激励员工的工作积极性，各项工作才能整体上水平。为了进一步提升试点供水企业的整体管理水平，精益小组决定在2014年开始导入目标绩效管理。通过明确结果，引导过程，实现精益与日常工作的结合。

第一节 目标绩效管理的规划

一、何为目标绩效管理

目标绩效管理是对绩效实现过程各要素的管理，是基于企业战略基础之上的一种管理活动。目标绩效管理是通过对企业战略的建立、目标分解、业绩评价，并将绩效成绩应用于企业日常管理活动中，以激励员工业绩持续改进并最终实现组织战略以及目标的一种全员改进活动。

对全世界500强的研究资料显示：这些全球最优秀的公司，绩效管理都具有相同的五个基本要素。即：明确一致且令人鼓舞的战略；进取性强而可衡量的目标；与目标相适应的高效组织结构；透明而有效的绩效沟通、绩效评价与反馈；迅速而广泛的绩效成绩应用。目标绩效管理的五个基本要素如图11-1所示。

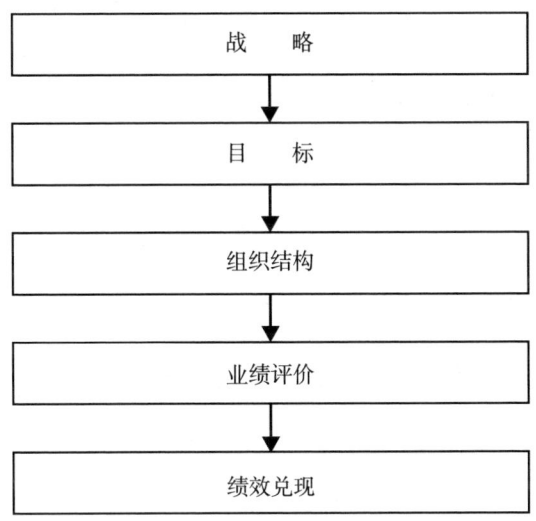

图 11-1　目标绩效管理的五个基本要素

一个设计科学合理的目标绩效管理系统结合了以工作为中心和以人为中心两种管理思想下的管理技能和管理组织体制，它应能使员工体会到工作中的乐趣和价值，从工作的成功中满足其自我实现的需要，企业的目标也随之实现。也就是说，它既有助于实现组织的目标和提高员工的业绩，又能够实现业绩评价。目标绩效管理的真正意义在于以下五个方面：

一是将员工的工作目标同企业的战略目标联系在一起，在战略的基础之上建立科学合理的企业目标，通过层层分解，形成员工的工作目标。这样就保证了员工工作目标与组织目标的一致性，从而也确保了员工工作目标和企业战略目标的同步完成。

二是绩效管理促使管理者对员工进行指导、培养和激励，以提高员工的工作能力和专业水平。

三是通过绩效管理，发现员工之间的差距，找出员工工作中存在的问题，从而使员工持续改进，确保工作中的业绩提升。

四是通过绩效管理，促使各级管理者之间、管理者和员工之间进行沟通，增强企业的凝聚力，树立较强的团队意识。

五是绩效管理可以使各级管理者合理分配部门工作，确保员工在清晰的目标指导下工作。

二、试点供水企业目标管理体系设计的基本原则

试点供水企业是一家60多年的国有企业，员工平均年龄48岁，如何激励员工的工作积极性有着更为复杂的背景。我们针对供水企业的目标管理体系，设计了以下基本原则。

1. 把握目标管理的基本原理

目标管理的基本原理是前人在上百年的实践中不断摸索和总结出来的，并经历过无数个企业的具体情况的考验，对设计目标管理体系具有指导意义。

2. 结合供水企业的具体情况

正确地认识供水企业的现实，是我们设计目标管理体系和其他一切工作的根本出发点。而认识供水企业的具体情况，应该从三个方面入手：首先，试点供水企业是一个按照现代企业制度设立的有限责任公司，是一个独立的企业法人。这一前提要求我们在设计时，应该从现代企业制度对企业目标管理的要求出发。其次，试点供水企业的主要人员来自老的国有企业，其固有的工作方式、方法和思维模式不可能在短时间内改变。因此，应该将目标管理体系的先进性与适用性紧紧地结合起来。最后，试点供水企业缺乏成体系的目标管理与考核制度。这就有可能使任何一种目标管理体系在实施的初期都会遇到前所未有的阻力，而除了体系本身的适用性外，企业领导者的勇气与决心往往是克服阻力的决定性力量。

3. 明确目标管理的目的

根据公司的具体情况，在现阶段目标管理的主要目的应确定为：科学、准确地衡量员工的工作绩效，兼顾员工的工作能力和工作态度，为确定员工的薪酬和奖金提供决策依据，在企业中切实体现"多劳多得"的原则。

而在试点供水企业实施了这套目标管理体系后，随着企业管理者与广大员工对目标管理体系认识的深入和接受程度的提高，目标管理体系不断地进行完善，目标管理体系的作用也应随之逐步扩大。在考核结果的运用上，除了现有的为薪酬和奖金决策提供依据外，还要逐步地为企业人力资源工作的其他各个方面的决策提供依据。

第二节 年度战略地图规划

一、战略管理的说明

战略管理是指对企业战略进行设计、选择、实施和控制、评价,直到达到战略目标的全过程。战略管理集中研究综合管理、市场营销、财务和融资、生产、研发、计算机信息系统等方面问题,以保证公司目标的实现和成功。

战略管理有别于以往的生产管理和经营管理,其三者之间的关系如图11-2所示。

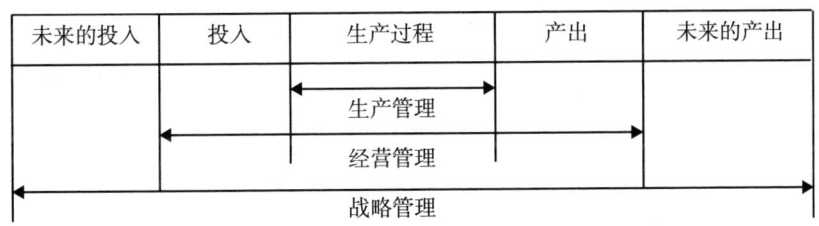

图 11-2 企业管理的三个阶段说明

从图11-2可以看出,战略管理更偏重于通过没有现成经验可依据的、未来的投入和产出的组织,一方面适应环境,另一方面创造和改变环境。它涉及的范围包括从公司整体的长远利益出发,对战略目标、内部资源合理配置和环境适应性等问题进行谋划和决策,并依靠公司内部的能力将这些谋略和计划付诸实施。

公司年度战略地图是指导公司下年度全局工作的说明,是公司至关重要的主体战略。它的制定一般包括以下几个部分:

(1) 确定公司宗旨或使命,分析公司内、外部环境;

(2) 确定战略指导方针和战略目标;

(3) 拟定实现战略目标的任务和方案;

(4）年度需要进行管理制度和能力提升的方案。

二、试点供水企业的战略地图说明

供水企业为了更好地完成公司目标、更好地服务社会，在认真回顾上一年度经营工作成果和不足的基础上，围绕 2014 年全年工作展开了系统思考，提出了 2014 年度的公司层面战略方案。具体包括：

企业愿景是一个经营单元对自己在未来的预期，表达了一个企业的高尚情怀和价值观，愿景常常是一句话，能够最大限度地引起外部客户和内部客户的共鸣。供水企业的愿景是：一流供水，造福社会。实现愿景的途径是：安全、质量、管理持续改进，社会、企业、员工持续共赢。通过企业和员工在工作中的持续改进，让过程更加稳定稳健，确保了社会和企业股东的满意，同时也让员工在持续改进中获得个人收益。

年度目标是企业基于上一年度的实际达成情况制定的，年度目标的确定就是吹响了年度工作的号角，也是企业员工全年竭尽全力工作的目标结果。供水企业 2014 年年度目标是：供水量从 2013 年的 1.1 亿吨，提高到 1.25 亿吨；水质指标达标率保持在 2013 年的 100% 合格的水平上；制水成本从 2013 年的 1.93 元/吨，降低到 1.82 元/吨；责任事故保持在零起。

推动方案是企业为了达成既定目标需要在公司层面调度实施的工作计划。推动方案是改善活动，也是具体的技改措施，更是实现目标的具体过程。

供水企业围绕 2014 年度的供水量目标确定的推动方案为：

（1）提高设备完好率：PM 管理。

（2）异常事件应急措施。

（3）滤池效率提升——人工清洗。

（4）节水节电活动。

（5）建立班次评比和横班。

供水企业围绕 2014 年度的水质目标确定的推动方案为：

（1）关键点监控仪表覆盖。

（2）洗滤池氯氨投加标准。

（3）仪表和投加设备故障次数及恢复时间下降。

(4) 氯/氨/浊度展开改善。

供水企业围绕2014年度的制水成本目标确定的推动方案为：

(1) 成本的合理控制。

(2) 专业维护降低设备异常。

(3) 药剂定额的控制。

(4) 固定资产投资成本控制。

(5) 班组管理及技能提升。

供水企业围绕2014年度的安全责任事故目标确定的推动方案为：

(1) 二级预案的编制培训。

(2) 虚惊事件上报整改率。

(3) 定期设备清扫活动。

(4) 法规政策培训教育。

(5) 部门间服务满意度。

行动指南是全体员工为了实现目标和方案需要展开的能力提升活动。该活动能够推动员工持续学习，并根据所学工具能够持续解决问题。

供水企业2014年度采用的行动指南是目标绩效管理活动、5S活动、全员改善活动、班组建设活动和标准化活动。上述内容整理成战略地图如图11-3所示。

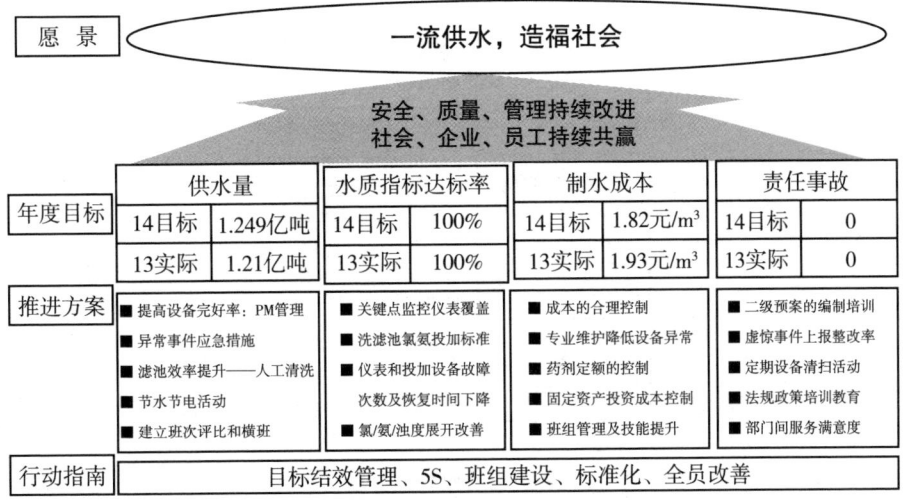

图11-3 试点供水企业战略地图

第三节　战略地图的分解实现

公司树立年度战略目标之后要推进战略实施落地，不仅要有效调配资源、制定相应制度和激励政策，还要进行目标分解、执行计划编制、组织结构设计等工作。

一、战略目标分解

公司战略方案只是一个粗线条的纲领性文件，要实施就必须进行细化。为了让每一个经营单位都明确自己在一定时期内的任务，将高层管理者的意图、观念和任务变成中、基层管理者对工作的主动性、创造性和责任心，必须将公司战略方案中规定的战略目标和任务，按照一定的规范和方法进行层层分解，具体落实到位，从而确保公司战略总目标得以实现。其过程如图11-4所示。

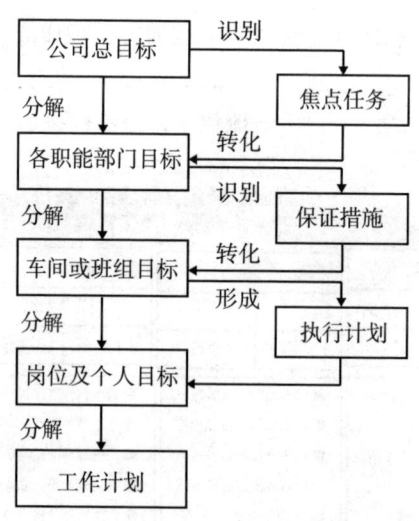

图11-4　公司战略目标分解示意图

二、组织结构的调整

为有效达成组织的目标，需要建立一个与之相协调一致的组织结构来满足。不同的战略需要不同的组织结构。对同一个战略来讲，不同的组织结构对该战略的满足度是不同的，对战略目标实现过程的影响也非常大。比如走多元化和国际化发展的战略目标，职能式的组织结构就很难满足该目标的实现，而矩阵式的组织结构就比较容易配合到该战略目标的实现。因此当企业的战略和目标确定后，应建立一个与战略和目标协调一致的组织结构。

常见的四种组织结构模型如图11-5所示。

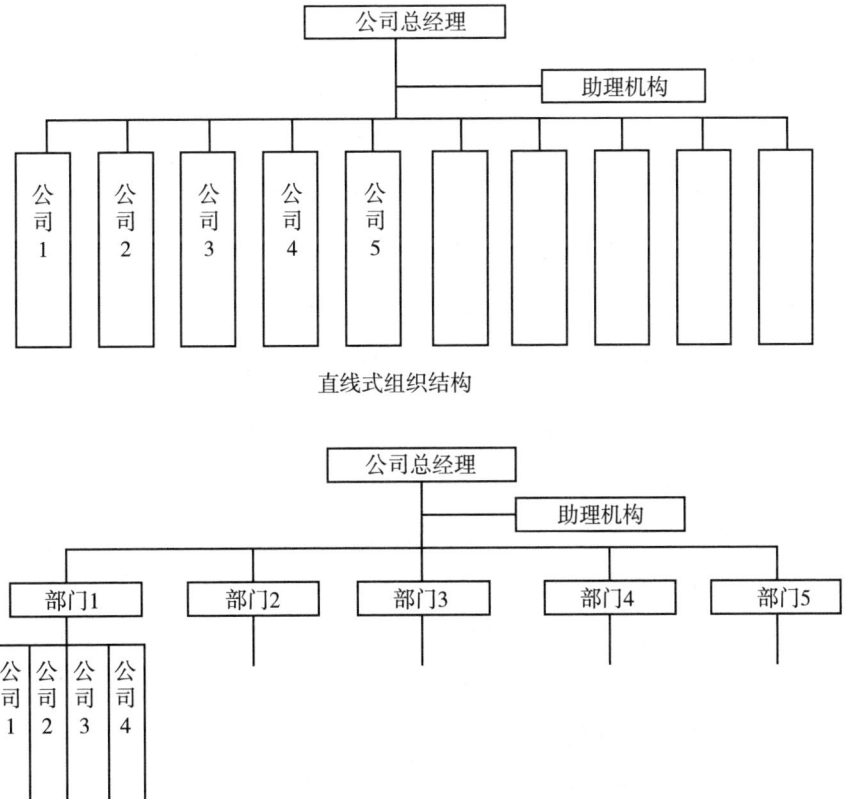

直线式组织结构

职能式组织结构

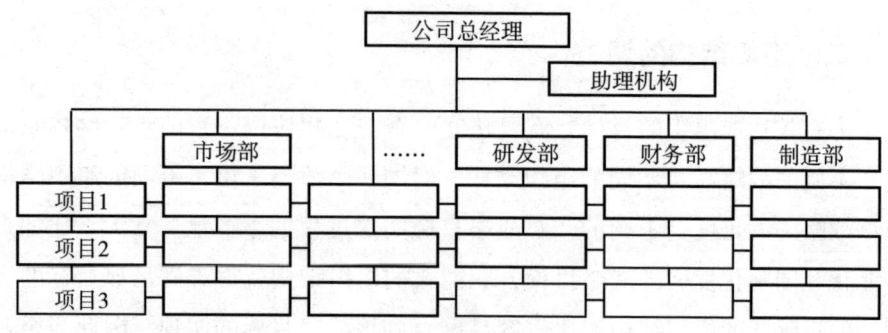

矩阵式组织结构

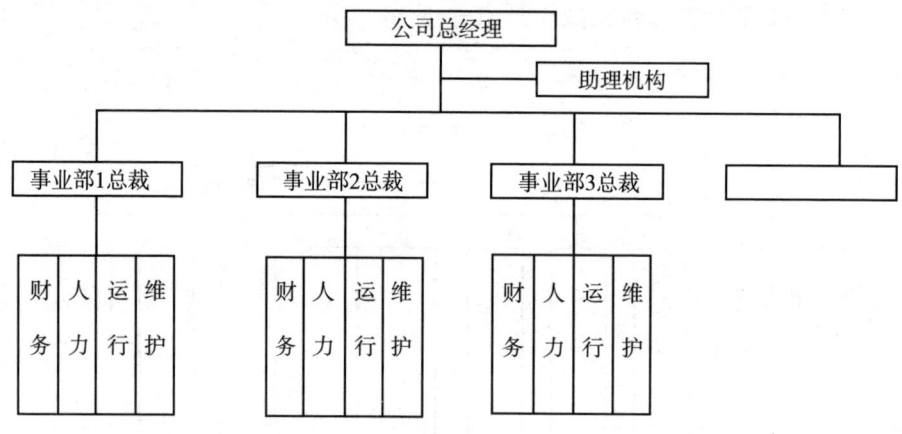

事业部式组织结构

图 11-5　常见的四种组织结构模型

试点供水企业组织设计的主要思路是通过组织的精简调整完成公司年度目标，公司围绕水量、水质、成本、安全四大目标，确立了一线部门、二线部门、三线部门、监管部门四大类别，运用扁平化和大部化的思想进行管理。即通过扁平化增加管理幅度、减少管理层次；打破部门的壁垒来实现大部化，通过大部化加强企业各职能之间的横向联系。

改进前的组织架构如图 11-6 所示。

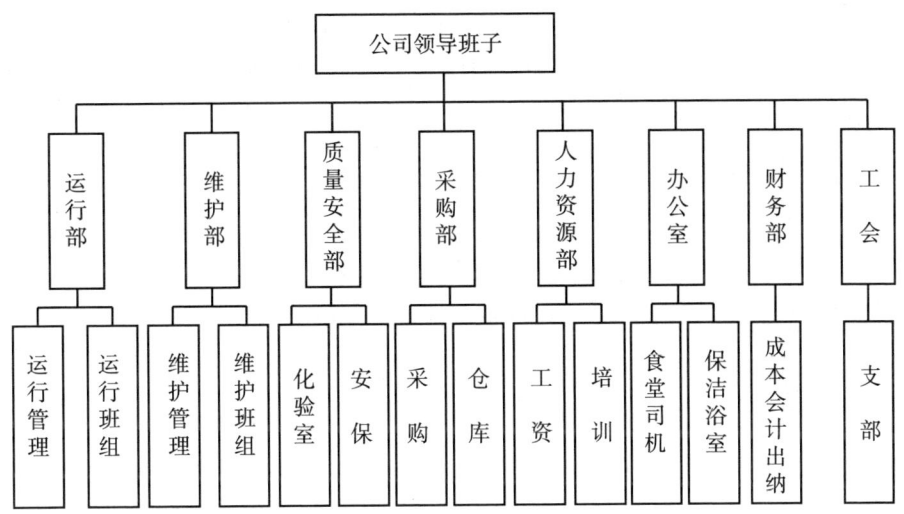

图 11-6 改进前的组织机构

改进后的组织机构调整如图 11-7 所示。

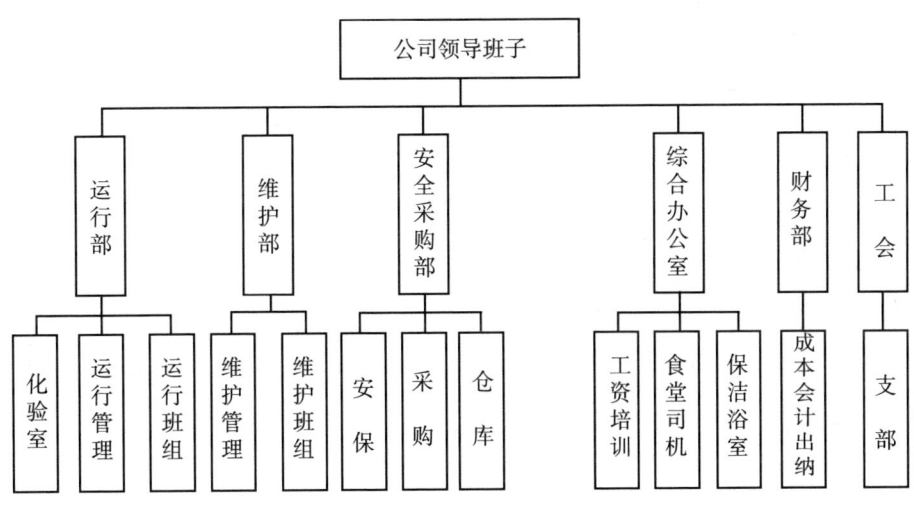

图 11-7 改进后的组织机构

三、公司职能分工和目标分解

分工是一个企业中最基本的组织活动,是实现组织目的的一种最有效手段。职能分工就是在上述架构的基础上，将公司的总体职责和目标进行分配，既是权力的分配也是责任的分配。通过分工让公司内组织明确任务，根据任务形成行动计划，这样一个复杂的组织机器就会高效地工作起来。

试点供水企业对目标的分解体现在两个方面：首先，按照年度重点任务对领导班子工作进行分解，明确班子成员重点任务；其次，根据公司目标的构成，分解形成各部门的目标，并依据部门目标形成对部门负责人的绩效合约，利用绩效合约将部门的工作结果进行量化评价。

1. 公司领导班子的具体分工

试点供水企业的中外方经理、党支部书记、总工程师、质量总监共同构成了领导班子。领导班子内部分工中，中外方经理根据董事会安排轮流负责公司总体运行的管控，监控公司的财务状况；党支部书记负责党政工团的具体事宜；总工程师负责产水运行工作；质量总监负责对水质的把关。根据上述分工，领导班子对精益工作的详细分工如表11-1所示。

表 11-1　　　　　　　试点供水企业的高层分工表

精益管理内容	中方经理	外方经理	总工程师	质量总监	党支部书记
定岗定编	◎				△
目标绩效考核	◎	△	△	△	△
精益管理体系	◎				△
对标&卓越运营	△	◎	△	△	△
课题管理		◎			△
5S活动	△		◎		△
合理化建议	△		◎		△
班组管理	△		◎		△
课题应用				◎	△
二级预案	△			◎	△
宣传培训	△				◎
一点经验	△				◎
人才培养	△				◎

说明：◎代表牵头负责，△代表配合工作。

2. 部门管理指标的分解

围绕公司年度目标，需要向部门进行详细分解，从经营指标向管理指标乃至过程指标进行指标细分，细分中需要考虑指标的影响要素。制造型企业的影响要素为人员、设备、材料、方法、环境，根据影响要素将公司经营指标进行分解。战略目标要素展开表如表 11-2 所示。

表 11-2　　　　　　　　　　战略目标要素展开表

要素 指标	人	机	料	法	环
水量	员工满意度，多能工	设备完好率	材料不合格次数	产能负荷度，调度计划执行率	
计划完成率	标准遵守率、计划遵守率	设备修复时间，设备故障间隔时间	盘点准确率90%以上		
水质	课题完成率	加药设备维护保养执行率	材料不合格次数		
成本	工作电子化，定岗定编	维修费用率，备件采购成本降低，备件存储成本降低	紧急采购次数降低，办公成本降低，药剂定额控制率	采购成本下降，紧急采购次数降低	能耗指标降低，污泥成本降低
安全	提案，5S	隐患整改比例			
不良事件	员工满意度，出勤率				班组建设

根据经营指标确定下来管理指标之后，就要将管理指标根据公司职能分工，分配给相关的职能部门，以此来确定该部门的主要工作指标。战略目标职能分解表如表 11-3 所示。

205

表 11-3　　　　　　　　　战略目标职能分解表

职能部门	目标 1	目标 2	目标 3	目标 4	目标 5	目标 6
综合部	培训计划的执行率100%	多能工体系建立	精益推动专家兼讲师5名	办公成本降低	管理费用降低	员工满意度提升
财务部	预算费用控制率	办公室5S	提案数量	月度报表准确率	定额完成率100%	
运行部	水量计划完成率	调度计划完成率	水质	药剂定额控制率	水质合格率	
维修部	设备完好率	MTTR（设备故障修复时间）	MTBF（设备故障间隔时间）	国产化率	维修费用率	设备保养维护计划执行率
安采部	盘点准确率90%以上	材料在线不良率	零安全事故	采购成本下降	备件库存成本降低	紧急采购次数降低
工会	提案	班组建设				

通过上述表格，就将战略地图的目标分解到各部门，成为了各部门的KPI。

第四节　部门目标绩效管理

试点供水企业各部门确定了分解承担的指标之后，精益小组开始设计以部门为单位的评价内容和评价标准。评价的内容常常称之为KPI，为了表达对KPI的总体评价，常常将KPI转化为绩效合约，也就是公司与部门之间签订的责任状，绩效合约中约定的时限和达到程度将成为定期考评的依据，这是绩效管理的核心环节。

一、部门的绩效合约

在给各部门确定关键绩效指标 KPI 的过程中，我们坚持了一个重要的SMART 原则。SMART 是5个英文单词首字母的缩写，即：S（Specific）代表"明确可行"；M（Measurable）代表"可衡量"；A（Attainable）代表"可达成"；R（Realistic）代表"与关键职责相关"；T（Time bound）代表"有时间限制"。同时，根据KPI特点，可以其分为四种类型：数字型KPI、时限型KPI、项目型KPI和混合型KPI。试点供水企业绩效指标选取的都是数字型KPI和时限型KPI，确保KPI在评价的时候明确具体，让人信服。绩效合约中的KPI又分成三类，第一类是否决指标：安全，也就是说安全事故发生了则一票否决；第二类是从公司战略目标分解出来的KPI，分解时采取杜邦分析法，保证了指标的相互关联；第三类虽然不是KPI，但是部门职责内的工作，我们统一称之为评价指标，即CPI（Common Performance Index）。各部门将KPI在部门内进行进一步分解，把目标分配到各自不同的岗位上去。试点供水企业各部门的绩效合约具体参考如表11-4所示。

二、部门业绩评价规则

有了绩效合约还需要设定KPI的评价标准。一般来说，不同的KPI其评价标准是不同的。目前比较通用的是采用四维评价法，这四个维度是时间、数量、质量、成本。通常对KPI进行评价时，并不是四个维度都是必需的，可根据KPI的性质选取其中一个或多个评价维度进行评价。在试点企业部门评价规则设计中，我们坚持等级打分制，即按照完成目标的比例来设计得分，得分的标准各部门相同，这样就保证了各部门的衡量标准一致。

关于试点供水企业的评价规则，我们选取某部门的考核细则进行说明，如表11-5所示。

试点供水企业某部门绩效合约

表 11-4 2014 年 1~12 月目标值

NO	区分	绩效指标项目	该项指标分解权重指标	达成目标值	1月	2月	3月	4月	5月	6月	7月	8月	9月	10月	11月	12月	统计评价部门	考核部门	考核评价计划准则
1	否决指标	责任事故	否决指标	0	0	0	0	0	0	0	0	0	0	0	0	0	安全质量部	公司人力部	
2		水量	20%	124900	10000	8400	9700	9700	11000	10500	11000	12300	10700	10500	10500	10600	公司领导	公司人力部	本月实际权重分数=本月实际完成数本月目标数×目标权重分数，具体考核方法参考《运行部考核说明》
3		水质	15%	100%满足集团要求	100%	100%	100%	100%	100%	100%	100%	100%	100%	100%	100%	100%	公司领导	公司人力部	
4		开泵及时率	15%	100%执行集团调度指令	100%	100%	100%	100%	100%	100%	100%	100%	100%	100%	100%	100%	公司领导	公司人力部	
5	考核指标	成本	13%	1.83	1.75	1.47	1.71	1.71	1.9	1.85	1.9	2.16	1.86	1.85	1.85	1.86	精益办	公司人力部	
6		5S活动	9%	70分	70分	70分	70分	70分	70分	70分	70分	70分	70分	70分	70分	70分	精益办	公司人力部	
7		人均合建	9%	0.5件/人	0.5	0.5	0.5	0.5	0.5	0.5	0.5	0.5	0.5	0.5	0.5	0.5	精益办	公司人力部	
8		特色活动	9%	100分	100分	100分	100分	100分	100分	100分	100分	100分	100分	100分	100分	100分	精益办	公司人力部	
9		临时任务完成度	10%	100%	100%	100%	100%	100%	100%	100%	100%	100%	100%	100%	100%	100%	公司领导	公司人力部	

相关说明：1. 各部长及主任，对于目前的绩效考核暂不写工资、奖金、晋升等挂钩。2. 每月各部门目标项目完成情况，按照《部门月工作目标及绩效考核指标评价标准》进行自主评分相关单位审定，由人力资源部进行复核评价；每季度由公司人力资源部考核评分。3. 考核标准见《绩效考核管理规定》《目标绩效管理办法》。

表 11-5　　　　　　　　　　　某部门考核细则说明

KPI	衡量标准	权重	指标简要说明
责任事故		否决指标	未出现责任事故，则依据下述规则按照100%打分；出现责任事故为零分
水量		20%	以公司规定的月度目标为准，目标达成得100分；未达成时完成率每少1%该项扣1分，当完成率少于60%，该项不得分
水质		15%	以公司规定的年度目标为准，目标达成得100分；未达成时完成率每少1%扣4分，当完成率小于90%时，该项不得分
开泵及时率	完成率=本月实际完成数/月目标数	15%	以公司规定的月度目标为准，目标达成得100分；未达成时完成率每少1%该项扣1分，当完成率少于60%，该项不得分
药剂及动力成本		13%	以公司规定的年度目标为准，目标达成得100分；未达成时完成率每超过1%扣4分，当完成率为120%时，该项不得分
5S活动		9%	以公司规定的当月目标为准，目标达成得100分；未达成时完成率每少1%该项扣1分，当完成率小于60%，该项不得分
人均合建		9%	以公司规定的当月目标为准，目标达成得100分；未达成时完成率每少1%该项扣1分，当完成率小于60%，该项不得分
特色活动		9%	以公司规定的当月目标为准，目标达成得100分；未达成时完成率每少1%该项扣1分，当完成率小于60%，该项不得分
临时任务完成度		10%	以公司规定的当月目标为准，目标达成得100分；未达成时完成率每少1%该项扣1分，当完成率小于60%，该项不得分

最终考核得分的计算如下公式：

运行部考核得分=水量得分×20%+水质得分×15%+开泵及时率得分×15%+药剂及动力成本得分×13%+5S活动得分×9%+人均合建得分×9%+特色活动得

分×9%+临时任务完成度得分×10%

三、部门业绩评价的开展

绩效评价是绩效管理的重要环节。绩效评价是通过岗位管理人员或岗位关联人员与该岗位员工之间有效的双向或多向沟通，依据考核标准和实际工作完成资料，在分析和判断基础上形成考核成绩，并将绩效成绩反馈给员工的一种正式工作制度。试点供水企业的考核主体者是员工的直接上级或部门经理。

绩效沟通是整个评价工作的重要环节，它的主要任务是：改善及增强考核者与被考核者的上下级融洽关系；分析、确认、显示被考核者的强项及弱点；帮助被考核者善用强项与改进弱点；明晰被考核者发展及训练的需要，以便日后承担并更加出色有效地完成工作；反映被考核者现阶段的工作表现；如果员工认为存在有失公正的地方，可以进行相关申诉。这个渠道要通畅。

四、绩效成绩的应用

绩效成绩的应用是多方面的。大多数企业进行绩效管理的重要目的是为解决绩效薪酬的分配，而实际上，绩效成绩可以应用在人力资源管理的所有领域。图11-8列举了绩效成绩在四个主要领域的应用。

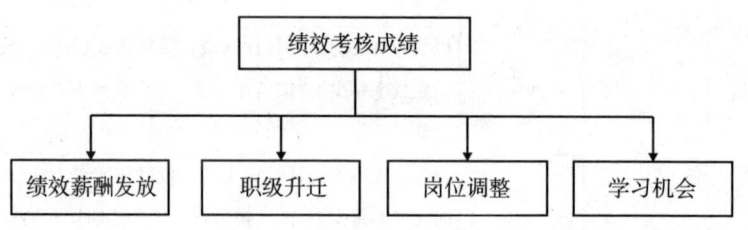

图11-8 绩效考核成绩应用

在试点供水企业，绩效成绩与薪酬方面的联系是非常紧密的，几乎季度绩效薪酬全部按照绩效成绩来进行计算和分配。试点供水企业将绩效成绩用于薪酬分配的方案为：

绩效薪酬=奖金基数×岗位系数×（安全考核分+结果考核分+公司总体考核分）

>>> 本章小结

尽管由于企业的性质导致考核结果的执行比较"温和"，最终按照考核结果进行绩效分配的差异不大，通常班组内差异不超过500元/月，但是通过绩效评价员工及通过分配评价结果的方法，较大地激发了班组内员工的积极性，激发了基层管理者的责任意识。

通过目标绩效基层执行力得到了加强，基层班组成员的积极性得到了较大提升。

第十二章 试点供水企业精益管理实施后心得体会

精益管理的成功实施不仅为企业带来实实在在的效益，培养了众多的改善人才，更带来了一场认知和意识的革命。全体员工从精益活动中获得感悟、获得知识，提高了自己的视野和素养，人的改变带来了企业的进步。精益的实施对于国有企业来说，绝不仅仅是在平静的湖面投入了一个石块泛起的阵阵涟漪，而是水面下形成了强大的暗流，最终将形成汹涌奔腾的河流，精益以远超大家想象的影响力帮助企业蜕变。

随着精益管理项目引起越来越大的反响，在精益项目的第一期期末和第二期期末，为了能够了解推进中存在的不足以及各级职工的关注点，精益办公室分别组织了全企业范围内的恳谈会，将大家对精益的认知和推进的不足进行了整理。为了能让读者翔实地了解各级人员对精益管理的态度，我们选取一些实施精益管理后的心得体会进行分享。

一、运行部主任

1. 心得

我理解的"精益"——任何事物精准到极致后必将带来效益的附加值。

最初了解精益是从 5S 样板班组建设开始的。从整理、整顿到清洁、清扫，天津大学师生和集团、公司两级精益办成员做策划，全员齐动手一起参与改善，班组值班环境大有改观，收到良好的效果。这些目视化管理、标准化流程的开展为一线员工规范了操作，树立了样板。这样看来前期的 4S 即整理、整顿、清洁、清扫的工作效果是显现地令人满意的，给辛苦的付出者带来回报感和成就感，所以参与者有热情、有信心，干着也有劲头。

可是从 4S 晋升到 5S 的过程就不像前面 4S 那样具有立竿见影的效果了。它是量不断积累的过程，需要将之前建立的制度、流程等文件性的东西长时间地、日复一日地坚持做下去。需要滴水穿石的功夫。

人的习惯要经历 21 次的重复才能养成，人的素质和教养的提升更不是一朝一夕的事。常言道"十年树木百年树人"，足见感召和教化人的艰辛。

定位决定地位，开局决定结局。如果最初我们就抱定引进精益，一切管理难题都不再是难题；运用精益，管理上水平可一蹴而就了，我想那是对精益的误解和神化。一旦短期内看不到预期的效果，会使人对精益产生怀疑、动摇了信心、失去了方向，很可能陷入"四不"的窘境。所以，选择做精益必须有打持久战的心理准备。常言说：打江山易，守江山难。5S 中的前 4S 就如同打江山，而实施 5S 相当于守江山。所以要想保住胜利果实必须持之以恒地做下去，直到员工形成习惯不需要别人强迫着干，变要我干为我要干，这时才是真正意义上素养的提升了。授之以鱼不如授之以渔，再进一步引申为"授之以渔不如授之以欲"。

2. 接下来推进精益的想法及建议

排解不知所措的困境，绕开不了了之的陷阱，必须坚定信心走下去。举个减肥的例子，大家都知道少吃多动，耗量大于存量自然能瘦下来。但是这是个长期坚持才能见效的过程。往往会有人或是因管不住嘴迈不开腿，或是三天打鱼两天晒网夭折了减肥计划，最终无功而返。但是他不会从自身找原因，而是从客观上找原因，如该方法不科学或是不适应自己啦，再去寻找捷径的办法来解决，如药物减肥等。但是，分析最终减肥成功的案例就是最初的方法坚持下来就成功了。所以坚持得久一些离成功就近一些。

3. 下一步计划

管理是盯出来的，技能是练出来的，办法是想出来的，潜能是逼出来的。

从班组长到管理人员再到中层干部，人人都要学做布洛克的教练（在 2015 年 8 月精益月度会上杨博士放映的影像中人物），要为队员喊上几十次甚至上百次的信任、激励、鞭策的语句，为他们激斗志、增信心，在他们身上创造奇迹，逼出他们的潜能，随之而来的便是被认同、被尊重。这样才会增强员工的成就感和存在的价值感，继而增加了荣誉感和使命感，进入素养提升的新阶段。

二、维护部职工

经过学习精益管理和参与课题改善活动，让我受益匪浅。今天借此机会将我个人的一些学习心得和参与体会与大家进行分享。

公司开展"精益管理"活动已经8个月了，随着精益管理的不断深入，逐渐与产水核心问题相结合，设立了9个改善课题，我有幸成为"节水节电管理项目"课题小组的成员。我们按照老师传授的头脑风暴法、鱼骨图、甘特图等工具方法，对课题进行系统的分析，借助精益管理的平台在公司范围内寻找和挖掘在水、电消耗方面的潜能，关注细节，从日常生产、生活、办公方面入手，开展课题项目的实施。目前课题按计划实施得非常顺利，也取得了一些经济效益。

当然，在课题实施过程中我们也遇到了一些困难，但通过大家的努力困难被一一克服了。如：改善课题子课题的确立，近些年公司一直在节能方面做了大量工作，在此基础上再进行挖潜，还是有一定的难度。再比如，课题实施过程与正常生产工作的协调问题，课题组成员是来自不同部门同事，每人都有各自的工作，所以大家经常利用自己的午间休息时间和业余时间完成课题的实施工作。在精益管理中一个重要的理念就是减少非增值环节，我们在实施的过程中想尽一切的办法、各显其能，力求减少不必要的增值环节。如打碱泵课题实施使用的电缆都是我们在厂区内寻找的其他工程剩余的电缆，该改造使用的配电盘，从图纸设计、盘柜制作均是小组成员自己动手利用业余时间实施的，节约了不少费用。

通过改善课题的参与实施，使我真正感悟到精益管理的精髓所在——从细节入手，不放过任何可以节约的空间。精益管理不仅是一种意识、一种观念，还是一种认真的态度，更是一种精益求精的文化。老子说："天下难事，必做于易；天下大事，必做于细"。因此，在工作中实施精益管理，就是对工作过程中的每一个细节都要精益求精。做每一件事哪怕是小事，都要持高度负责的态度。做到事无巨细，不断培养个人扎实、严谨的工作风格。做到事事有人管，时时有人查，时时有计划，事事有总结。最值得我们注意的是要用不断的持续改善的观念去追求完美！这点对我来说是收获最大的。

三、工会干事

借此机会，我就公司开展的"精益管理"及合理化建议和"一点经验"活动谈谈自己的认识和体会，也与大家分享一下自己的心得。

2013年5月，作为集团公司精益管理试点单位，我公司开展了精益管理活动。随着活动的深入开展，诸如5S目视化、合理化建议、精益改善课题、"一点经验"等一系列精益管理项目也陆续铺开。

在合理化建议活动中，为使精益管理持续有效地开展，达到预期降本增效、持续改进的目的，公司号召全体员工就工作中发现的实际问题，提出合理的改善建议。"精益我先行，党群做先锋"，作为"5S样板区"的成员，我一直秉承这句口号，积极响应，并在实际工作中起到先锋作用。针对身边的办公、生活环境以及一些操作流程中不太便利的环节，主动进行分析，找出问题并提出解决方案。通过开展合理化建议的活动，鼓舞员工提出创造性的建议，提高了员工发现问题、解决问题的能力，并实现员工的全员参与，这正是促进企业凝聚力的有效保障。另外，合理化建议活动大大改善了员工的精神面貌，提高了员工的参与意识。在此项活动中我积极参与，提出多项合理化建议，希望用自己的实际行动为公司做出贡献。

我公司历来重视工作的优化和宝贵经验的积累。此次结合精益管理的推动进程，公司在全体员工中开展了"一点经验"活动，希望借此活动使工作中的宝贵经验得到传承。我觉得这是一个很好的传承文化和技艺的活动。有了这种传承文化，后来人不必浪费时间与精力重复去走前辈走过的老路，只要继承、发扬即可，这样便可大大提高发展速度。为此，我们献计献策，将多年积累下来的经验和好的方法贡献出来，让更多的员工了解和掌握。我作为公司的一员，也将工作中总结出来的多项办公软件操作技巧贡献出来，与大家进行分享。

只要细心观察、多留意，总有一样适合你、值得你去改善、去推广。当然，精益要从心开始，改善要由我做起。精益管理不仅仅是领导层面的事情，更与我们每一位员工息息相关。让我们每一个人都能加入到精益管理的活动中来，让我们每个人都能为精益管理添砖加瓦，尽我们的一份绵薄之力。

四、办公室副主任

1. 心得

"精益管理"在集团领导的推动、关注和公司领导班子的支持下，紧锣密鼓地在公司展开了。在过去的一年半多的时间里，对于个人，在管理思想意识上有了一个清楚的感性认识和深度理解。从基本的概念到逐步实施，从思想被动接受到主动思考参与精益管理，能够体会到团队在推动精益管理过程中的艰辛，每一个课题的开展和每一步精益管理的进程中都凝聚着精益推动办和课题小组组长及成员们的智慧和汗水。

"精益管理"首先从5S管理入手，从点滴开始，以点带面，改善班组工作生活环境，利用小鼓励的形式推动精益管理培训的进行，发动全员参与；以奖励的形式鼓励和推动"一点经验"和合理化建议的开展；以精益管理月度例会的形式向集团领导、公司领导和班组长及课题小组成员们以及兄弟单位，总结和汇报"精益管理"在公司开展的阶段性的、有特色的各项精益管理改善工作。其次，在每次精益管理月度汇报的总结汇报文稿和PPT的编制工作中，开始在天津大学团队的帮助下进行，在一年多的时间里已经锻炼了精益推动办成员能够自己较好地完成月度例会总结以及向各级领导及兄弟单位汇报的文稿和PPT稿的自编、自改工作。精益管理为精益推动办成员在本职工作外搭建了一个能展示能力和挖潜的平台，使每位成员在此平台上得到了良好的锻炼和自我提升的机会。再次，精益管理开展以来，公司领导班子，本着为大家做实事、做好事的原则，从改善生产班组工作、生活环境入手，推动精益5S管理的步伐。在样板间班组的示范作用下，逐步扩展精益管理改善范围，以清理、清整、清洁工作、生活环境为重点，尽可能多地为员工改善脏、乱、差的工作、生活环境，让员工在洁净、舒心的环境中工作，促使员工从思想意识上提升对精益管理的认知度。激励员工爱企业、爱班组、爱岗位，并能积极地参与到精益管理工作中来。正因为有了这些正能量的积累，公司的精益管理工作才能取得今天不错的成绩。成绩的取得是公司全体员工共同参与和努力的结果。

2. 建议

（1）将精益管理的各项工作与公司整合管理体系紧密融合，在日常管理工作中踏踏实实地落实到各部门的月度工作中去，进一步完善公司管理。

（2）让精益管理更贴近生产运行，在保障正常生产运行的基础上，将严、细、精的管理落实到实际生产运行活动中。切实地让每一位员工在日常生产管理工作中就是在精益管理着本岗位的工作。让每一位员工发现和总结在自己工作的身边所发生的细微的跟精益管理相关的变化，自己在精益管理过程中的参与及心得和工作开展的建议；或者是以采访的形式对班组员工进行公司精益管理的收益和建议。

五、维护部职工

1. 心得

精益管理在我公司开展一年半，通过多次培训和有效的开展使我公司各项管理有很大的提升。通过精益管理有以下几点体会。

（1）通过精益管理维护部管理工作发生很大的改变。按精益管理要求建立示范班组，通过整改和培训，从班组环境、工具材料室、维修操作间、人员素质上进行了改进，通过此次整改改变了过去班组环境不规范、现场杂乱的面貌，为员工在工作和休息时提供了一个舒适整洁的环境。同时，由于工具、材料室杂乱及维修操作室摆放不整齐，所以在检修设备时需要的材料不好找，使用的工具不齐全，造成时间和人员的浪费，特别是当突发事件发生时极大影响了及时率。

（2）在咨询老师的指导下，首先维护部抢修组、自动化组进行整改，使班组环境上有很大的改变。维修操作间材料室通过调整使员工在检修设备时需要材料好找，需要工具好拿，这样检修设备时极大节省时间。在人员素质上，通过多次培训，员工素质有很大提高，由原来的不理解到理解、由被动变为主动，逐渐参与精益管理的工作当中。合建就是充分的体现。由于员工积极参与合建，对我公司不合理的事、设备有缺陷的部位、影响人员安全的事通过合建提出来并一一解决，有效地保证公司正常运营。

（3）通过合建、"一点经验"、课题的实施，并结合精益管理组织的多次培训，使自己对精益管理有了更深刻的理解。精益活动带来了这几个方面的改进：①有章可循；②工作便捷；③提高效益，合理使用费用；④改变不合理的操作方式；⑤员工和设备安全更有保证；⑥让环境优化；⑦教育员工有很强责任心。

（4）在咨询团队组织下，通过参与合建、"一点经验"、课题组工作，深深认识到，许多不合理的事和问题得到解决，许多老员工技术经验得到传承，给维修工作提供了方便。课题组的工作解决许多问题，比如在维修合理使用材料上、节能减排上、突发故障二级预案上、操作标准上都制定标准和手册，使我公司的管理更加顺畅，执行起来更加有效。

2. 建议

（1）精益管理已进行一年半，目前咨询团队还在帮助我公司进行，未来咨询团队离开公司后，公司能不能仍然按部就班地开展精益管理工作，公司领导应考虑这个问题。

（2）就员工素养教育的问题还要加大培训力度。

六、运行部工段长

1. 心得

精益管理像一股新鲜的血液注入我们公司，像一缕春风吹进每一位员工的心里。经过一段对精益管理的学习和参与，让我受益匪浅。精益管理把先进的监管理念和管理方法传授给我们，使我们无论在单位还是在日常生活中都能发挥它的作用。

在以前日常的工作中，突出的问题是办公用品随意摆放，要查找和使用以前的某些文件资料、表格相关信息及办公用品等，往往翻箱倒柜、东找西找，工具随意摆放，大部分时间浪费了，工作效率很难提高。精益管理的全面实施使我们的工作场地、工具等一些物品明朗化，大大减少了寻找资料和工具的时间，工作效率有很大的提高；通过各项课题的开展，查找以前的不足及不必要的浪费，为企业降低成本及各项工作更趋于简单化、准确化；各种工具的码放整齐更加清晰明了，使用时更加方便；把精益管理的理念带到自己的工作中，力求完美高质；养成了及时对文档资料的资源进行整理等习惯。通过推行、实施精益管理，使我们的环境整洁、地物明朗、员工行为规范，大家认识到工作不仅要认真、细致、热情、负责，还要不断地学习、总结、改进。提高自己的工作质量，工作人员心情舒畅，士气必将得到提高。精益管理的实施，可以减少人员、设备、场所、时间等的浪费，从而降低工作运行和办公成本。当然，做好一时并不困难，而长期坚持靠的则是我们的素养。这是精益管理工作的目的，也是我们的工作目的。今后，我们应该以精益管理工作为契机，抓住机遇，发扬"齐心共管、整洁高效"的精神，不断提升管理水平，使我们公司在广大人民心中树立"环境整洁、水好压足、喝放心水"的美好形象，为我公司的持续发展做出相应的贡献。

2. 对于今后精益管理的一些想法和建议

加快水厂的改造，改变工作环境的同时，继续提高员工的积极性，把精益管理深入我公司的每一个角落、每一位员工，加快落实好提案的改造。尤其是生产一线，通过改革加强岗位竞争机制，合理调配员工，细化员工工作职责，本着谁购买谁负责、谁干活谁负责、谁维修谁负责等原则，彻底解决一些不必要的浪费；由于人员老化，要合理安排企业一些劳动力下降的员工。

七、维护部电气工程师

精益管理源于精益生产，专家学者经多年的研究论证，进而认为是最适用于现代制造企业的一种生产组织管理方式。精益生产综合了大量生产与单件生产方式的最佳特征，即：能降低单件成本、明显地改进品质、提供了范围更广的产品与更有挑战性的工作，并确信精益生产方式必将在工业的各个领域里取代大量生产方式与残存的单件生产方式，成为21世纪标准的全球生产体系。其核心就是以最小的资源投入（包括人力、设备、资金、材料、时间和空间）创造出尽可能多的价值，为顾客提供及时的产品与服务。

精益管理工作在我公司已开展近两年，公司在很多方面均有明显变化。下面从几个方面谈一下我的感受及今后努力方向：

1. 目视化管理

人们从外界的信息获取中，视觉信息比例高达87%，所以善于利用视觉信息可以发挥巨大效果。目视化（可视化），不仅是为了寻找数据方便，而是为了使现场人员能够迅速发现异常，以便及早应对处理，使异常发生导致的损失降低到最小化。

开展此项工作之前，我们只是在部分设备上粘贴标识，如低压馈出柜等，注明馈出线路名称或馈出位置，做到防止误操作。通过开展精益管理工作，使我们之前进行的"提示性"的工作，上升到"目视化"管理的高度，并大范围推广实行。此项工作的开展对安全生产、现场标准的识别等，有很大帮助，今后将继续加以补充、完善。

2. 合建的提出与课题的改善

在精益管理模式中，企业的活动是一种不断改进和完善的循环，每一次改进，消除一批浪费或设备隐患，就会形成新的价值流的流动，但浪费或设备隐患仍会存在，需要持续改进。这种持续的改进会使企业竞争力不断增强，实现这种不断改进，关键需要企业全体人员的参与，调动员工的工作热情和创造精神，鼓励他们发现创造价值与消除隐患的更好方法。

精益管理倡导合建的提出与课题的改善，就是持续改进的最好体现。基层员工对生产过程中的浪费或设备隐患，包括一些不合理现象，最有发言权；通过全员参与，提出了大量的合理化建议，针对涉及面广或有可能影响生产过程的合建，我们以课题的方式，加以论证解决。今年完成的合建或课题，已初见经济效益，例如节能灯具的推广使用、空调的合理使用等，今后将继续甄选课题，为公司增加效益。

3. 进一步注重对员工的素质培养

精益管理的理论很简单，重要的是行动。从简单的事情开始做起，亲自用手去接触，用眼睛去感觉变化，发现问题并做改善。5S活动没有轻松安逸的方法，一定要付出努力才能真正认识它，通过全员行动形成行为意识的改变，直至养成好习惯到人的行为素质的改变。5S活动对人的意识、行为产生潜移默化的作用，会爱护物品产生爱心，对设备的清扫、点检越认真，越会产生爱护他人的情感，自我反省净化心灵。

建议接下来对员工的素质培养方面继续在如下几个方面加强：选拔出更能推动企业发展与进步的人才；提高整体员工精益求精的意识；提高员工发现问题、解决问题的能力；提高员工对现代管理技术的掌握与运用能力；养成员工规范做事和良好工作习惯。当然，这一工作的开展必然会遇到很大的阻力，关键是要通过培训改变员工观念、用细致和明确的标准确定对工作的要求、用最合适的人才来担当工作主力、用有效的激励方式形成强大的推动力。

八、运行部调度

精益管理是一种以客户需求为拉动，以消灭浪费和不断改善为核心，使企业以最少的投入获得效益显著改善的一种全新的管理模式。公司实施精益管理后，员工从思想上逐步接受了精益的理论，并通过培训慢慢地将这种思想传递到实际生产过程中。不仅集思广益围绕健康安全、生产工艺、工作方法提出改善意见，生产运行部还根据实际工作需要，组织课题小组展开研究与实践，并取得了有效的收获。作为我来讲，有时是课题的一名成员，有时是课题组长，站在不同的角度对课题的理解和职责的分配有所区别。下面我从课题组长的角度谈谈对精益的体会。

1. 精益课题的选定要从实际出发，注重实践性

水厂的生存主要取决于生产运行，其中设备的运行情况、药剂投加的品种、药剂投加点的选定，包括闸阀的有效管理等都是研究的对象。对选定的课题必须亲临现场，进行前期的调查研究，找出实际生产中确实存在的问题或隐患，才能针对其提出课题的研究必要性，组织相应的人员进行进一步的研究分析，以找到有效的解决措施和办法。课题要有针对性，求精不求全，毕竟所研究的课题是运用到生产，只有在生产中被采纳才是好的课题，不能纸上谈兵。

2. 在实践调查基础上课题起点要高一点，要有一定的创新

大家都知道企业需要创新和与时俱进，否则就会被市场所淘汰。每个企业都要有创新意识，要想办法摒弃以前的传统做法，多尝试一些新的方法，这样企业才能不断地进步，才能在激烈的市场竞争中处于不败的地位。虽说是老水厂，但随着生产工艺的不断提升，出厂指标的不断完善，老的工艺带

老的药剂已经远远达不到生产要求，这就要求水厂人员发挥每个人主动的工作意识，小改小革有可能会带来巨大的收益，利用精益改善才能更好地制水。作为课题组长要想课题能顺利完成，必须要有主动承担责任的意识。只有这样小组成员才能放下思想包袱，创新的火花才能迸发出来，否则只有人云亦云，何谈创新？

3. 确定目标后，要把握课题进程，促进课题的完成

打个比方：课题一旦选好，就好比一棵大树的树干已经形成，所有的团队成员都要为这棵树添枝加叶，课题组长还要为他的团队成员鼓劲，调动每位员工的积极性，担当施肥浇水的任务，这棵树才能焕发勃勃生机。如果课题的进程中总是出现不同的分歧，那课题组长一定要予以纠正，否则，旁枝太多它可能最后只是一簇灌木。同样一件事，一个优秀的团队可以做到事半功倍，不仅团队带领人要有向导性，每个成员也都要具备部门间的沟通协作能力，还要懂得公司的整个流程，这样才能使大树上下贯通、枝繁叶茂，课题目标才能得以实现。

九、办公室主任

1. 心得

精益管理工作开展了19个月，自己有幸全程参与，从最初的茫然不解，到逐渐明了，虽然忙碌、辛苦，但也收获颇丰，对精益管理工作也有一些自己的体会和感触。

（1）精益不是说出来的，是干出来的。

（2）精益不是一两个人就能做出来的，需要大家一起共同努力才能见成效。

（3）精益是工具，是方法，不能为了精益而精益。

（4）公司前期做的精益工作还只局限于精益的皮毛——基础建设、理念宣传、人员培训等，而精益的精髓才刚刚触及，精益工作还任重而道远。

2. 对今后精益工作在公司如何进展的一点建议

（1）高层领导围绕公司经营目标明确精益发展方向，将精益管理落实到日常工作中。

（2）公司提供必要的时间、物力、财力，培养一些具有创新能力的团队，精益工作才能可持续发展下去。

（3）精益工作不求多而广，但求少而精。如：课题选项每年只选关键几项，每项课题可以再分块、分团队进行实施，让更多的员工参与其中。

（4）继续员工的素质培养，如果每位员工均能做到凡事精益求精，相信精益管理工作就能在公司范围内落地、生根、开花。

十、维护部主任

公司进行精益管理工作，通过接触精益管理，受益匪浅。

首先让我知道了精益管理模型是如何搭建的：企业基层员工使用精益工具，立足于点的改善；中层管理的作用在于建立精益流程，比如生产流程、维修体系、管理方式等，立足于线的改善；高层领导重在构建符合本企业的融合了精益理念的战略和文化，从面上建立精益未来。精益管理必须是三位一体的，各层级人员各司其职，才能有效推进企业的精益管理工作。

通过精益管理的开展，示范班组的面貌得以改善，也确实让大家感受到工作环境的变化，使得班组在管理上更加规范。

课题工作的开展，其作用是在保证生产安全、节能降耗、应急处理等环节中为公司解决实质性的问题，达到降本增效，为公司利益最大化起到作用。

精益推动组的作用着实让精益管理更加标准化，发挥了推动组每个人的潜能，起到了承上启下作用。

如何让精益管理再上升到更高一个层次，是我们今后努力的方向。上升一级或是两级台阶是比较难的，需要每一个人都付出才能够完成的，这是摆在我们面前的工作。我们知道精益管理是属于企业发展进程中的必经之路，那么，如何运用好的管理方法及流程提高企业精细化管理呢？我认为，在现有的模式下，还需要改变陈旧思想。陈旧思想在国有老的企业老的员工中尤为突出，因为他们固有的模式，接受新的东西需要一定的时间，所以，需要运用创新方法的有效实践来提高精益管理的认可度。如果简单模仿哪一家公司照搬照抄来做精益，会造成虎头蛇尾，最后是不了了之。我们要采用吸收原则并加以思考，量身定做找到适合我们自己的模式，才能使精益化管理获得成功，才能使它的生命更长。

十一、主管运行副总经理

精益管理实行以来，天津大学咨询团队为我们"量体裁衣、量身定做"方案，我们在尝试、探索和不断研究推进，充分发挥了我们公司整体团队中一些先锋骨干力量起到带动先行的作用，但应该还有部分人员没有与团队在一个平台和起点上，大家的认知还没有达到完全一致。这个现状的存在，一方面需要专家团队"量体裁衣"更加精准合适，找准开展精益管理与水行业、公司的结合点和契合点来凸显实际的效果；另一方面我们还要找准和掌握好推动精益管理的有效方法，共同提高员工对精益管理的认知程度。

当前精益化管理虽然取得了一些成绩，但未来的路还很漫长。今后建议改善工作要聚焦，以维修工作为中心，以保养和维护为主减少应急修理工作，分成几个设备巡视小组进行维修，运行人员开展班组或横班进行考核，把各项指标下沉至班组，并与奖金挂钩。推行精益要常态化，纳入正常管理中去，课题不要多，要解决当前的问题。

十二、单位党支部书记

供水企业先行试点导入精益管理工作以来，在集团领导的高度重视和专家团队的指导下，公司精益管理办公室精心组织，开展了一些专项活动。通过全员参与、持续改进、贵在坚持为精益管理带来了一些明显的成效，使一些干部员工体会到了精益管理工作得到的"益"处。现将自己参与和组织其中的"精益点滴"体会和"精益设想"与大家进行交流。

1. 精益点滴体会

（1）精益管理不是一个一次性项目，也不是一项运动，而是一个持续改进的过程。推行精益管理的目的是通过持续改进，消除管理和产水运营过程中的各种浪费，以达到降本增效、提高管理的满意度的目的，实现公司软实力的提升，从而保证我公司全年各项指标和安全优质供水重要任务的圆满完成。

（2）精益推动中，靠天津大学咨询团队的指导和精益项目组的工作热情，带动了员工的积极参与，较好地完成了精益导入、试点期间的工作任务，取得了五个5S样板区、行为素养规范、5S目视化标准、合理化建议、百点经验、课题研试、主题月活动、加滤间、保安室、管理部室、化验室等方面的亮点和改善效果。2016年又编制绩效目标考核标准和定岗定编职责标准，在持续改进工作的同时又重点进行软实力管理方面的研究，年底能形成初稿。

（3）实行精益管理就意味着持续改进、精益求精、消除浪费，不是一件可以毕其功于一役的事情，也不是可以轰轰烈烈进行并创造惊天业绩的事情。所谓"不积跬步，无以至千里"，正是精益管理特征的写照。在推进过程中，精益团队也付出了艰辛，发挥了一定的决策、协调、督办和承办的作用。组织开展精益管理知识的培训、训练，培养精益管理的意识和思维习惯，带动员工思想上的转变和革新，部门管理者基本给力，能形成一定的配合氛围，班子成员齐心相互支持，这些都是比较欣慰和值得回味的。

2. 精益管理今后打算

精益管理已成为现代企业管理一项重要的管理工具及方法，是现阶段较为"时尚"的管理模式，已经有了二三十年的发展历程。我们应在精益管理的萌芽期、生长期和发展期抓住好的契机和机遇，走好每一个阶段、抓实每一个环节、完成好每一段历程，使精益管理扎实、有序地开展，让精益管理带来的实际效应紧密地为公司可持续发展效力，不断扩大它的效果和影响力。有几点设想：

（1）在开展精益管理的三五年中，要确定好公司发展的战略目标，绑定和融合"精益管理""精益战略""精益文化"三大概念，用"软实力"拉动"硬指标"的完成。规划好推进轨迹，预期达到的一种管理模式，期望实现的一种管理水准，这需要我们如何把公司的发展战略目标、企业文化、精益管理、认证体系等重要的管理内容与日常化的管理有机地融合并序。以新的视角、新的定位来探索公司有特色有优势的先行管理模式。这样使精益管理如何发展变得明朗化，也为部分人员解惑释疑，这是当前一个急需思考的问题。这其中高层领导的决策智慧是核心，中层管理者是关键，精益项目团队是抓手，员工成为"岗位专家"是基础，需要我们做好精心长远的谋划。

（2）企业根本是战略，战略本质是文化。在开展精益管理的同时要在全员中打造一种精益文化,要实行两手抓,"一手抓精益工具应用""一手抓思维思想"。精益文化就是让节约成为一种美德,消除浪费成为一种习惯,寻找问题成为一种意识,持续改进成为一种行为,精益求精成为一种追求。只有让员工入心入脑、融入体内血液之中,知晓自身与精益管理的关系,认同岗位承担指标与公司完成目标的关系,才能本性地变成一种自觉,名副其实地做到将精益管理着路、落实、生根和开花。

(3)建立以目标绩效为主线、多项工作并行其中的考核机制,做到目标指标量化可考,下沉指标分解操作,分解指标能既定实现。出台精益管理的各项标准,达到"整治一项就规范一项"的效果,让员工按照制度和标准做事,对于未能完成和未能落实的有考核兑现的依据标准,这样能够提速、加快精益管理推行的制度化和执行力。

(4)扎实开展好现有的精益专项工作,紧密结合水厂安全生产运行工艺、设备维护更新改造、节能降耗、梳理流程、取消非增值环节等重点方面的特性开展精益工作,不断总结出有实效性、有实操性的精益管理经验。一是要坚持创新原则。培养有创新能力的团队,能够发现问题并能够围绕问题,树立意识、寻找发现、思考方法、实施改进的思维智慧,进行持续的创新实践,使精益管理时时有突破和新意。二是坚持分解原则。是为了将精益管理落地、细化、可控、好执行。三是坚持"放大"原则。成果靠维护,习惯靠坚持,用优秀的人、正面的事带动其他,起好正确的舆论导向是关键,做到公平公正是准则。四是坚持全员参与的原则。要赢得精益管理的成功,就要使公司的团队做到有责任,能担当;在精益的沟通力上懂协同,能合作;在精益的学习力上善钻研、能改善;在精益的思维力上做到善思维,能谋划,打造好精益管理的过硬团队。

(5)开展精益管理工作一定要把开拓进取精神树起来,把工作高标准立起来,把工作精力集中起来,发扬"人一之,我十之;人十之,我百之"的精神,放开思想想问题,放开手脚干事业,全力打造水厂"精益求精、止于至善"的有特色、排头兵的精品形象。

第十三章　供水企业定岗定编

第一节　供水集团定岗定编项目总体说明

一、定岗定编项目的背景

2017年底，试点供水企业持续五年的精益管理项目结束，企业开始自主推进精益项目。五年来，双方惺惺相惜，互相欣赏，建立了深厚的战斗友谊，尽管项目结束，依然保持紧密的联系和配合。

2018年，在上级单位的要求下，供水集团启动了全集团营销系统两个子公司和六个分公司的定岗定编和绩效考核工作。定岗定编工作不仅是一项基础的人力资源管理工作，更是一个系统化的科学管理工程，要从最基础的工作和业务流程进行梳理，确认组织架构和岗位设计，最终确定人员编制。为了能够让定岗定编的科学性得到保证，集团决定再次与天津大学精益管理创新研究中心合作启动全集团的定岗定编项目。

定岗定编项目持续了8个月，针对各个分子公司由一把手负责，公司全体动员参与，从流程素描、岗位写实、定额测量开始，从方法论到实际输出多次组织讨论、验证、汇报，完成了组织架构设计、岗位设计、部门及岗位说明书、岗位图谱、公司定编清单、岗位绩效合约、岗位绩效考核方案等工作。此项工作本质也是精益管理在人力资源上的应用。

由于定岗定编工作涉及人员岗位、薪酬等敏感问题，导致各方诉求纷纷，争执不断，项目团队以极大的耐心和毅力完成工作。一方面围绕集团的核心要求，另一方面了解下级单位的客观实际，组织进行上下级沟通，利用科学管理的思想进行测算和验证，以此来说服大家达成一致共识。虽然过程繁杂，幸好上级单位领导乃至下级单位负责人对咨询团队非常信任，所以很多问题能够快速解决，最后得到较好的定编结果。定岗定编较为复杂，我们从理论角度进行说明，同时以一家实施单位为例进行过程讲解。

二、定岗定编的概念

随着企业规模的不断扩大，容易出现人浮于事、机构臃肿、沟通不畅、效率低下等现象，这种情况极易造成员工忙闲不均、内部不公平的问题，长久下去会导致工作效率低下，使企业运营成本增加，效益降低。通过科学的定岗定编，就会重新设计敏捷的组织、扁平高效的结构、简洁快速的流程，促进企业的高效运行，有效提升组织和个人绩效，进一步提高劳动生产率，提升精细化管理水平，降低运行成本，获取更大利益，从而更好地履行企业对社会、对员工的责任。定岗定编，就是重建一个充满吸引力和促进力的企业生态环境，进一步提高员工凝聚力的一项工作。

定岗是指明确企业所需要的岗位；定编是指明确企业需要多少适合企业发展的个人。当然，定岗定编的前提是确定了企业的组织结构。总体来说，定岗定编涉及企业经营目标的落实、员工能力和数量的匹配。随着企业面临日益激烈的市场竞争，定岗定编已经成为企业自身经营管理的重要内容，其重要性也日趋明显。设计科学合理的定岗定编方案，必须立足企业的实际，不同企业的性质、特点不同，对定岗定编的要求也是不同的，并没有一个标准的答案，需要进行个性化定制。

三、供水集团下属单位情况介绍

供水集团分公司及子公司主要承担着所在区域的自来水市政管网及设施的运行管理和抢修维护、户内自来水管网维修、IC卡售水、入户水费抄收、用水咨询等服务，是直接与用户接触的单位，其供水保障及服务水平直接影响用户的满意度。因此，本次定岗定编就是在提升服务水平和质量的前提下，规范人员编制管理，优化人力资源配置，提高各部门、各队组的工作效率，且根据业务规模的变化，对编制、岗位、人员进行优化调整，构建科学的岗位管理体系。

第二节　子公司定岗定编总体思路

一、子公司定岗定编的基本内容

供水集团子公司的定岗定编主要包括组织架构设计、岗位设置、编制设置等三个主要部分。

组织架构的设计以符合公司的高效运行和客户服务价值为目标，主要包括组织管理层级确定、部门设置及职责、部门间协同关系、客户响应等方面。组织架构设计是企业组织管理的基础，是企业提供高效、优质服务的基础。在组织架构确定的基础上，需要根据各个部门的业务及职责，确定各个部门的岗位，主要包括岗位数量、岗位性质、岗位职责、岗位说明书及各部门之间的沟通协作关系等方面。

岗位设置是确保组织架构得以落地和企业提质增效、服务最终客户的基础。岗位设置后，需要根据各个岗位的业务量或业务性质，采用工作量测定法、比例定额法或经验法，确定各个岗位的编制。既要考虑员工的工作负荷度，又需要保证工作得以保质保量的完成。

关于组织设计及岗编设计之间的关系，我们可以理解为，组织架构设计是基于企业发展的当前业务及未来战略定位，而定岗定编是服务于企业的内部运营。前者是战略层面工作，后者是运营层面工作。

1. 网格化

针对基层水务社区管理中的"盲区"和"真空"，供水集团开始积极构建"社区供水服务的网格化"工作模式。网格化管理,主要通过信息平台提供的资源共享,将城市管理地区按照一定的基准划分成若干单元,把社区中的人员、供水相关事务等内容囊入网格,实施动态、高效、便捷的社会服务管理。它是社区供水管理方式的一种创新应用。其主要功能在于借助现场随时勘察及供水信息平台监察,及时发现并解决社区供水服务中存在的问题。

供水服务营销企业进行网格化管理,有利于实现城市供水管理的信息化。在实施管理网格化后,每个网格产生的各类问题,可以通过网格平台进行上报汇总,提高解决问题的效率。同时,也有利于实现城市基础服务的工作前置。管理网格化实施后,完善的巡查机制可以将各小区内用户的水表、小区内的消防设施等,实现全方位、责任到人的控制。将小的问题发现于格内,解决于格内,变被动管理为主动服务。但是此种管理方式也对定岗定编带来较大影响,需要做相应的必要调整。

2. 管理与操作相分离

为进一步提升管理和操作效率,实施管理全部下沉到四级网格,而三级网格保留管理职能,需要实现管理岗与操作岗相分离,满足集团未来合法的用工需要。

三、子公司定岗定编的流程和方法

供水集团子公司的定岗定编主要分为组织结构设计、定岗及定编三部分,且在进行定岗定编时需要综合考虑网格化及管理与操作的分离等要素。在进行组织结构设计时,需要首先通过访谈、未来业务发展及业务流程等对现状进行调研,以确定组织结构类型和组织未来定位,并针对各个部门的设置方式、部门职责和部门工作内容进行确定,进而形成完整的组织架构设计。

基于已设计的组织架构,特别是各个部门的业务内容,进行岗位设计。在岗位设计时需要利用访谈和岗位写实等方法,对岗位的工作内容及工作量进行评估,形成业务名词,并确定岗位名称,然后参照行业标准和企业实际确定岗位等级,最后形成岗位说明书,包括职责、任职条件和考核指标等。

在定岗的基础上,需要根据当前和未来一段时间的业务量,并基于员工工作负荷度和作业时间定额,确定各个岗位的人员编制,确保企业各项业务的高效率、高质量开展,并尽量减少人工成本。定岗定编的整体流程及内容如图 13-1 所示。

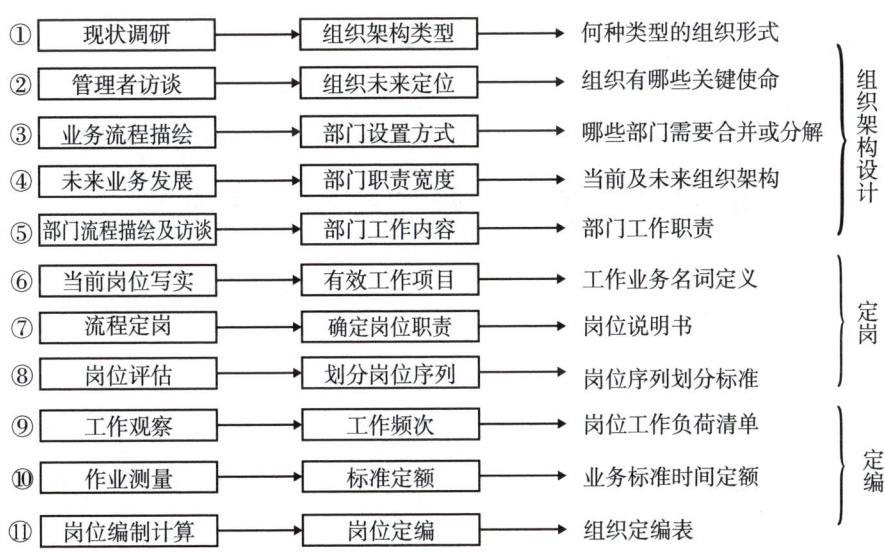

图 13-1 定岗定编整体内容及流程

在组织结构设计、定岗和定编过程中,为确保科学合理,同时基于企业实际现状,在不同的阶段,针对不同的内容,应用了不同的理论和方法,具体如表 13-1 所示。

表 13-1　　　　　　　　定岗定编的理论方法

序号	定岗定编理论	定岗定编方法
1	现状调研	资料收集、德尔菲法、泳道式流程图、岗位写实
2	未来业务趋势	多元回归、线性回归
3	工作测量	标准时间测量、时间分析表
4	总体定编	构建管理、操作岗人数的比例模型
5	组织架构设计	流程型组织、ECRS 原则、德尔菲法
6	岗位设计	兼并的柔性岗位设计、职业大典查表法、岗位图谱

续表

序号	定岗定编理论	定岗定编方法
7	编制设计	基于业务数量及员工负荷度的数学模型设计
8	岗位说明书	岗位职责及岗位描述

第三节 子公司组织架构总体设计

一、组织架构设计总体流程

在进行组织架构设计时，需要充分围绕经营中流程不畅的问题和网格化管理模式，以管理与操作分开及操作下沉为原则，并综合考虑公司自身发展战略、公司管理模式及公司业务流程，依据公司现有部门业务及其关键业务流程，对其进行流程优化，并结合企业组织类型选择和部门设置意见，综合形成组织架构。

组织架构设计要从组织现状出发，考虑公司关键业务流程，根据外部环境，形成公司自身的发展战略，据此可以确定对组织体系的要求，是确保组织架构适应企业未来发展的关键。此外，组织架构调整的一个重要目的是解决当前组织架构存在的问题。因此，需要对当前企业组织架构进行分析，充分明确存在的问题。从而，企业组织架构设计需要立足企业现状，并服务于企业未来战略。组织结构方案确定后，根据各个部门的分工，进一步梳理各个部门的关键作业流程，并形成部门职责，从而通过组织结构设计，实现劳动分工合理、部门精简高效、各部门权责明确的整体扁平化的组织机构。组织架构设计总体流程如图13-2所示。

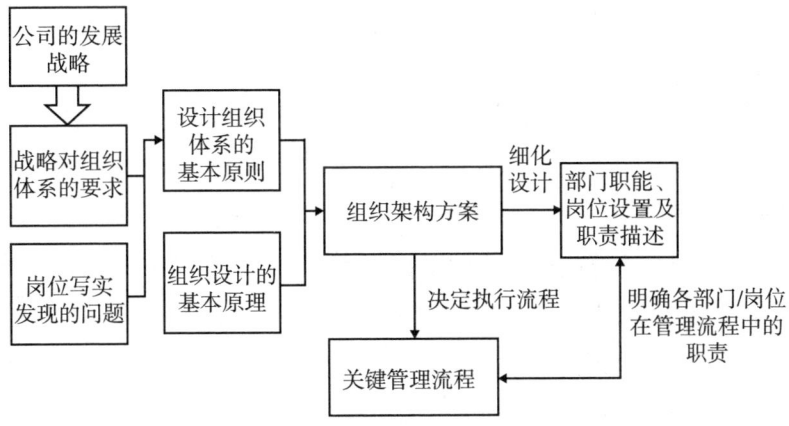

图 13-2　组织架构设计整体流程图

二、组织架构设计的基本原则

在组织架构进行设计时，不仅需要综合考虑引起组织架构需要进行调整的外部影响因素，还需要坚持一定的设计原则。主要包括执行和监督相互分离原则（比如管钱的不管物、管物的不用物）、分工与合作的原则、管理明确的原则、客户导向的原则、合理的管理范围、权责对等、灵活性高及精简高效等。这些原则是确保组织管控精简高效，促进企业作业提质增效的关键，具体解释如下：

效率效益原则：效率是组织结构合理的标志，效益则是设置组织结构的目的。

精简原则：组织结构的设计与组织目标任务相适应，根据任务设置机构，包括管理层次和部门设置的合理性。

灵活性原则：结构设计应该使组织内部的部门和机构最大限度地发挥其主观能动性，同时可以根据内外条件的变化，自行调整一部分部门范围内的组织工作，而并不牵动整体结构的变化，增强整体结构稳定条件下的内部灵活性。

管理幅度原则：管理幅度的有限性决定了管理幅度的确定要因不同的组织与管理者及被管理者的具体情况而定。分析影响宽度的直接因素与间接因素，以使主管人员能确定一个适合自己的宽度，避免主管人员的能力过剩和能力不足。

分工协作原则：组织必须坚持分工协作原则，通过分工，把组织目标分解并落实到各个部门各层次和各个成员，规定各个部门、各层次和各成员的工作内容，工作范围。通过协作，规定各个部门、各层次和各岗位相互之间的关系，以及相互协调配合的方法。岗位不协调一致，相互间的力量就会削弱和抵消，组织的职能将受到严重削弱。

稳定性与适应性相结合原则：组织结构既要有相对的稳定性，不能轻易变动，又必须随组织内部和外部条件的变化，根据长远目标做出相应的调整。要求组织定期分析社会环境、组织内人的因素及技术因素等的变化，对管理进行适当的调整与改进，这样才能使组织适应情况的变化。

三、组织架构设计的形式

1. 组织架构基本形式

设计组织架构需要选取某种组织架构形式。组织架构形式主要包括六种形式，分别为直线型、职能型、直线职能型、事业部制、子公司制及矩阵制。不同的产业类型或企业有其相对应的组织结构类型。不同组织结构定义、优缺点及适用情况，如表13-2所示。

2. 组织架构确定依据

由于供水集团子公司的发展策略要服从于集团的发展战略，因此首先要分析集团与子公司的管控模式，实际上供水集团只具备管理职能，实际业务均由下属公司完成，在运作过程中，集团主要负责整体的战略规划和对各下属公司的监管，因此属于战略管理型组织。在供水集团子公司组织架构设计中，需要充分考虑集团的战略规划和组织管控水平。依据上述实际情况，精益小组建议采取扁平化的直线职能型，该组织架构能够保证企业领导者对企业的生产经营活动实行统一指挥，同时也使各级直线指挥机构有自己的职能。

各种组织架构特点

表 13-2

组织名称	直线制	职能制	直线职能制	事业部制	矩阵制
组织定义	直线制组织机构是一种最简单的集权式组织结构形式，又称军队式结构	职能管理部门在其业务工作范围内都有权向下级下达命令指示，直接指挥下属单位，下属既服从直线领导的指挥，又服从上级各职能部门的指挥	以直线制结构为基础，设置职能部门，实行经理统一指挥与职能部门参谋、指导结合的组织结构形式	在职能制基础上演变而来的现代企业组织结构形式，遵循"集中决策，分散经营"的总原则，实行集中决策指导下的分散经营	由职能部门系列和为完成某一临时任务而组建的项目小组系列组成，最大特点是具有双重命令系统
组织图示	（经理—班组长—员工）	（总经理—职能部门—业务部门—职能组—作业组）	（总经理—职能部门—生产部门—职能组—生产班组）	（总经理—职能部门—营业部—生产部等）	（总经理—项目小组A、B—职能部门A、B、C）
优缺点	优点： 1. 结构简单，指挥系统清晰 2. 责权关系明确 3. 横向联系少，易内部协调	优点： 1. 提高了企业管理的专业化程度和专业水平 2. 可充分发挥专家的作用，对下级的工作提供业务指导	优点： 1. 管理者对下属有指挥和命令权力 2. 职能部门没有直接指挥权，与业务部门只是一种指导关系	优点： 1. 权力下放，有助于提高其经营适应能力 2. 可以实现高度专业化 3. 经营责任和权限明确，物质利益与经营状况紧密挂钩	优点： 1. 加强了各职能部门的横向联系，具有较大的机动性和适应性，较优的结合，属于集权与分权 2. 有利于发挥专业人员的潜力及各种人才的培养

续表

组织名称	直线制	职能制	直线职能制	事业部制	矩阵制
缺点	4. 信息沟通迅速，解决问题及时，管理效率较高 缺点： 缺乏专业化分工	缺点： 多头领导，政出多门，不利于集中领导和统一指挥，机构复杂，决策慢，不够灵活	缺点： 各部门间横向联系和协作非常复杂和困难	缺点： 容易造成组织机构重叠，管理人员膨胀；考虑问题容易忽视企业整体利益	缺点： 实行纵向、横向的双重领导，由于意见分歧而造成工作中的扯皮现象和矛盾
适用范围	规模较小或业务活动简单、稳定的企业	集团化企业	规模中等、职能部门不多的企业	业务多样化、市场差异化企业	临时任务/突发事件多的企业

第四节　子公司定岗整体思路

一、定岗的流程及内容

定岗的过程就是岗位设计的过程，核心目的是分工。岗位设计也称为工作设计，是指定期根据组织业务目标的需要，规定某个岗位的任务、责任、权力以及在组织中与其他岗位关系的过程。定岗流程分为准备阶段、确定部门关键职责、部门内部现有业务流程分析、部门内部业务流程优化、确立岗位设计、编写岗位说明书几部分，如图13-3所示。

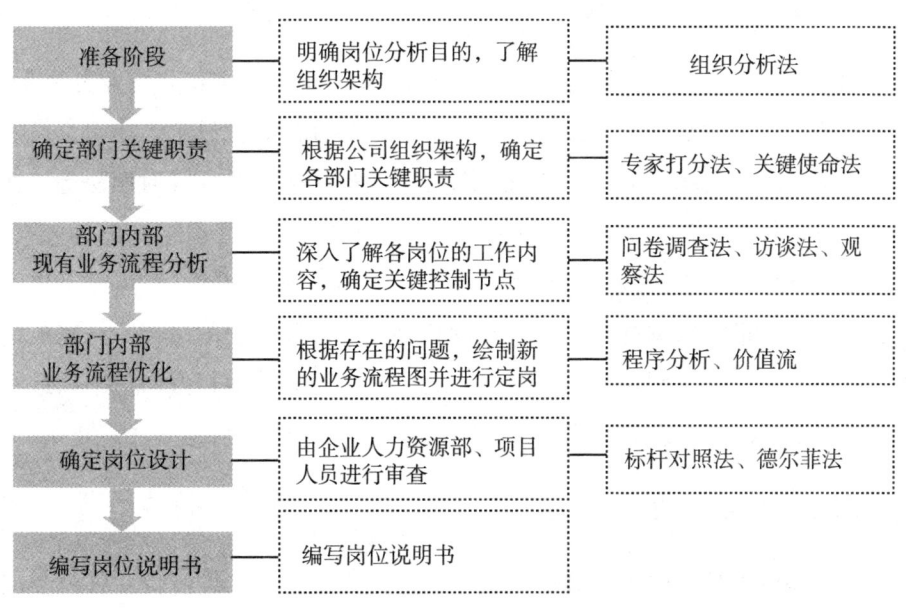

图 13-3　定岗整体内容及流程图

二、定岗的基本原则

在进行组织架构设计时，需要根据一些原则，主要包括：动态设岗原则、一岗多能原则、岗位明确原则、关联目标原则、一般性原则等。

动态设岗原则：绝不依人设岗，坚决以事定岗、以岗定人；按照作业来确定岗位和编制，随着作业的改善，岗位要改变，即岗位是动态的。

一岗多能原则：一个岗位尽量把作业涵盖与其相关的多个领域，合并作业，一岗多能，保证工作丰富且同步协调。

岗位明确原则：最少岗位数，明确岗位职责和输出，但不强调固定岗位，提高员工稼动率，缩短岗位之间信息传递时间，减少过滤效应。

关联目标原则：与组织关键绩效无关或者职责不明确的不设置岗位。

一般性原则：根据岗位工作结构比进行岗位确定。包括以下两个方面：突发性的工作不设岗，采用临时抽调或项目组；日常性工作量占总工作量的百分比超70%，可以设置岗位。

三、定岗的基本方法

岗位设计时需要基于企业现有和未来业务，综合考虑和分析业务流程。在业务流程优化的基础上，根据岗位设定的原则进行岗位设定。在岗位设定时可以综合运用组织分析法、关键使命法、流程优化法及标杆对照法等。在岗位设计过程中，首先需要使用组织分析方法对当前的管理组织进行分析，根据已有岗位初步设定岗位。在此基础上，使用关键使命法，对关键工作设定关键岗位。最后根据优化的流程，调整和完善已经设定的岗位。在完成岗位设定后，制定每个岗位的说明书。与此同时，对标其他相似岗位，以最终完成兼顾全面及可行性的岗位设计。

四、岗位说明书

岗位说明书是在岗位设计的基础上，进行岗位描述的系统性文件。为岗位编制设定提供了理论依据，确保了岗位工作职责清晰，为人员招聘、高效工作及绩效考核提供了依据和基础。

岗位说明书包括岗位名称、岗位职责、岗位权力、岗位目标、岗位考核绩效及岗位任职资格等方面。工作职责是指平常这个岗位做哪些基本工作；为了实现相应的岗位目标，这个岗位需要做哪些工作；在各个具体工作之间如何分配时间；等等。工作条件是指需要利用什么资源和工具，为了达到岗位目标应该利用哪些资源，如系统、报告、文件、要求等等。任职资格是指能力要求及做本岗位工作应具备的条件，包括知识、能力、品质、人际交往、教育水平、背景与经验等。绩效考核是指该岗位工作的业绩如何考核，主要考核指标是什么。工作关系是指该工作向谁汇报，该工作的同级是谁，下级是谁，与其他同事的权力和责任如何划分。工作负荷度是指这个岗位需要处理多大的工作量。

岗位说明书的样例如表 13-3 所示。

表 13-3　　　　　　　　　　岗位说明书样例

岗位名称		客户总监	岗位编号		
所在部门		事业部	岗位定员		
直接上级		CEO	直接下级		
所辖人员		事业部成员	岗位分析日期	2017 年 11 月 6 日	
职位描述：					
职责与工作任务：					
职责一	职责表述：项目运营管理		工作输出	PRI	
				评分细则	分值
	工作任务	事业部全年的项目执行任务完成率、回款率	项目成功落地数量	商业项目每成功落地 1 个加 5 分，最多加 35 分	35
		确保各项目执行质量			
		确保各项目成本控制范围合理			
		确保各项目资料妥善档案备案			
职责二	职责表述：客户关系管理				
	工作任务	保证本事业部的客户保有率	零客户投诉，推广公司	每收到一个客户投诉扣 5 分	35
		客户满意度达到公司标准			
		深入分析客户需求，制定主打产品以及活动方向			
		协调客户需求与项目实际落地中的矛盾			
		以专业性征服客户，有效推广公司			

续表

岗位名称	客户总监	岗位编号	
所在部门	事业部	岗位定员	
直接上级	CEO	直接下级	
所辖人员	事业部成员	岗位分析日期	2017年11月6日
任职条件	工作年限	5~7年以上线下活动项目管理经验	
	学历专业	大学本科以上学历；管理学优先	
	能力要求	形象气质较好，优秀的项目管理技巧，具有较强的沟通和讲标能力	
		优秀的领导力，优秀的团队合作精神和协作能力	
		对客户品牌、产品、竞争环境有全面及深入的理解，能独立参与各类客户会议，提出见解和建议	

第五节 子公司定编整体思路

在确定组织结构和各个部门的岗位后，需要采取一定的程序和科学的方法，对确定的岗位进行各类人员的数量及素质配备，即定编。

一、定编的总体流程

根据上述定编的方法，对于业务型的供水子公司，提取出业务流程分析法，其逻辑结构如图13-4所示。

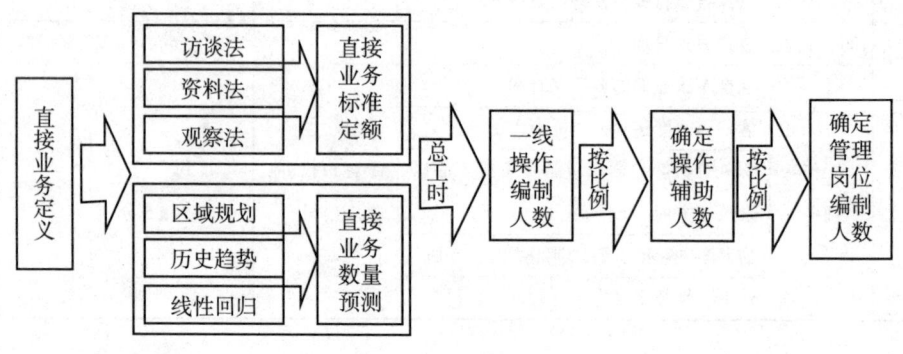

图13-4 定编整体流程

1. 根据岗位工作量，确定各个岗位单个员工单位时间工作量，如单位时间产品、单位时间处理业务等，或根据行业比例法，确定单位时间或人员业务量。

2. 根据业务流程衔接，结合上一步骤的分析结果，确定各岗位编制人员比例，特别是辅助岗位的占比。

3. 根据企业总的业务目标，确定单位时间流程中总工作量，从而确定各岗位人员编制。

4. 定岗定编时不仅考虑当前业务量，还需考虑未来业务量的变化。

二、定编的基本原则

1. 以企业经营目标为中心，科学、合理地进行定编

企业定编工作，就是要合理地确定各类人员的数量以及他们之间的比例关系。其依据是计划期内的企业目标业务量和各类人员的工作效率。

2. 企业各类人员的比例关系要协调

（1）正确处理企业直接与非直接经营人员的比例关系；

（2）正确处理直接与非直接经营人员内部各种岗位之间的比例关系；

（3）合理安排管理人员与全部员工的比例关系。管理人员占员工总数的比例与业务类型、专业化程度、自动化程度、员工素质、企业文化以及其他一些因素有关。

3. 定编时要考虑员工负荷度

（1）编制设定要考虑年休、缺勤比例；

（2）编制设定不考虑季节性高峰，按照平均设置，高峰时管理人员顶岗；

（3）编制岗位月实际工作量与月出勤工作时间的百分比；负荷度不低于标准（70%~80%之间），否则撤岗编。

4. 进行定编工作时，以专家为主，走专业化道路的原则

定编是一项专业性、技术性强的工作，它涉及业务技术和经营管理的方方面面，需要具备比较高的理论水平和丰富的业务经验。一般来说，以第三方专家为主。

三、定编的基本方法

在定编时,有劳动效率定编法、回归分析法、行业比例定编法及预算控制法等,在选用方法时,需要结合部门的特点选用不同的定编方法。一线生产部门一般选用劳动效率定编法和行业比例定编法。业务部门一般采用业务量指标值法、德尔菲法等,包括采购部、市场部等。职能部门一般采用德尔菲法、工作设计及配比法等,包括办公室、财务部等。

1. 劳动效率定编法

劳动效率定编法,是指根据生产任务和员工的劳动效率以及出勤等因素来计算岗位人数的方法,实际上就是根据工作量和劳动定额来计算员工数量的方法。劳动效率定编法的基本形式有产量定额和时间定额两种。因此,凡是实行劳动定额的人员,特别是以手工操作为主的岗位,都适合用这种方法。

设定每个岗位月业务包括 x_i 个业务,其中,$i=1, 2, 3, \cdots, n$,每个业务所需的工作时间为 t_i 小时,月有效工作时间为 T 天,每天工作标准时间为 N 小时,工作负荷度为 W,则员工的月平均工作效率计算公式为:

$$\eta = \frac{TNW}{x_1 t_1 + x_2 t_2 + x_3 t_3 + \cdots + x_n t_n} = \frac{TNW}{\sum_{i=1}^{n} x_i t_i}$$

由此可得,满足业务需求及负荷度情况下的员工编制人数:

$$P = \frac{x_1 + x_2 + x_3 + \cdots + x_n}{\frac{TNW}{x_1 t_1 + x_2 t_2 + x_3 t_3 + \cdots + x_n t_n}} = \frac{\sum_{i=1}^{n} x_i}{\frac{TNW}{\sum_{i=1}^{n} x_i t_i}} = \frac{\sum_{i=1}^{n} x_i \sum_{i=1}^{n} x_i t_i}{TNW}$$

也可以用产量定额或时间定额来计算出定编人数。已知产量额,求定编人数,计算公式如下:

定编人数 = 计划期生产任务总量/(员工劳动定额×出勤率)

举例来说,某企业每人每年需生产某零件4651200只,每个车工的产量定额为16只,年平均出勤率为95%,求车工定编人数。计算如下:

定编人数=4651200 / 16×(365-2×52-10)×0.95 = 1219(人)

已知时间定额，定编人数的计算公式如下：

定编人数 = 生产任务×时间定额/（工作时间×出勤率）

仍以上例来说，如单位产品的时间定额为0.5小时，则可计算出：

定编人数 = 4651200×0.5/8×（365-2×52-10）×0.95 = 1219（人）

2. 回归分析法

业务数据包括销售收入、利润、市场占有率、人力成本等。

根据企业的历史数据和战略目标，确定企业在未来一定时期内的岗位人数。

根据企业的历史数据（业务数据/每人）及企业发展目标，确定企业短期、中期、长期的员工编制。

根据企业的历史数据，将员工数与业务数据进行回归分析，得到回归分析方程；根据企业短期、中期、长期业务发展目标数据，确定人员编制。

3. 行业比例定编法

行业比例定编法，是指按照企业职工总数或某一类人员总数的比例来确定岗位人数的方法。由于专业化分工和协作的要求，某一类人员与另一类人员之间总是存在一定的比例关系，并且随着后者的变化而变化。该方法比较适合各种辅助和支持性岗位定员，如人力资源管理类人员与业务人员之间的比例在服务业一般为1∶100。

计算公式为：

$M = T \times R$

式中，M为某类人员总数；

T为服务对象人员总数；

R为定员比例。

有时候比例法与回归分析相结合，对某两类人员比例进行预测。例如，根据数据调查，通过对某一企业的辅助人员与一线人员的对比，经预测得到辅助人员与一线员工的比例随时间变化的曲线成一次函数：$y = -0.0183x + 0.2426$。基于此可以预测不同时期的辅助人员与一线员工的比例，如图13-5所示。

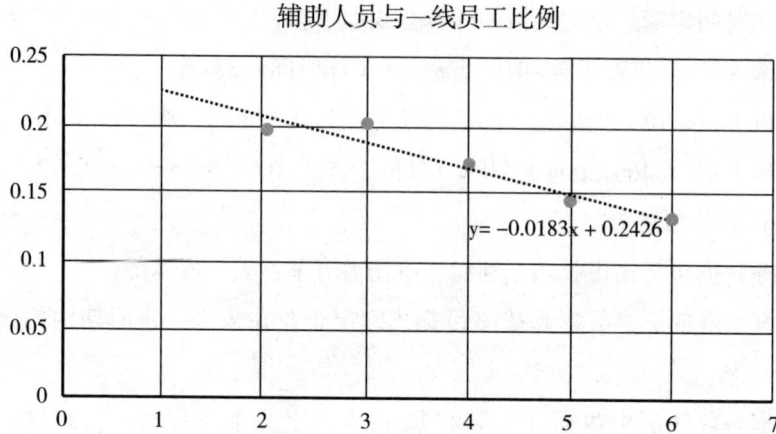

图 13-5　比例及回归定编方法案例图

4. 预算控制法

预算控制法，是西方企业流行的定编方法。它通过人工成本预算控制在岗人数，而不是对某一部门内的某一岗位的具体人数做硬性的规定。部门负责人对本部门的业务目标和岗位设置和员工人数负责，在获得批准的预算范围内，自行决定各岗位的具体人数。由于企业的资源总是有限的，并且是与产出密切相关的，因此，预算控制对企业各部门人数的扩展有着严格的约束，追求用较少的人数完成同样的业务量以减少费用成本。

在子公司的定编过程中，采用的是劳动效率定编法及行业比例法。

四、子公司定编的实施

1. 编制总量测算

根据定岗定编的相关理论和方法，对企业整体编制进行测算时，经常采用人均产值定编法。人均产值是指企业产量之和与总人数的比值，通过额定产值计算出企业所需的整体编制数量。根据中国城市供水排水协会主编《城市供水统计年鉴 2017》，2010 年相近行业人均产值如图 13-6 所示。

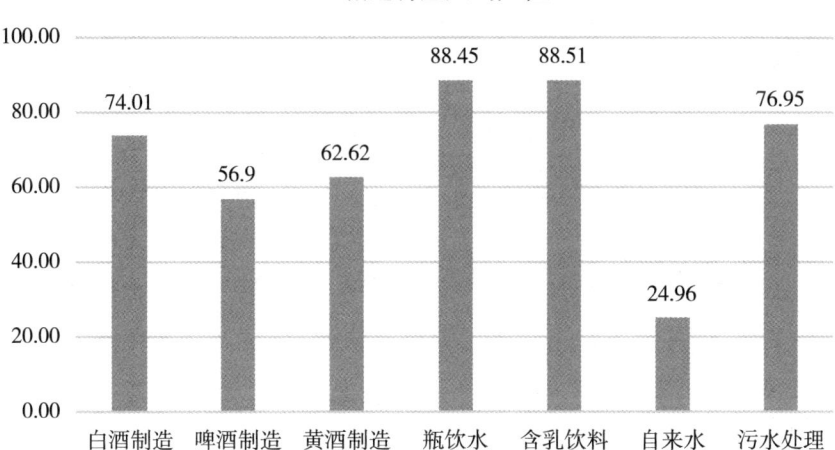

图 13-6 2010 年与自来水相近行业人均产值

由于自来水行业的产品为水，其人均产值计算公式如下：

人均产值=年供水量×单价/总人数

由图 13-6 可知，自来水行业 2010 年的人均产值为 24.96 万元/（人·年），为自来水行业内优秀的可以用以对标的人均产值。考虑到数据为 2018 年的人均生产数据增长及价格增长情况，选取可对标人均产值为 88 万元/（人·年）。按照子公司未来预测的年度产值，我们能够预测所需人员的总量，如果按照各个岗位定编的人数少于等于该总量，都可以认定为是合理的。

2. 操作岗定编依据

（1）操作岗标准定额。针对集团子公司操作岗，精益小组根据各岗位当前核定标准及行业惯例，制定操作岗标准定额，作为操作岗定编的依据，具体如表 13-4 所示。

表 13-4　　　　　　　　　　子公司操作岗定编依据

岗位名称	定编依据	定额来源
客户服务岗	2~3 席位，3 班制，配置 6 人	现场实际测量及《劳动法》要求
管网维护岗	优质管网以 400 公里为基础，定员 11 人，超出 400 公里的第一个公里定员 2 人，之后每超出 100 公里定员 1 人 劣质管网以 150 公里为基础长度，定员 8 人，超出 150 公里的第一个 100 公里定员 3 人，之后每超出 100 公里定员 1 人	参考《人工费用培训考核大纲》
营业岗	依照标准化营业厅配置 8 个席位（其中包括卡表售水 2 人、专用发票 1 人、业务接待 1 人、户表交费 2 人、更名过户 1 人和非居缴费 1 人），依据轮休规则定员 9 人，每个售水点定员 2 人	依据《营业标准化手册》
营业稽查岗	每 20 个抄表员配备 1 个质检员	《ISO9001 标准》中关于抽检的要求
水质检验岗	子公司标准配置 2~4 人	现场实际测量
运行维护岗	钳+电+自动化 3 人，两班制	现场实际测量
项目服务岗	项目数量	现场实际测量
施工岗	按照管网长度进行划分，250 公里/人	现场实际测量
新装受理岗	一个派驻行政服务中心，一个在公司	水务集团文件
物资保管岗	每个仓库 3 人	现场实际测量
服务部负责人岗	每个服务部对应 2~3 人	科学配比
供水设施巡检岗	管网巡视人数=管网总长度÷3÷30 消防栓推试人数=消防栓总数÷4 个月÷22 天×0.5 小时÷6 小时×2 人 考虑管路不是直线，采用步行和自行车相结合，正常速度 5km/小时，管网巡视主要是市政主次干道	现场实际测量
查表岗	表具数×人数/定额数/周期数/出勤率（95%）；机械表定员：2000 具/人；卡表定员：2500 具/人；远传表定员：10000 具/人；1 个月 1 个周期	参考《人工费用培训考核大纲》
户内维修岗	总户表数/24000 具	现场数据收集
户内换表岗	户内换表为总户表具数/18000 具	现场数据收集
司泵工	4 人/泵站，4 班运转，每个班次一人	现场数据收集
数据维护岗	按照与查表人员 6∶1 的关系，或根据业务量	科学配比

（2）信息化背景下操作岗一人多岗设计说明。在操作岗定编过程中，为既满足业务量的急剧增长，又进一步确保提质增效、降低人工成本，并综合考核信息化和自动化水平提升带来的业务流程简化，需要使操作岗一人多岗，培养操作人员的多能工技能水平。操作岗一人多岗也是提升组织灵活性和柔性的重要方面。

3. 管理人员定编依据

（1）普通管理人员定编依据。根据岗位写实，确定岗位工作内容，根据对工作项的访谈及观察确定工作的标准时间，以此确定岗位的总体工作量。按照管理岗位负荷度80%的原则，将总工作量与人均工作时间的比值作为定编的依据。普通管理人员定编依据如表13-5所示。

表13-5　　　　　　　　普通管理人员定编依据

岗位所需人数	采取策略
低于0.6	其他岗位兼职
0.6~1.2	1人
1.2~1.6	1人专职，另岗兼职
1.6以上	2人

（2）中高层干部管理人员定编依据。

1）职能科室中层干部人员标准定额。中层正职（比照副科级）干部配备，配合上级组织做好干部选拔工作。科级干部职数的核定遵循"精简、高效、统一、规范"的原则。

① 科级职数以本单位内设机构人员编制确定，编制在4人以下（含4人）的核定科级干部职数1名。

② 内设机构人员编制在4人以上、8人以下（含8人）的，核定科级干部职数不超过1正1副。

③ 内设机构人员编制在8人以上的，核定科级干部职数不超过1正2副。

高层领导班子，由集团进行委派或任命，其中董事长、总经理及财务总监不列入管理编制。

2）基层网格化服务部中层干部人员标准定额。服务部中层干部人员配置，一方面参照管理科室中层配置规定，另一方面基于其服务一线操作的实际需求，遵循精简高效的组织原则，确定定额如下：

① 干部职数以本单位内设机构人员编制确定，编制在 15 人以下（含 15 人）的核定干部职数 1 名。

② 内设机构人员编制在 15 人以上、30 人以下（含 30 人）的，核定干部职数不超过 1 正 1 副。

③ 内设机构人员编制在 30 人以上的，核定干部职数原则上不超过 1 正 2 副。

第六节 子公司定岗定编案例

本次 H 分公司定岗定编工作根据供水集团提质增效、降低人工成本的指导精神，充分考虑未来业务量的增长，确保科学合理，制定当前合理编制。由于项目开展时已到 2018 年末，定岗定编面向 2019 年，基于 2019 年业务量，并对 2020 年编制进行预测，以符合未来公司业务发展，确保更优质的供水服务。

根据上述定岗定编的流程及理论方法，我们针对人力资源方面的问题，对 H 分公司进行定岗定编，且将其划分为流程再造、组织架构、岗位职责、定编设计等模块，并分为了两个阶段进行改善。第一阶段：完成过渡版的定机构、定岗、定责、定编；第二阶段：流程再造、岗位优化，完成理想状态的定岗定编。

一、业务流程梳理实施

在实施过程中，H 分公司定岗定编小组与天津大学精益管理团队紧密合作，形成联合工作小组，进行定岗定编工作。

联合工作小组综合利用访谈、写实、观察、测量等方法，对 H 分公司高层集中进行了 3 轮访谈，各部门负责人集中进行了 4 次研讨，对员工集中进行了 13 次访谈，进行一线查表、抢修等业务调研 40 余次，并测量其工作时间、路程等。同时，分别到各个分公司进行了 6 次实地调研，补充完善定岗定编方案。

在此过程中，供水集团多次组织了定岗定编工作专题讨论会，并由集团高层领导、相关主管领导主要领导参与，对定岗定编方案进行研讨，不断修订和完善，前后共计 6 次。

首先，通过公司高层访谈确定公司使命和愿景，确定未来公司关键业务；其次，通过中层访谈、基层访谈，对各部门的业务进行充分梳理，获得公司各部门目前主要业务及关键业务流程。此外，进行各岗位的岗位写实，进一步确定梳理公司的业务内容及员工的劳动负荷度。

关于工作负荷度，一天之内的净工作时间与总工作时间的比值，称为工作负荷度。通过工作观察与岗位写实，确定岗位工作负荷清单。国际通用的工作负荷度参考比例为：操作人员工作负荷度应达到 70%；管理人员工作负荷度应达到 80%。

总体访谈 84 人次，工作写实涉及人员 198 名，岗位业务清单 190 余份；进行了两轮日、周、月分类的业务写实，完成日工作写实表与工作总体表写实共计 3500 余份，如图 13-7 所示。

图 13-7　岗位写实收集图

通过对流程的分类和整合，确定公司部门的合并或分解，形成各部门的业务流程清单，如图 13-8 所示。

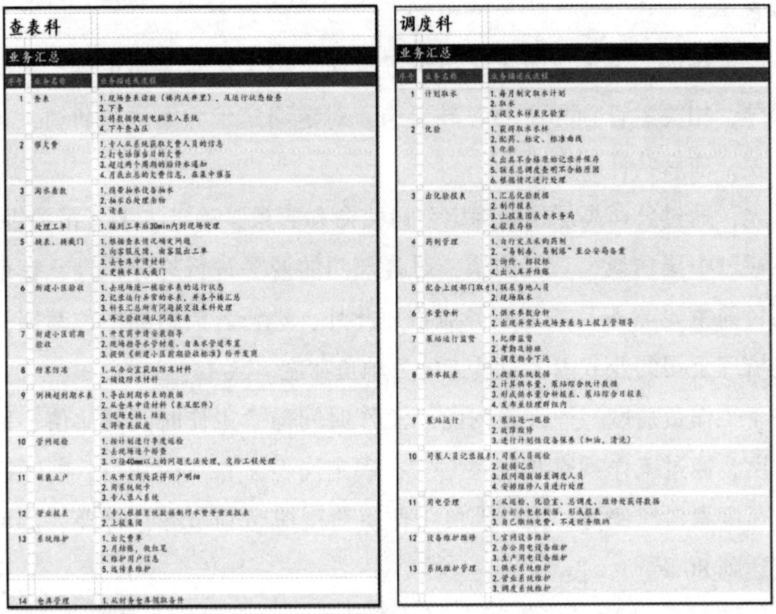

查表科

业务汇总

序号	业务名称	业务描述或流程
1	查表	1.现场查表读数（楼内或井里），及运行状态检查 2.下备 3.将数据使用电脑录入系统 4.下午查占压
2	催欠费	1.专人从系统获取欠费人员的信息 2.打电话催当日的欠费 3.超过两个周期的贴停水通知 4.月底出总的欠费信息，在集中催缴
3	淘水看数	1.携带抽水设备抽水 2.抽水后处理杂物 3.读表
4	处理工单	1.接到工单后30min内到现场处理
5	换表、换截门	1.根据查表情况确定问题 2.向客服反馈，由客服出工单 3.去仓库申请材料 4.更换水表或截门
6	新建小区验收	1.去现场逐一核验水表的运行状态 2.记录运行异常的水表，并各个楼汇总 3.科长汇总所有问题提交技术科处理 4.再次验收确认问题水表
7	新建小区前期验收	1.开发商申请安装指导 2.现场指导水管材质、自来水管道布置 3.提供《新建小区前期验收标准》给开发商
8	防寒防冻	1.从办公室获取防冻材料 2.铺设防冻材料
9	倒换超到期水表	1.导出到期水表的数据 2.从仓库申请材料（表及配件） 3.现场更换；结数 4.将老表报废
10	管网巡检	1.按计划进行季度巡检 2.去现场逐个排查 3.口径40mm以上的问题无法处理，交给工程处理
11	新装立户	1.从开发商处获得用户明细 2.用系统做卡 3.专人录入系统
12	营业报表	1.专人根据系统数据制作水费等营业报表 2.上报集团
13	系统维护	1.出欠费单 2.月结账，做红笔 4.维护用户信息 5.远传表维护
14	仓库管理	1.从财务仓库领取备件

调度科

业务汇总

序号	业务名称	业务描述或流程
1	计划取水	1.每月制定取水计划 2.取水 3.提交水样至化验室
2	化验	1.获得取水水样 2.配药、标定、标准曲线 3 化验 4.出具不合格原始记录并保存 5.联系总调度查明不合格原因 6.根据情况进行处理
3	出化验报表	1.汇总化验数据 2.制作报表 3.上报集团或者水务局 4.报表存档
4	药剂管理	1.自行定点采购药剂 2."易制毒、易制爆"至公安局备案 3.询价、招投标 4.出入库并结账
5	配合上级部门取水	1.联系当地人员 2.现场取水
6	水量分析	1.供水参数分析 2.出现异常去现场查看与上报主管领导
7	泵站运行监管	1.纪律监管 2.考勤及排班 3.调度指令下达
8	供水报表	1.收集系统数据 2.计算供水量、泵站综合统计数据 3.形成供水量分析报表、泵站综合日报表 4.发布至经理群组内
9	泵站运行	1.泵站逐一巡检 2.故障维修 3.进行计划性设备保养（加油、清洗）
10	司泵人员记录报表	1.司泵人员巡检 2.数据记录 3.报问题数据至调度人员 4.安排维修人员进行处理
11	用电管理	1.从巡检、化验室、总调度、维修处获得数据 2.分析各电机数据，形成报表 3.自己缴纳电费，不走财务缴纳
12	设备维护维修	1.官网设备维护 2.办公用电设备维护 3.生产用电设备维护
13	系统维护管理	1.供水系统维护 2.营业系统维护 3.调度系统维护

图 13-8 各科室业务流程清单

二、H 分公司的定岗定编过程

1. H 分公司组织结构调整

经过职责梳理分析，对办公室、财务科、技术科、调度科、查表科、稽查科、工程科、施工科、营业科及客服中心等 10 个职能科室进行整合，调整形成党群工作科、综合办公室、财务管理科、供水管理科、营业客服科、工程管理科、招标采购科共 7 个管理科室。

2. H 分公司理想编制预测

为确定 H 分公司整体编制，需要利用人均产值定编法，确定 H 分公司理想满编编制，作为定编时的参考和基础，并以此为参照体现用人的提质增效和降低人工成本的原则和理念。

预计 2018 年到 2020 年的业务量存在较大的增长，在此基础上，利用回归分析法对 2019 年和 2020 年的供水量、服务人口及服务面积等业务指标进行预测，以便计算 2019 年和 2020 年理想编制。通过计算，H 分公司 2018 年的总体理想编制为 195 人，2019 年的总体理想编制为 292 人，2020 年的总体理想编制为 404 人。

三、H 分公司定岗定编效果

在此次公司组织结构调整及定岗定编过程中，以公司业务优化为主线，对机构设置、岗位及编制进行了优化调整。为提高服务质量，基于 H 分公司未来业务，根据人均产值定编法，确定 H 在 2019 年定岗定编的满编编制为 292 人。而进一步考虑提质增效、降低人工成本，通过实施部分业务外包、消除不合理用工、一人多岗、提高工人负荷度及自动化和信息化提升等策略，定岗定编后为 222 人，下降 24%。

在机构设置方面，定岗定编满编为 10 个职能科室，为精简机构，又将 10 个职能科室调整为 7 个，缩减了 30%。

在岗位设置方面，为实现岗位的职责清晰、业务实施的精细化、专业化和高效，进一步将业务进行提炼和分类，岗位数量由 63 个减少为 51 个。

在编制设置方面，为满足供水集团精简管理机构要求，并综合考虑自身未来快速增长的业务需求，管理人员数量由 60 人调整为 46 人，降低近 23%；操作人员由 157 人调整为 173 人，以满足未来业务发展的需要，保证公司的服务水平。

这是综合考虑供水集团精简机构、提质增效总要求，及公司自身服务面积大、人口分散及未来业务发展迅速等客观环境进行的调整。总之，通过缩减机构及管理人员，扩大一线操作员工，不仅实现了基于业务流程的高效的机构设置，而且进一步优化了业务流程模式，提高了组织整体的运行效率。

第十四章　结束语及附录

结束语

  天津大学精益管理创新研究中心从 2013 年开始启动供水集团下属某供水企业精益管理项目，历时五年，成效显著。项目于 2017 年结束，其间兼顾推动另外一家制水公司的精益管理活动，同时帮助集团完成了热线中心标准化建设、两家营销公司的物流标准化建设项目的推动，取得了丰硕的成果和所有相关单位的高度认可，甲乙双方建立了深厚的友谊和相互信任。

  2018 年，供水集团再次邀请我们参与全集团的定岗定编工作，研究中心组建团队历时一年完成了 2 家子公司、6 家分公司的定岗定编设计工作，实现了集团预先设计的项目目标。2019 年，双方再次合作，围绕定岗定编落地进行辅导。

  在咨询行业中，往往甲方（企业方）和乙方（咨询方）在合作初期非常融洽，随着项目深入，双方在彼此理解和合作上出现问题，尤其是计划当中出现的变化或者超出项目边界需要乙方指导的内容上出现分歧，最终双方彼此不能认同，往往在一个固定的辅导期后，项目草草结束。而我们与供水集团进行了长达 7 年的合作，是因为甲乙双方关系密切的原因吗？其实不是。本质是天津大学精益管理创新研究中心秉承着这样的价值观，即不管项目边界在哪里，项目金额有多少，只要是双方进行了合作，那么就要全心全意为甲方服务，尽心尽力地完成甲方交给的任务。至于超出了预先规定的边界范

第十四章 结束语及附录

围或者超出了预先商定的出勤人天数量，这些问题都不在考虑范围内。正是因为有这样的心态，我们才能建立信任，而信任是确保精益管理成功推进的基石。

追忆逝去的7年时光，我们曾经加班到深夜，我们曾经进入危险的氯气间，我们曾经为了原则与一线员工发生冲突，我们曾经为了一个总结会的视频制作而失眠，我们曾经在汇报会上让一线老师傅充满自豪，也曾经在总结成果时让大家热泪盈眶，真正付出情感才能换来情感共鸣，彼此欣赏而信任，而这才是成功推进一个精益项目的捷径。

最终我们完成了试点供水企业从基础班组建设到知识管理，从课题管理到目标绩效管理，完成了企业精益文化的梳理和精益管理体系的建立，并编制了十多本标准化教材和经验总结！

通过这些努力帮助这个管理粗放的老国企（当时还是一个合资企业）进化到管理精细化现代化的企业，并成了集团的精益标杆。我们完成了另外一个供水企业的现场标准化建设，完成了物流过程的整改，完成了一批课题的推动。我们完成了热线中心的话术标准、日常管理标准、班组绩效考核、全过程信息化建设等工作，完成了两个营销公司的班组现场管理、仓库标准化管理、抢修车辆标准化管理、入库抢修作业标准化建设等工作。我们完成了集团定岗定编工作，以及下属两个子公司定岗定编方案、六个分公司定岗定编方案设计，并推动落实。

7年来我们所取得的工作成果远比本书描述的要多得多。在项目实施或推进过程中，我们还输出了数不清的项目管控制度、单项工作方案、工作设计表格、改进的工作流程、优化的操作标准。由于涉及企业相关规定，所以在书中仅仅提到了只言片语，不能一一赘述了。

一些项目过程的创新观点和重点工作，我们专门在最后安排了一些附录进行介绍，希望对读者有所启迪！

附录：

附录1　供水企业主题季活动方案

201×年度供水企业精益管理季度主题活动安排

为了进一步深化我公司精益活动向纵深开展，继续在公司范围内开展季度主题活动，我们将遵照集团公司下达的年度生产工作目标，从提质增效、降耗控成本入手，减少浪费，提高工作效率，提升管理水平和经济效益，使精益管理深入化、标准化、固态化，持续提升，不断完善，确保全年安全稳定、优质供水，开展4个季度主题活动。具体安排如下：

一、活动原则

201×—201×年度开展的季度主题活动，原则上仍以季度活动期间主要生产目标和任务的职能部门为主责部门来开展。此年度季度活动的主题则由牵头部门根据本部门并结合公司整体工作目标组织开展的重点工作自行拟定，并做好季度主题活动方案和活动末期的总结及汇报工作。

二、活动安排

第一阶段：7—9月

活动主题：牵头部门自行拟定季度活动主题

直管领导：×××

主责部门：运行部

配合部门：安全采购部、维护部

工作重点：围绕"新药剂投加系统稳定安全运行、生产数据信息化管理保水质、保供水"的活动主题，扎实开展季度主题活动。安排专人负责安全检查，水质安全检测，应急预案修订编制和重大危险源演练。制定活动内容、方案和活动时间表，做到有组织、有领导、有条不紊地组织开展高温供水活动。

第二阶段：10—12月

活动主题：牵头部门自行拟定季度活动主题

直管领导：×××

主责部门：维护部

配合部门：运行部、安全采购部

工作重点：主责部门要遵循"设备预防性维护保安全生产运行防患未然"的活动主题，积极开展相关工作，进一步提升员工在日常工作中排查隐患、定期保养、检修的工作积极性、主动性和对设备安全运转的预防性，提高员工的防范意识和安全意识，促进公司安全稳定生产。

第三阶段：次年1—3月

活动主题：牵头部门自行拟定季度活动主题

直管领导：×××

主责部门：综合办公室、财务部

配合部门：其他各部门

工作重点：主责部门做好全年的总结工作，总结查找一年中的工作亮点和不足之处，纵深推进绩效考评和定岗定编工作，将绩效考核体系个性化、数据化、系统化，促进公司绩效管理和全面预算管理，并在新的年度里，制定新的工作目标、技措大修项目等工作。后勤服务：春晚筹备；服务创新：整修浴室；课题收尾总结评价奖励，包括课题、合建、一点课程的奖励问题，第三批课题总结评价发奖，第四批课题启动。

第四阶段：次年4—6月

活动主题：牵头部门自行拟定季度活动主题

直管领导：×××

主责部门：安全采购部

配合部门：其他各部门

工作重点：主要开展安全教育活动，不断提升员工的安全防护和防范意识，将安全检查改善活动形成常态固化，不断完善和提升安全管理理念；寻求创新和提升改善公司工程施工管理工作，加强对环境安全、作业人员安全防护意识和施工现场安全及工程收尾等环节环境、安全的监督管理工作。将理论方法转化为行之有效的实战工具；组织施工人员进行安全知识学习和安全意识宣传活动，加强施工现场规范管理，完善修订公司对工程项目管理的相关制度和要求，进一步促进安全管理全面化、规范化、标准化、常规化。

三、活动要求

为保证季度主题活动扎实有效推进，实现预期目标，各级领导高度重视、协同合作。

每阶段主题活动主责部门要制定相应的活动内容、实施方案等。

每季度首周进行对上阶段主题活动总结和本阶段主题活动的启动工作，领导班子成员分别负责相应主题活动的有序开展工作。

全年主题活动结束后，公司根据各阶段主题内容评选出最佳主题活动/个人，并进行鼓励表彰。

不定期组织1~2次员工培训，必要时进行知识点测试。

鼓励员工积极参与季度主题活动，利用班组学习园地等方式进行感言、体会方面的交流。

加强组织活动的宣传（海报、视频……），并将每阶段主题活动的特色工作及时编写信息上报给集团。

附件1：

2016—2017年度"季度主题活动"项目方案表

季度主题活动第　　阶段		直管领导	
活动主题		活动时间	
主责部门		配合部门	

续表

活动计划方案	
实施过程中遇到的问题	
攻克问题经验点和方式	
取得效果总结（配效果图片说明）	

年　月　日

附录2 "防大汛、防污染、保水质"季度主题活动方案

为了进一步深化精益活动，落实《精益管理季度主题活动整体方案》的要求，运行部将于201 年 月至 月在公司范围内开展"防大汛、防污染、保水质"季度主题活动。

在全国多地汛情严重，津城也多次预警的情形下，本主题活动将围绕：

防大汛——不让一台设备被淹，一处构筑物被泡；

防污染——从水源源头跟踪控制，不让污染水进入工艺环节；

保水质——从工艺环节和构筑物入手不让不合格水出厂。

一、活动安排

开展时间：201×年×月×日—×月×日

活动主题：防大汛、防污染、保水质

直管领导：×××

主责部门：运行部

配合部门：维护部、安全采购部等部门

活动安排：见《"防大汛、防污染、保水质"季度主题活动工作计划甘特图》

组织方式：（1）运行部牵头，维护部、安全采购部配合，制订活动方案，明确活动内容、编制活动安排；（2）精益推进办协助推动和进行组织、宣传、发动、跟进等工作。

二、活动主要内容

1. 汛期防止设备、构筑物被雨水淹泡

（1）进入汛期，安全采购部做好防汛物资的储备及重点部位特别是地势低的部位（如泵房、水塔等）档水墙的设置及排水泵的检查。

（2）厂内雨水收水井和雨水管道清淤，确保排水畅通，确保及时排出积水。

（3）6月×日—9月×日为防汛戒备阶段，抢险队伍备勤，教育全员做好防大汛的准备。

（4）9月×日—9月×日为防汛材料清整、维护保养阶段。

2. 汛期防原水及出厂水污染

（1）目前长江水源作为我公司主水源，一旦该水源被迫切断启用滦河水源时，能确保高藻高浊的滦河水处理合格。

① 化验部门取于桥水库原水做各种理化，混凝实验做技术储备，以应对不时之需。

② 密切关注原水生物预警装置（加药间放置），如生物曲线出现异常立即上报，同时做好防重金属、防有机物等类污染药剂的储备。

③ 组织人员对沉淀池表层的浮泥进行日积累日清净，以防大暴雨对表层絮体的冲击，导致滤池穿透出厂水浊度、细菌超标。

④ 对室外各闸井（特别是闸不严的闸井）定期消毒，每逢大雨过后对该闸井进行排水处理，避免带菌水进入出厂水管道。

⑤ 水质中心为保证出厂水微生物指标达标，提高了总氯和总氨的下限值。这样使氨氮在指标掌握上由原来的"走平衡木"变成"走钢丝绳"。这对没有水量计量，靠经验模糊投加的消毒人员是个严峻的考验。为鼓干劲促指标完成，在全公司开展"夏季保水质竞赛"。竞赛时间为201×年7月×日—12月×日。竞赛评比办法为：考核以净水组各班为单位，以在线仪表数据为依据。每日统计各班指标完成情况，每月公布汇总情况，活动结束时按活动期间总成绩排名，评选出一等奖、二等奖、三等奖。活动期间总结出规律性的经验，可进行组内推广；或发现生产环节中的瓶颈，杜绝或排除可能发生的安全隐患；或对改善水质提出有建设性的建议。以上三项经技术委员会成员评定为可行给予特殊贡献奖。

（2）做好交流、培训，为实行横班做准备。

① 将中控室打造成信息指挥中心、培训基地、技术交流平台，中控室设置幻灯放映区、会议区，可供运行人员技术交流、方案研讨。多媒体设备可供多人对管道的走向、曲线趋势、设备的投加方式等等进行讨论或讲解，充分发挥设备的利用价值。

② 运行部已用一年的时间对个别班组长进行岗位轮换培训，为实行横向代班做准备。随着第三批后备人才的培养，技术储备已基本到位。下一步应在课题组长的带领下开展课题横班运行模式的预先设计。合理优化人员配置，实现岗位无盲区、工作无空白。

3. 全面预算管理工作

以财务部牵头组织，各部门配合的方式，开展全面预算管理工作，在确定各部门经济指标的基础上，进行全面预算管理工作的跟踪控制和分析差异，对关键节点出具预算的执行跟踪报告和差异分析报告。

4. 风险管控工作

（1）继续水厂二级应急预案的完善。由课题组成员、总工、维护部、安全采购部对二级预案进行完善：

① 对设备备件进行分级储备管理；

② 建立高风险备件的应急管理方法，纳入二级应急预案中；

③ 对上年度已确定的完善点予以完善。

（2）继续新消毒药剂的风险管控工作。由总工、维护部、安全采购部对新消毒药剂进行风险管控：

① 新消毒药剂风险管控、二级预案的编写；

② 新消毒药剂设备的操作规程；

③ 新消毒药剂设备的点检路线；

④ 防范出厂水微生物超标。

5. 继续中控室 6S 样板区建设

由精益推进办公室配合中控室 6S 样板区建设。

6. 班组长经验交流

加强班组长水处理经验的交流，借助多媒体对典型水处理事故进行追根溯源的剖析，以达到共同提高的目的。

7. 建立设备预防性维护的点检方法和路线

8. 第三批精益课题启动、推进

启动并按计划组织推进第三批精益课题工作，要求每个课题见成效，降本增效，其成果得到推广应用。

三、具体要求

1. 提高重视程度

要求各部门、班组发动员工，全员参与，积极行动，相互配合，及时跟进，提高对公司现阶段工作的重视程度，有效推动、组织和实施。

2. 纳入绩效管理

季度主题活动将进行总结评比，纳入各部门的绩效考评中。

3. 工作扎实到位

各部门应以此季度主题活动为契机，规范绩效考评工作，做到有方法、有标准、有考核、有结果、有兑现，形成完整的绩效考核体系。

本季度主题活动的开展，旨在大汛之年提高防汛意识，安全度过汛期；强化风险防范意识，确保高峰供水期间水质达标。

附录3 供水企业指标词典范例

××× 有 限 公 司				
指标类别	成本类指标	编号	修订状态	
		发布日	共11页	

一、适用范围：适用于各部门

二、相关职责：运行部、维护部、安全采购部、综合办公室等部门提供成本相关数据，财务部负责核算，综合办公室对数据进行发布

三、指标说明

指标名称	指标说明	计算公式	核算周期	数据来源
车辆费用控制	包括运输费（油耗）、维修费、车船税、保险、存车费、高速费等	Σ运输费+维修费+车船税+保险+其他费用	每月	综合办公室
办公用纸费用	到库房组领用复印纸以及在综合办公室复印用纸费用	Σ领用复印纸+复印用纸	每月	安全采购部、综合办公室
办公/生活用品费用	到库房组领用的办公用品及生活用品费用	Σ领用办公用品+生活用品	每月	安全采购部
培训费	全厂所有培训支付的费用	Σ培训费用+食宿+交通+差补	每年/年度	综合办公室
维修费用	按照公司财务部下发的年度指标确定	实际发生除以财务部指标	每年/年度	财务部
动力和药剂单位成本	平均生产一吨水的动力成本和药剂成本	Σ年总动力和药剂费/年产水总量	每年/年度	财务部

续表

指标名称	指标说明	计算公式	核算周期	数据来源
制水总成本	当期处理水中，平均投入在每吨水上的各项费用和	(变动成本+固定成本+财务费)÷制水量	盘点周期/年度	财务部
药剂成本	处理水过程中，直接投入于每吨水中的药剂金额	药剂费用÷制水量	盘点周期/年度	财务部
变动成本	生产每吨水过程中，以生产为动因产生消耗金额	(原水成本+药剂成本+动力成本)÷制水量	盘点周期/年度	财务部
固定成本	不随成本动因发生变化的固定费用在每吨水上的均摊	(制造费用+管理费用)÷制水量	盘点周期/年度	财务部
人工成本	为生产提供支持或直接从事生产的人员的工资及福利在每吨水上的均摊	(生产部门直接人工总工资福利费用+间接人工总工资福利费用)÷制水量	盘点周期/年度	财务部
机物料成本	为实现产品生产，而消耗的辅料、劳保等各类间接材料和备件工装等费用在单位产品上的均摊	Σ（各类机物料数量×单价)÷制水量	盘点周期/年度	财务部
能源成本	为实现产品生产，而消耗的水、电等能源费用在单位产品上的均摊	水电费÷制水量	盘点周期/年度	财务部
材料利用率	生产过程中，所耗用原材料的利用情况，该指标体现了生产过程中对质量和成本的管控水平	=Σ（产水量×单位产品理论消耗)÷该材料当期实际投入数量	月度盘点周期/年度	运行部

续表

指标名称	指标说明	计算公式	核算周期	数据来源
四、术语定义 当期材料费：当期投入材料数量（按照产品工艺规定，用于产品生产的各项材料）×材料当期市场价（目前采用年度预算单价），当期投入数量以实际投入为准。 当期制造费：为保证生产正常运行，当期实际投入的取暖费、水电费、机物料费等的各项费用、当期提取的折旧费、间接费用摊销、各项低值易耗摊销费用之和。 当期人工费：上月部门员工的全部工资、各项保险及福利等总和。 变动制造成本：包含机物料成本、能源成本、间接费用等内容，不包含折旧成本。 固定制造成本：是折旧成本的另一种说法。按照公司规定对生产的设备、厂房等固定资产逐月提取折旧费用，该费用均摊至单位产品上的数值。 人工成本：生产产品和为生产产品提供直接服务的相关人员费用在单位产品上的分配值，包括部门内的一线生产人员、二线辅助人员、生产车间级别设备、品质、生产、技术、设计等主任以下各级人员。 机物料：部门领用的劳保用品、设备备件工装、各种油类及其他用于辅助生产的用品。 净值定额：理论定额不包括超额消耗部分。 材料当期实际投入数量：当期根据生产记录的实际耗用原材料量。 理论投入原材料：按照当期的产出数量，根据工艺中理论消耗定额折算。				

续表

五、统计路线及办法

车辆费用控制统计路线及办法：

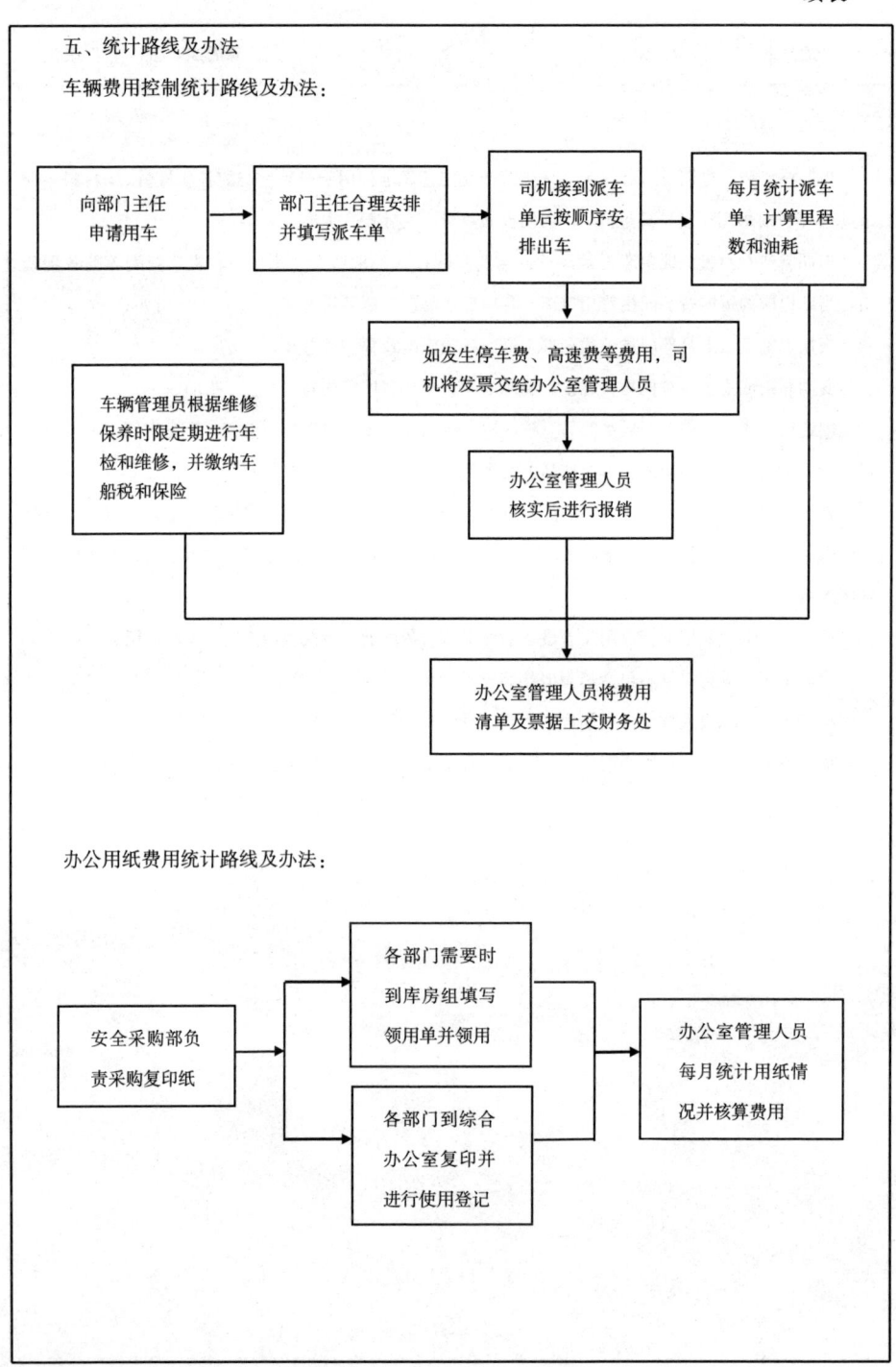

办公用纸费用统计路线及办法：

续表

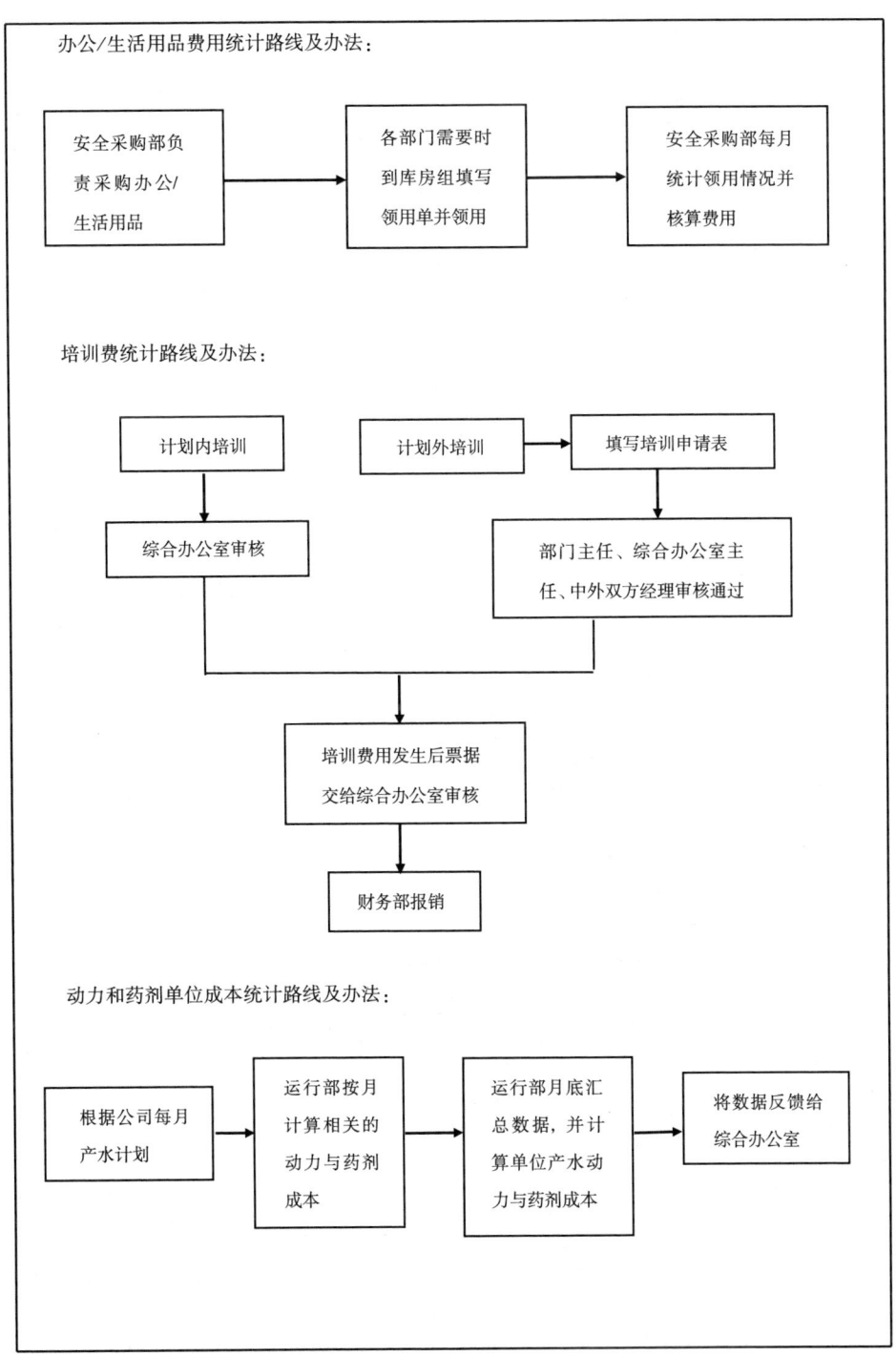

续表

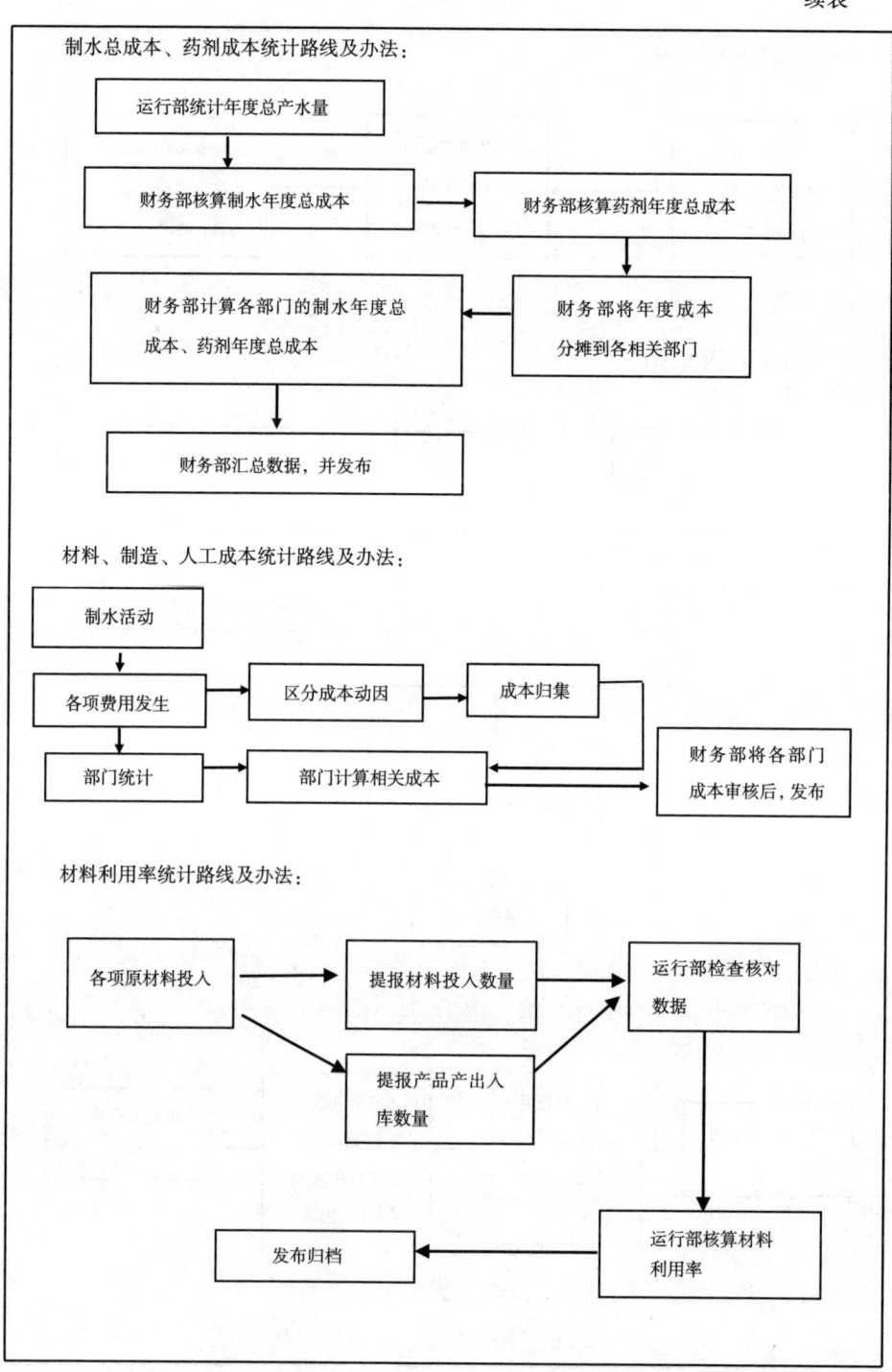

续表

指标补充说明	月/年度核算标准： 材料、制造、人工成本：月度核算采用当月实际发生费用或公司费用的分摊或预算价格计算的投入费用（直接材料）与产水量；年度核算采取当年总的投入与当年总的产水量比值，不可使用各月份的平均值。 基准值设定标准：成本类指标以上一年度全年总投入金额与总产出数量的比值作为本年度的基础值。对异常月度予以去除。 年度目标设定说明：成本类指标年度目标值是以全年总的成本数值为准，方法为：当年全部费用投入之和与当年总制水量的比值。材料利用率：以全年投入累计、产出累计、最新发布工艺作为核算基础。上述均按照公司年度战略计划设定目标水平。 相关数据来源：药剂转出量取自财务部系统；材料单价取采购部最终预算价，费用以财务部核算为准，各项费用明细以财务部为准，工艺以财务部为准，人工费为上月部门除主任外的全体人员的工资和福利总和；材料利用率数据取自财务部系统。 数据提报日期：各项成本。每月结账日之后4个工作日之内；每年结账日之后1周内前发布。材料利用率。月度提报：盘点日（包括盘点当天）7天之内；年度提报：下一年度1月15日前。 注意事项： 各项成本： 1. 材料投入数量以盘点后财务部为准。每月月底前运行部、维护部对工艺情况进行核对更新，但计算时以月初工艺为准。若不能及时更新，需部门提报申请，由总经理批准后使用。 2. 各部门负责将本部门当月领料单与储运核对，防止出错。 3. 当月中试、试验的材料、人工、制造的投入统一由采购部确认，同时对材料利用率和生产数量确认，上述数据进入该型号的账户中，统一管理。 4. 折旧费用依据会计核算部每月计提数值为准。

六、附则

1. 新增固定资产折旧方法参照固定资产管理部相关标准。
2. 参照财务部核算标准与流程。

附录4 供水企业精益管理培训制度指标

一、培训宗旨

根据企业发展战略,将精益管理培训的目标与企业发展目标紧密结合;实行全员培训,建立培训效果与激励挂钩机制。

二、培训目的

1. 达成对精益管理理念的认知和认同。
2. 了解精益管理概念、掌握精益管理工具及操作方法,使员工尽快适应和胜任精益管理工作。
3. 改进员工工作表现,强化责任意识、安全意识和质量意识,树立效率原则、效益原则。
4. 提升员工履行职责的能力和主人翁的责任感,端正工作态度,提高工作热情,培养团队合作精神,形成良好的工作习惯。
5. 提高企业综合素质,增强企业的竞争能力和持续发展能力。

三、培训范围

1. 要求参加的人员

公司项目组成员、下设的办公室成员、5个样板区的负责人、一线班组的班组长。

2. 参加人员

在不影响本职工作的情况下,其他管理人员和5个样板区的班组人员。

3. 全员参与

四、培训方法

精益培训分成四个层次进行培训,做到全员培训。

第一层次：由天津大学老师进行详细讲解；

第二层次：由公司精益项目组下设的办公室成员对未参加培训的班组长及班组成员进行讲解；

第三层次：由公司项目组成员利用周会的形式对所属班组长进行再讲解；

第四层次：由班组长利用晨会的形式对所属班组员工进行再讲解。

五、培训类别

1. 5S 基础知识的推广

（1）由天津大学项目团队的成员利用每周一/二的时间分批次对班组员工进行推广普及性培训，每次培训的时间在 1 小时左右，共进行 16 个模块的培训，每个模块培训的次数不少于 2 次，以满足运行人员不同班次的需要。

（2）课后进行小测试，并对该课程进行课后评价。

2. "一点课程"的经验传授

（1）为了将员工工作中积累、总结、研发的宝贵经验传承下去，公司将组织开展"一点课程"的经验传授，并将其汇编成工作法手册，对所有参与人将给予奖励。

（2）各部门首先进行前期经验点的挖掘、梳理和汇总工作：由各部门组织所属各班组员工对各自岗位具有实效性的经验进行研究梳理，重点是对产水工艺、设备维护、质量安全及围绕生产所进行的技改技革、攻坚破难的好的经验方法进行整理。

（3）各部门汇总的经验点，由技术委员会进行研究确认后，责成专人进行各个工作法的总结、编写等工作。

（4）由总结、编写人员对相关人员进行"一点课程"培训，每周进行一次，以达到经验共享。

3. 课题应用工具的培训

针对不同课题中所使用的应用工具进行培训，由天津大学项目团队老师进行讲解，并指导课题成员进行实际应用。

4. 精益管理知识的培训

（1）针对管理人员、班组长以上人员开展精益管理知识系列培训，由天津大学项目团队老师进行讲解。

（2）为建立公司内部培训师队伍，对参加系列培训的管理人员和班组长进行考核，达到学会、掌握并能应用精益管理知识，并按照掌握的程度通过考核、课题应用等方法设立初级、中级、高级培训师。一旦被公司聘为培训师，将被安排对员工进行不同层次的知识传授，公司将按照不同的等级、讲课课时给予相应的奖励。

六、培训要求

1. 参加培训的员工要严格遵守培训纪律，准时参加培训，不迟到、不早退、不无故中途离席。

2. 课前签到由公司项目组下设的办公室文员负责，每人填写《签到表》，考勤状况将作为培训考核的一个参考因素。

3. 因故不能参加培训的员工需由所属部门主任提前请假。

4. 培训期间需将手机调至静音或关闭，接听电话需到场外，以免影响其他人。

5. 培训期间认真听课，细做笔记。

6. 参加培训的员工在培训结束后将进行培训内容的考核，考核成绩记入个人档案。

7. 考核成绩将分为4档，分别为不合格、合格、良好、优秀。其中考核成绩不合格的人员将进行补考，直至合格为止，考核成绩为优秀的员工将给予一定的奖励。

8. 参加培训的员工未经批准无故不参加考试者，视为自动放弃考试，需要进行补考直至合格为止。

附录5　课题管理制度

一、目的

为实现精益管理落地，营造全员参与改善的氛围，激发全体员工的改善热情，对公司指定的改善课题进行专向管理，实现持续的对改进团队进行正向激励，特制定本管理规定。

二、范围

本规定适用于本公司自上而下指定的各类改善课题，以及课题推进过程的管理。

三、组织及职责

（一）组织机构

为使课题能持续有效地开展，特成立课题改善委员会，并下设办公室：

1. 领导小组成员

　　组　长：×××

　　副组长：×××、×××

2. 评审小组成员

　　组　长：×××

　　成　员：×××、×××、×××

3. 课题改善办公室成员

　　×××、×××、×××、×××

（二）职责

1. 课题改善委员会

负责拟定、组织、推动、监督课题改善工作，负责课题的评审，并对实施效果优异的课题改善案例，予以推广和表彰。

2. 课题改善办公室

负责相关材料的收集、整理、备案、反馈、宣传，同时负责课题改善思路、工具方法的协助指导及改善资源的协调等辅助工作。

3. 各课题改善团队及课题涉及部门

负责改善的具体分析、实施、效果确认、数据收集整理、改善过程总结等全部课题改善过程的完成。

4. 财务部

负责课题改善实际有形效果的核算工作。

四、课题改善类型

（一）成本降低类：包括质量成本降低、人工成本降低、材料成本降低、设备成本降低等；（二）质量提升类：包括药剂质量提升、过程水质质量提升、出厂水质提高等；（三）效率提升类：包括减少设备故障、减少备件库存金额、提升人员利用、设备性能提升等；（四）管理提升类：包括减少非增值环节、规范管理流程、优化管理模式、提高工作效能等；（五）技术研发类：包括新药剂配方开发、新工艺技术研发、新操作法创新、提高员工技改技革的能力等；（六）健康安全类：包括突发事件应急处理、规范安全操作流程、提高员工安全意识和应急处理能力等；（七）其他类：除以上六类外，其他对公司或部门的日常生产运行起重要影响的改善事项和对员工行为素养得到提升改善等，均属于此类课题改善。

五、运行流程

（一）课题的立项

课题领导小组在制订公司第二年战略规划时，制定针对达成目标所需进行的重点改善，除去技改项目之外确定的重点改善项目作为课题立项。

课题改善委员会成员在季度或者月度公司经营例会上，针对经营需要和顽疾问题提出立项申请，讨论通过后进行初步立项，课题负责人通过对各课题实际状况调研及改善前具体数据的收集分析，综合评价改善的可行性、推广性、改善周期、风险阻碍以及预计可产生的经济效益，填写《课题改善登录书》和《课题改善计划书》，提交给精益办公室存档后，课题正式立项。

（二）课题的过程推进

课题改善团队通过现状调查、确定目标、问题原因分析、对策方案设计讨论、对策制定、改善验证等步骤，对课题改善方向、分析实施过程及效果验证等各阶段的实际改善完成情况进行跟踪、确认、指导及管理。并在课题整体改善过程中，实行定期成果总结及检测，由课题改善委员会进行阶段改善评价，保障最终改善效果。

精益推进办公室要针对各课题的总体计划和每一阶段的细节计划进行跟进，对于课题进行过程评价，检查课题的进度和质量，对于课题出现停滞的现象及时协调，督促相关资源到位，保证各职能的支持。

（三）有形效果核算

课题预期目标一旦达成，课题推进办公室应要求课题小组核算本课题有形效果，课题小组成员根据实事求是的原则，把课题改善前后变化的相关数据进行收集汇总，并将汇总相关数据和数据来源进行提报，由财务科根据FEA制度进行节省金额的核算，核算无误后，由精益推进办公室进行发布。

（四）课题的评审

1. 申请评审

课题完成后，课题组递交《课题改善评审表》和《课题结项评审表》，分别向集团领导和公司课题改善委员会申请对该课题进行评审。

2. 评审过程

（1）咨询团队专家评审

  A. 权重30分

  B. 评价标准

从以下4方面进行评价：①团队努力度（10分）；②课题完成度（5分）；③课题思路和方法（10分）；④课题成果价值（5分）。

  C. 各课题取评审结果平均分

（2）集团领导评审

  A. 权重30分

  B. 评价标准

集团领导按照《课题改善评审表》的填写情况，从以下 6 方面进行评价：①课题范围（5 分）；②完成度（5 分）；③方法创新性（5 分）；④推进效果（5 分）；⑤技术难度（5 分）；⑥应用价值（5 分）。

　　C. 各课题取评审结果平均分

　(3) 公司课题改善委员会评审

　　A. 权重 40 分

　　B. 评价标准

公司课题改善委员会按照《课题结项评审表》的填写情况，首先进行课题的现场评审，然后从以下 8 方面进行评价：①课题对公司目标贡献度（5 分）；②课题完成度（5 分）；③推动积极性（5 分）；④方法创新性（5 分）；⑤推进效果（5 分）；⑥课题有形收益（5 分）；⑦技术难度（5 分）；⑧应用价值（5 分）。

　　C. 各课题取评审结果平均分

　(4) 评审结果汇总

以上三方评审结果的分数之和，为课题最终得分。

为确保课题改善成果的持续性，课题改善完成后，课题改善委员会将进行持续六个月的指标跟踪管理。课题计划日程结束时，若指标达成率低于预订达成目标的 75%，则该课题不能获得评审资格。

六、课题改善成果奖励

公司将根据课题评审情况对全体参与课题改善实施的团队予以物质或精神奖励。

（一）物质奖励

公司采取资金形式奖励课题改善团队，依据评审后的结果，对各课题改善团队按照××元的标准进行奖励；对在课题改善过程中提供过特殊贡献的非课题组成员也将给予一定的特殊贡献奖励。

由各课题改善团队负责人对其团队成员进行贡献度评价，填写《课题贡献度表》，团队成员的贡献度将作为奖励分配的依据，由课题改善办公室存档。

（二）精神奖励

精神奖励包括公开表扬、参观、交流、培训以及操作法命名等。

七、档案管理

关于本公司改善课题推进及管理过程中的全部档案均由课题改善办公室进行统一管理、备案，最终由公司统一进行安排。

八、附件（略）

附件1《课题改善登录书》

附件2《课题改善计划书》

附件3《课题改善汇总表》

附件4《课题改善评审表》（集团领导评审用）

附件5《课题改善评审打分表》（集团领导评审用）

附件6《课题结项评审表》（公司评审用）

附件7《课题结项评审打分表》（公司评审用）

附件8《课题改善评审打分表》（咨询团队专家评审用）

附件9《课题贡献度表》

附录6 职能管理部门工作满意度调查表

序号	考评项目	职能管理部门满意度	维护部 抢修及时；维修能力,维修服务	工会 实效,态度	化验 服务,准确快速,形象	办公室			安全采购		财务部 服务,专业度,及时性
						食堂浴室 卫生,环境,口味	保洁 环境,及时	司机 态度,方法管理	门卫 检查,服务态度,积极	采购仓库 及时,质量,成本,认真,态度	
一	沟通与协作的服务态度	1. 不满意									
		2. 不太满意									
		3. 一般									
		4. 比较满意				√	√		√	√	
		5. 非常满意									
二	工作效率	1. 不满意									
		2. 不太满意									
		3. 一般				√	√		√	√	
		4. 比较满意									
		5. 非常满意									

续表

序号	考评项目	职能管理部门满意度	维护部	工会	化验	食堂浴室	办公室		安全采购		财务部
							保洁	司机	门卫	采购仓库	
			抢修及时；维修能力，维修服务	实效，态度	服务，准确，快速，形象	卫生，环境，口味	环境，及时	态度，方法管理	检查，服务态度，积极	及时，质量，成本，认真态度	服务，专业度，及时性
三	工作人员公正廉洁度	1. 不满意									
		2. 不太满意									
		3. 一般				√					
		4. 比较满意					√		√		
		5. 非常满意								√	
	您认为该部门主要问题，举例说明亲身体验					浴室洗澡时间弹性					

后 记

本书以城市供水企业为应用对象提炼总结精益管理之道,所以"水"就成为本书的一个关键词,最终书名确定为《精益水到渠成:城市供水企业精益之道》,并由此引发了对精益管理之道的许多感悟。

老子曰:上善若水。水善利万物而不争,处众人之所恶,故几于道。老子把最高的善比喻像水那样。水善于帮助万物而不与万物相争,与人无争且又容纳万物,所以水最接近于道。

"道"是产生天地万物的总根源,是先于具体事物而存在的东西,也是事物的基本规律及其本源。水的德行就是最接近于"道"的,"道"无处不在,因此,水无所不利。它避高趋下,因此不会受到任何阻碍。它可以流淌到任何地方,滋养万物,洗涤污浊。它处于深潭之中,表面清澈而平静,但却深不可测。它源源不断地流淌,去造福于万物却不求回报。这样的德行,乃至仁至善。

精益思想、精益管理也如同上善之水,有着类似的德行,育人润企。精益之道,亦可称之为上善之道。精益改善则是"上善",触及心底,深入灵魂,持续改善就像奔腾不息的河水,铸就"改善魂"。

2013年5月,天津大学精益团队和某市自来水集团共同走上了